MANUAL DE TÉCNICAS ADMINISTRATIVAS

O GEN | Grupo Editorial Nacional – maior plataforma editorial brasileira no segmento científico, técnico e profissional – publica conteúdos nas áreas de ciências sociais aplicadas, exatas, humanas, jurídicas e da saúde, além de prover serviços direcionados à educação continuada e à preparação para concursos.

As editoras que integram o GEN, das mais respeitadas no mercado editorial, construíram catálogos inigualáveis, com obras decisivas para a formação acadêmica e o aperfeiçoamento de várias gerações de profissionais e estudantes, tendo se tornado sinônimo de qualidade e seriedade.

A missão do GEN e dos núcleos de conteúdo que o compõem é prover a melhor informação científica e distribuí-la de maneira flexível e conveniente, a preços justos, gerando benefícios e servindo a autores, docentes, livreiros, funcionários, colaboradores e acionistas.

Nosso comportamento ético incondicional e nossa responsabilidade social e ambiental são reforçados pela natureza educacional de nossa atividade e dão sustentabilidade ao crescimento contínuo e à rentabilidade do grupo.

TADEU CRUZ

MANUAL DE
TÉCNICAS
ADMINISTRATIVAS

MÉTODOS E PROCEDIMENTOS COM FORMULÁRIOS

gen | atlas

O autor e a editora empenharam-se para citar adequadamente e dar o devido crédito a todos os detentores dos direitos autorais de qualquer material utilizado neste livro, dispondo-se a possíveis acertos caso, inadvertidamente, a identificação de algum deles tenha sido omitida.

Não é responsabilidade da editora nem do autor a ocorrência de eventuais perdas ou danos a pessoas ou bens que tenham origem no uso desta publicação.

Apesar dos melhores esforços do autor, do editor e dos revisores, é inevitável que surjam erros no texto. Assim, são bem-vindas as comunicações de usuários sobre correções ou sugestões referentes ao conteúdo ou ao nível pedagógico que auxiliem o aprimoramento de edições futuras. Os comentários dos leitores podem ser encaminhados à **Editora Atlas Ltda.** pelo e-mail faleconosco@grupogen.com.br.

Direitos exclusivos para a língua portuguesa
Copyright © 2018 by
Editora Atlas Ltda.
Uma editora integrante do GEN | Grupo Editorial Nacional

Reservados todos os direitos. É proibida a duplicação ou reprodução deste volume, no todo ou em parte, sob quaisquer formas ou por quaisquer meios (eletrônico, mecânico, gravação, fotocópia, distribuição na internet ou outros), sem permissão expressa da editora.

Rua Conselheiro Nébias, 1384
Campos Elísios, São Paulo, SP — CEP 01203-904
Tels.: 21-3543-0770/11-5080-0770
faleconosco@grupogen.com.br
www.grupogen.com.br

Designer de capa: Caio Cardoso

Imagem de capa: drumcheg | iStockphoto

Editoração Eletrônica: Formato Editora e Serviços

CIP-BRASIL. CATALOGAÇÃO NA PUBLICAÇÃO
SINDICATO NACIONAL DOS EDITORES DE LIVROS, RJ

C965m

Cruz, Tadeu
Manual de técnicas administrativas: métodos e procedimentos com formulários / Tadeu Cruz. – 1. ed. – São Paulo : Atlas, 2018.
272 p. : il. ; 23 cm.

Inclui bibliografia e índice
gabarito
ISBN 978-85-97-01836-3

1. Administração de empresas. 2. Planejamento empresarial. 3. Planejamento estratégico. I. Título.

18-52131
CDD: 658.4012
CDU: 005.51

Leandra Felix da Cruz – Bibliotecária – CRB-7/6135

Com a quantidade de livros que já escrevi, talvez não houvesse mais a quem dedicar um novo trabalho. Foi então que resolvi dedicar este livro, este especial livro, aos nossos sonhos! Sim, aos nossos sonhos de realização, felicidade, crescimento, amores e paixões. Aos sonhos que sonhamos quando estamos no início da vida e aos sonhos que sonhamos quando quase nos despedimos dela. Sonhar não deve ser algo passageiro, mas constante. Sonhar deve ser como o ar que respiramos e nos alimenta todos os dias. Sonhar não deve nunca deixar de nos pertencer!

Tadeu Cruz

"Sonhar é acordar-se para dentro."
Mario Quintana

Material Suplementar

Este livro conta com o seguinte material suplementar:

- Formulários em Word para *download*.

O acesso ao material suplementar é gratuito. Basta que o leitor se cadastre em nosso *site* (www.grupogen.com.br), faça seu *login* e clique em GEN-IO, no menu superior do lado direito.

É rápido e fácil. Caso haja dificuldade de acesso, entre em contato conosco (gendigital@grupogen.com.br).

GEN-IO (GEN | Informação Online) é o repositório de materiais suplementares e de serviços relacionados com livros publicados pelo GEN | Grupo Editorial Nacional, maior conglomerado brasileiro de editoras do ramo científico-técnico-profissional, composto por Guanabara Koogan, Santos, Roca, AC Farmacêutica, Forense, Método, Atlas, LTC, E.P.U. e Forense Universitária. Os materiais suplementares ficam disponíveis para acesso durante a vigência das edições atuais dos livros a que eles correspondem.

PREFÁCIO

Tenho orgulho de pertencer a esta casa, ainda na época da Editora Atlas, desde 1994. Nestes mais de 40 anos de profissão, acumulei muito conhecimento. Como estive presente na aurora da vida dos computadores nas empresas, nas décadas de 1960 e 1970, pude aprender muito ao longo de todos estes anos. Como costumamos dizer: sempre estive no lugar certo e na hora certa. Lembro-me de mim aos 10, 12 anos, olhando fascinado o cérebro eletrônico através da imensa parede de vidro do Centro de Processamento de Dados (CPD) do Departamento de Estradas de Rodagem da Bahia (Derba), onde minha mãe e minha tia trabalhavam nos anos 1960. Que coisa fantástica!

Após ter estudado tanto e continuar estudando – com 29 livros publicados, tendo introduzido no Brasil e em alguns outros países tecnologias avançadas para a década de 1980, com mais de 140 cursos de especialização e de curta duração e mais de 40 anos de experiência na área de TI –, este **Manual de técnicas administrativas** é fruto de um desafio, proposto pela editora Mayara Blaya, de escrever um livro básico para atender a cursos técnicos de administração, tarefa que considerei de grande responsabilidade.

O escopo da obra é abranger ampla gama de conhecimentos, como introdução à administração, constituição e legalização de empresas, noções de gestão de projetos, de gestão de processos, sobre qualidade, noções básicas de estatística, rotinas administrativas, administração de pessoal, cálculos e legislação trabalhista, gestão de materiais, processos financeiros, qualidade de vida, saúde e segurança nos ambientes de trabalho e noções de marketing e atendimento a clientes. Esses conhecimentos são enriquecidos com estudos de caso, formulários, exemplos e exercícios, tudo embasado em design instrucional.

Os formulários apresentados, disponíveis também para download, tornam o livro ainda mais prático e acessível às novas gerações de estudantes que entram na escola, nos cursos técnicos, nas universidades, no mercado de trabalho, e querem e necessitam adquirir um saber que chamamos de básico, essencial.

Ao escrever este livro, esmerei-me e fui ficando feliz, muito feliz, a cada dia que passava. Aprendi escrevendo tanto quanto, ou mais, do que ensinei. Confesso que, pela primeira vez, li várias e várias partes da Constituição Federal do Brasil, da Consolidação das Leis do Trabalho, da Reforma Trabalhista, do Código Civil Brasileiro, do Código de Processo Penal, do Código Tributário Nacional. Ressuscitei meus conhecimentos de contabilidade, de estatística, de marketing.

Que alegria descobrir nossos filhos, com cinco, seis anos, lendo, ainda que de forma um tanto quanto trôpega, um texto do seu livro de português, nos livros de historinhas, fazendo contas, achando palavras... Lembro-me da Maria Clara andando de carro comigo, já alfabetizada, dizer: "olha, pai, estão vendendo aquela casa". Caramba! Ela leu com o carro em movimento? Que emoção!

Aliás, é por isso que admiro, e muito, a figura do professor de ensino fundamental. A base de tudo. Os alicerces da casa do saber, do caráter, da amizade, do comportamento em grupo.

Chego à conclusão de que podemos e devemos transmitir o pouco que sabemos aos que estão entrando no mercado de trabalho, de forma segura, sem pirotecnia, sem sermos empolados, sem plurais majestáticos, enquanto tivermos tempo, pois muito em breve as atuais gerações já não precisarão da nossa ajuda para começar a descobrir o mundo!

Aqui está meu livro de número 30. Os de número 27, 28 e 29 são uma outra história que depois eu conto.

Tadeu Cruz

SUMÁRIO

CAPÍTULO 1 – INTRODUÇÃO À ADMINISTRAÇÃO, 1
Como tudo começou, 1
A Revolução Industrial, 2
Evolução das teorias da administração, 2
   A Escola Clássica, 2
      Frederick Winslow Taylor, 2
      Henri Fayol, 3
   A Escola de Relações Humanas, 5
   A Escola Estruturalista, 6
   A Escola Sistêmica, 7
   A Abordagem das Contingências, 7
   Maturana & Varela, 8
   Modelo Toyota, 8
   Teorias de Peter Drucker e a neoclássica, 8
   Algumas definições, 9
   Cultura organizacional: conceitos e elementos, 9
Planejamento estratégico, 10
   Identidade organizacional, 10
   Etapas para o planejamento estratégico, 12
Estruturas formais e informais, 16
   Estruturas formais, 17
      Organização em linha, 17
      Organização funcional, 18
      Organização em linha e assessoria, 20
      Organizações departamentalizadas, 21
      Departamentalização por processo, 22
      Departamentalização por produtos ou serviços, 22
      Departamentalização por localização geográfica, 23
      Departamentalização por linha de produto, 23
      Departamentalização por quantidade, 24
      Departamentalização por clientes, 24
      Departamentalização por contingência, 25
      Departamentalização por projeto, 25
      Departamentalização por tempo, 26
      Estrutura matricial, 26
      Estrutura circular ou radial, 27
      Estrutura em célula, 28
      Estrutura em rede, 28
Caso, 30
Exercícios, 31

CAPÍTULO 2 – CONSTITUIÇÃO E LEGALIZAÇÃO DE EMPRESAS, 33
O que é empresa, 33
   Elementos ou recursos de uma empresa, 33
      Pessoa física, 34
      Pessoa jurídica, 34
   Tipos de empresas no Brasil, 34
   Classificação das empresas pelo setor, 35
   Órgãos de registro empresarial, 36
      Classificação das empresas pela receita operacional bruta anual ou anualizada, 36
Organizações, 36
   Tipos básicos de organização, 37
      Estrutura organizacional – hipóteses de Mintzberg, 38
   Natureza jurídica, 39
   Legalização da empresa, 41
   Receita Federal, 41
   Inscrição estadual, 42
   Inscrição municipal, 43
   Documentação exigida, 43
   O que é o Darf, 45
   Razão social, 47
   Nome fantasia e marcas, 47
   Formação do nome empresarial, 48
   Formação do nome empresarial na sociedade limitada, 48
   Contrato social, 49
   Falência e recuperação extrajudicial ou judicial, 51
      Lei específica de falência, 51
      Recuperação judicial, extrajudicial e falência, 51
   Responsabilidades dos sócios, 53
      Direitos e obrigações dos sócios, 53
      Responsabilidade dos sócios por débitos trabalhistas, 53
Exercícios, 56

CAPÍTULO 3 – GESTÃO DE PROJETOS, 57
O que é um projeto?, 57
Tipologia, grupos de processos de gerenciamento de projetos, 60
Outros métodos e tecnologias para gerenciamento de projetos, 62
   Prince2, 62
   MPMM, 63

Methodware, 63
Zopp, 63
Tenstep, 64
Takt, 64
Agile, 64
Scrum, 65
O gerente de projeto, 67
Responsabilidades do gerente de projeto, 67
Resumo sobre gerenciamento de projetos, 68
Caso, 68
Exercícios, 69

CAPÍTULO 4 – GESTÃO DE PROCESSOS ORGANIZACIONAIS, 71

Processos , 71
Processo de negócio, 72
Subprocesso de negócio, 73
Atividade, 74
Mapeamento e modelagem de processos, 74
Classificação dos processos organizacionais, 76
Processos primários, 77
Processos secundários, 77
Profissionais ligados a processos, 77
Dados do processo organizacional, 78
O gerente do processo, 79
O escritório de processos, 79
Inter-relacionamento de processos, 80
Caso, 80
Exercícios, 81

CAPÍTULO 5 – NOÇÕES SOBRE QUALIDADE, 83

O que é qualidade?, 83
   Princípios da qualidade, 83
   Padronização de procedimentos, 83
Indicadores de desempenho (ID) – Key Performance Indicators (KPI), 84
   Objetivos, metas e métricas, 85
   Outros tipos de indicadores de desempenho, 86
   Definição de prioridades, 87
   Definição de risco, 87
   Definição de oportunidade, 88
Sistemas de gestão da qualidade, 88
   Documentação do sistema de gestão da qualidade, 88
      Manual da qualidade, 90
      Manuais de processos, 90
      Auditoria do Sistema de Gestão da Qualidade, 90
         Resumo geral da ISO 19011, 90
         Ferramentas e técnicas de suporte, 91

   Procedimentos Operacionais Padrão (POPs), 91
Auditorias, 93
   Formulário de não conformidade/ação corretiva, 96
Metodologias para gerenciamento e melhoria de processos – Características e finalidades, 97
   Plan, Do, Check, Act (PDCA), 97
   Metodologia de Análise e Solução de Problemas (Masp), 99
   5W2H, 100
   5S, 101
   Benchmarking, 101
      Processo de Benchmarking, 103
      Metodologia de implantação, 104
      Tipos de Benchmarking, 104
   Metodologia Domp^{TM}, 104
      As quatro dimensões da Metodologia Domp^{TM}, 105
Principais ferramentas de controle e gestão de processos, 107
   Diagrama de causa & efeito (C&E) – Ishikawa, 107
   Gráfico de tendência, 109
      As dimensões da tendência, 109
   Gráfico de dispersão, 110
   Histograma, 111
   Gráfico de controle, 112
   Diagrama de Pareto, 114
   Balanced Scorecard (BSC), 115
   Fluxogramas, 117
      Técnicas e tipos de fluxogramas, 118
Caso, 122
Exercícios, 123

CAPÍTULO 6 – NOÇÕES BÁSICAS DE ESTATÍSTICA, 125

O que é Estatística?, 125
   Ramos da Estatística, 125
   Conceitos, 125
   Tipos de amostragem, 126
Método estatístico, 126
   Planejamento, 127
   Coleta de dados, 127
   Dados estatísticos, 127
Modelos estatísticos, 128
   Formulação de um modelo estatístico, 128
Pesquisa e coleta de dados, 130
Tipos de instrumentos e formas de aplicação, 130
   O processo de pesquisa, 130
Fontes dos dados e informações, 133
Tipos de dados na pesquisa qualitativa, 134

Tipos de pesquisa, 136
 Pesquisa qualitativa verbal, 136
 Pesquisa qualitativa visual, 137
As fontes de pesquisa, 137
Necessidade da pesquisa, 139
Definição da coleta dos dados e das informações, 141
 Confiabilidade e validade, 141
Uso do material coletado, 142
Norma para referência e citações, 143
Comentários finais, 143
Exercícios, 143

CAPÍTULO 7 – ROTINAS ADMINISTRATIVAS, 145

O que faz um assistente administrativo?, 145
 Principais tarefas do assistente administrativo, 145
 Perfil profissional do assistente administrativo, 146
 A formação do assistente administrativo, 146
O que são rotinas administrativas?, 147
 Processo, 147
 Rotina, 147
O que é um arquivo?, 148
 Conselho Nacional de Arquivos (Conarq), 148
 Métodos e técnicas de arquivo e protocolo, 149
 Métodos de arquivamento, 149
O que é digitalização?, 150
 Por que digitalizar?, 150
Classificação de documentos, 150
 Recebimento, distribuição, tramitação, expedição, 152
 Temporalidade e tipos de arquivo (físico e eletrônico), 153
 Tabela de Temporalidade Documental (TTD), 153
  Metodologia para construção de uma TTD, 154
 Preservação de arquivos, 155
Técnicas de redação empresarial e oficial, 157
 Estrutura textual, 158
 Coesão e coerência, 158
 Pronomes de tratamento, 158
  Concordância com os pronomes de tratamento, 160
Caso, 161
Exercícios, 161

CAPÍTULO 8 – ADMINISTRAÇÃO DE PESSOAL – CÁLCULOS E LEGISLAÇÃO TRABALHISTA, 163

O papel do RH, 163
Papel funcional e cargo, 164
Seleção, 166
Capacitação e desenvolvimento, 166
Avaliação de desempenho, 167
 O que é e como documentar, 167
 Formas de avaliação de desempenho, 167
Mobilização de equipes, 168
Técnicas para mediação de conflitos, 169
Estratégias de persuasão e motivação, 169
Diversidade humana, 170
Legislação Trabalhista, 171
Plano de cargos e salários, 172
Benefícios, 172
Tipos de contrato de trabalho, 173
Cálculos na Administração de Pessoal, 174
Cadastro Geral de Empregados e Desempregados (Caged), 174
 Caged Diário, 175
 Caged Mensal, 175
Modelos de formulários para administração de pessoal, 175
 Acordo coletivo de trabalho, 176
 Registro de empregados, 176
 Folha de ponto, 177
 Aviso de férias coletivas, 177
Caso, 178
Exercícios, 179

CAPÍTULO 9 – GESTÃO DE MATERIAIS, 181

Conceitos e princípios, 181
 Cultura da necessidade, 181
 Relação com fornecedores, 182
 Cotação de materiais, produtos e equipamentos para aquisição, 183
Processo de compras, 184
 Sistemas de informação, 184
 Ferramentas de controle, 184
 Curva ABC, 184
  Exemplo de Curva ABC, 185
 Como calcular a Curva ABC para estoques, 186
Patrimônio, 188
 Formas de controle do patrimônio, 188
 Implantação de controle patrimonial, 189
 Gestão patrimonial, 189
Inventário, 190
 Critérios de avaliação, 190
 Tipos de inventários, 190
 Etapas do inventário, 191

Modelos de documentos para
   inventário, 191
Fichas de produtos, 192
Caso, 194
Exercícios, 195

CAPÍTULO 10 – PROCESSOS FINANCEIROS, 196
Noções de contabilidade, 196
   As leis da Contabilidade, 197
   Princípios contábeis, 197
   Conceitos contábeis e financeiros, 198
   Classificação e registro de contas
      patrimoniais, 200
   Receita e despesa, 200
   Plano de contas contábeis, 201
   Objetivos do plano de contas, 201
   Contas a pagar, 201
   Negociação, 203
Tesouraria, 204
   Provisão de pagamento e
      recebimentos, 204
   Extratos bancários (emissão e
      controle), 205
   Conciliação bancária, 205
   Sistemas para controle de pagamentos e de
      recebimentos, 205
Operações matemáticas, 205
   Porcentagem ou percentagem, 205
   Regra de três simples, 206
   Juros simples, 206
   Juros compostos, 207
Administração fiscal, 207
   Classificação no Código Fiscal de
      Operações e Prestações (CFOP), 208
Sistema Financeiro Nacional (SFN), 209
Títulos de crédito, 210
Documentos fiscais, 210
Exercícios, 212

CAPÍTULO 11 – QUALIDADE DE VIDA, SAÚDE E SEGURANÇA NOS AMBIENTES DE TRABALHO, 213
Sustentabilidade e responsabilidade
   socioambiental, 213
Qualidade de vida no trabalho (QVT), 214
Medicina e segurança do trabalho, 217
A Política de Gestão de Riscos, 218
   O que é risco?, 218
   Mapa de riscos, 219
      Identificação dos riscos, 219
Exames médicos periódicos obrigatórios, 220
Programa de Controle Médico de Saúde
   Ocupacional (PCMSO), 220
Programa de Prevenção de Riscos Ambientais
   (PPRA), 221
   Comunicação de Acidente de Trabalho
      (CAT), 221
   Ficha médica, 222
Caso, 223
Exercícios, 224

CAPÍTULO 12 – NOÇÕES DE MARKETING, 225
Fundamentos de marketing, 225
   Definições de marketing, 225
Mix de marketing, 227
Composto de marketing, 228
Tipos de marketing, 228
Administração de marketing, 230
Pesquisa de marketing, 230
Comportamento do consumidor, 234
   Aspectos psicológicos, econômicos, sociais
      e demográficos, 234
Segmentação, 235
Posicionamento mercadológico, 235
Ambiente de marketing, 236
Meios de comunicação, 236
   Noções de plataformas, operação e gestão
      para o e-commerce no Brasil, 237
   Tendências e estimativas, 237
A marca e o Instituto Nacional de Propriedade
   Industrial (INPI), 239
Customer Relationship Management
   (CRM), 240
   O início do CRM, 240
Tecnologias que mudaram o relacionamento
   com clientes, 241
Infraestrutura, 242
   Internet de alta velocidade e fibra
      ótica, 242
   Bluetooth, 243
   Hardware, 243
   Software, 244
   Atendimento ao cliente, 246
      Técnicas de atendimento, 246
      Atendimento pessoal, telefônico e
         virtual, 247
      Aspectos psicológicos do atendimento
         ao cliente, 247
Perfis de clientes, 248
Contornando Problemas e Administrando
   Exceções, 248
Caso, 249
Exercícios, 250

Referências bibliográficas, 251

Gabarito dos exercícios, 253

Índice remissivo, 255

CAPÍTULO 1

INTRODUÇÃO À ADMINISTRAÇÃO

COMO TUDO COMEÇOU

A imperiosa necessidade de multiplicar o potencial dos recursos disponíveis levou o ser humano, desde a pré-história, a praticar os princípios da organização do trabalho. Se todos tivessem de fazer tudo de forma desordenada e desorganizada, não haveria a quantidade de recursos necessária para alcançar determinado objetivo. Como veremos adiante, pelas inúmeras descobertas realizadas por cientistas dos mais diversos ramos do conhecimento, o princípio da divisão das tarefas sempre existiu, e a condição essencialmente social da espécie humana ajudou a desenvolver o que antes era apenas um sentimento atávico. É fundamental notar que muitas estruturas organizacionais que hoje moldam empresas em diversos segmentos vão e voltam através do tempo levando-nos a supor que sejam inteiramente novas, mas a maioria delas não é.

A organização do trabalho começou até mesmo antes da evolução da humanidade para o *homo sapiens*, e deve ter ocorrido com o desenvolvimento do nosso cérebro, das nossas habilidades linguísticas e da nossa capacidade de desenvolver ferramentas.

Qualidade também era uma preocupação constante desde o início, até porque qualidade *lato sensu* nos tempos imemoriais era, literalmente, uma questão de vida ou morte! Claro que essa era apenas uma preocupação atávica e não sistematizada como a que temos hoje.

De forma atávica, premida pela necessidade de racionalizar e aumentar a eficácia da luta pela sobrevivência, nossa espécie já se preocupava em extrair o máximo de cada tarefa.

Quando a humanidade começou a interagir comercialmente, surgiram as preocupações sobre se o que estava sendo vendido e comprado estava ou não dentro do combinado (conformidade) no tocante ao tamanho, cor, peso, largura, altura, profundidade, capacidade, funcionalidades, entre outras características apregoadas pelo vendedor.

Conformidade, para a International Standardization Organization (ISO), é simplesmente:

> **Cumprir com o prometido**

Essas preocupações deram origem aos sistemas que estabeleceram padrões para todas as características que existam, ou viessem a existir, em um produto.

A REVOLUÇÃO INDUSTRIAL

A partir da Revolução Industrial, passou-se a pensar em processos de negócio em substituição às habilidades individuais, até então principal forma que se tinha para produzir bens e serviços como requisito imprescindível para o aumento da produtividade. A organização racional dos processos de negócio acarretaria em aumento da produção.

Como consequência da criação dos processos industriais, foram desenvolvidas as estruturas organizacionais. Era preciso ter grupos produzindo compostos por trabalhadores com tarefas definidas, e grupos apoiando os que produziam, com pessoas realizando tarefas administrativas.

EVOLUÇÃO DAS TEORIAS DA ADMINISTRAÇÃO

Durante quase dois séculos, as ciências administrativas travaram uma dura batalha com outros ramos do conhecimento para se imporem e serem respeitadas e reconhecidas como ciência,[1] e não como arte.[2] Inúmeras experiências foram realizadas visando ordenar o caos trazido pela Revolução Industrial.

A ESCOLA CLÁSSICA

FREDERICK WINSLOW TAYLOR

Os dois principais expoentes da Escola Clássica foram Frederick Winslow Taylor (1854-1915) e Henri Fayol (1841-1925). Esses dois estudiosos, que também eram funcionários nas respectivas empresas onde trabalhavam, contribuíram de forma significativa para o desenvolvimento da administração científica, primeiro por estudarem a natureza do trabalho realizado nas fábricas e, segundo, por racionalizarem a forma como as atividades eram executadas pelos pioneiros da era industrial.

A principal preocupação dos estudos desenvolvidos por Taylor foi sempre a de aumentar a produtividade por meio da organização do trabalho e da aplicação de métodos de produção que pudessem agilizá-la, afinal, ele reduziu a um quarto o número de empregados da Bethlehem Steel Works e passou a produzir a mesma quantidade que antes da

---

[1] Ciência, do latim, *Scientia*, de forma geral, refere-se a qualquer conhecimento ou prática sistemáticos. *Stricto sensu* refere-se ao sistema de adquirir conhecimento com base no método científico e ao conjunto organizado de conhecimentos conseguidos por meio de tais pesquisas.

[2] Arte, do latim, *Ars*, significa técnica e/ou habilidade ligada a manifestações de ordem estética ou comunicativa, realizada com base na percepção, nas emoções e nas ideias, com o objetivo de estimular essas instâncias da consciência.

redução e com a mesma qualidade. Além disso, baixou os custos de produção, diretos e indiretos, com a redução de mais de 60% do custo de manipulação do material. Sua doutrina resume-se a quatro princípios:

- Desenvolver para cada elemento do trabalho individual um método científico que substitua a forma empírica como esses elementos são realizados.
- Selecionar cientificamente, treinar, ensinar e aperfeiçoar cada trabalhador.
- Cooperar com os trabalhadores articulando o trabalho com os princípios do método científico.
- Manter divisão equitativa de trabalho e de responsabilidade entre direção e operários.

Vejamos, resumidamente, cada um dos princípios de Taylor à luz da nossa realidade, e como eles são atuais.

1º Princípio. Embora muito se fale em programas da qualidade e em suas normas ISO, OHSAS, BSA, eu continuo dizendo que organização ainda é uma palavra existente apenas nas boas intenções da maioria das empresas que conhecemos.

Para termos uma ideia da gravidade da situação, somente com a norma ISO 9000:2000 houve a orientação explícita a processos de negócio na sua implantação. A perda de tempo, às vezes considerável, para ajustar as não conformidades no momento da recertificação de uma norma é uma prova de que ainda não conseguimos fazer com que o que está escrito, quer seja em papel, quer seja em algum meio eletrônico, sirva para que os processos de negócio possam ser executados dentro do que fora estabelecido.

2º Princípio. Nesse aspecto já evoluímos bastante, embora alguns pontos ainda necessitem de profundas melhorias, mormente no que diz respeito à transmissão do conhecimento adquirido durante o treinamento. Entretanto, com o desenvolvimento da gerência do conhecimento, aliada às novas ferramentas de gerenciamento de conteúdo, espera-se que as empresas possam se beneficiar da riqueza existente de forma latente e tácita em todas elas.

3º Princípio. Tenho constatado também que a culpa pela ocorrência das não conformidades não pode ser debitada exclusivamente aos funcionários. Na verdade, articular o trabalho com os princípios do método científico somente agora poderá ser efetivamente realizado com base na Gerência do Conhecimento.

4º Princípio. Você já ouviu falar em Administração Participativa? Se sim, muito provavelmente, você foi induzido(a) a achar que AP é uma nova forma de administrar. Mas preste atenção ao quarto princípio de Taylor e você verá que nele já há uma preocupação em criar um ambiente de participação corresponsável nas empresas, estabelecido como princípio básico no desenvolvimento da administração científica.

É claro que muitas circunstâncias mudaram. Temos outras tecnologias, mas os princípios de Frederick Winslow Taylor podem e devem ser revitalizados e ajustados ao nosso tempo.

HENRI FAYOL

O engenheiro francês foi outro pioneiro da Administração Científica que iniciou seus estudos sobre a racionalização do trabalho nas fábricas na mesma época que Taylor. Suas ideias o levaram a resumir a administração em cinco ações principais:

- Prever.
- Organizar.
- Comandar.
- Coordenar.
- Controlar.

Abro aqui um parêntesis para falar da coincidência que o método chamado de PDCA – Planejar, Desenvolver, Controlar e Agir, do estatístico americano Walter A. Shewhart e amplamente difundido por Edwards Deming, no Japão do pós-guerra (por isso, todos pensam ser de Deming o PDCA) tem com as ideias de Fayol. Embora este nunca tenha usado a palavra ciclo para designar sua metodologia, podemos fazer a seguinte analogia:

- Prever = Planejar.
- Organizar = Desenvolver.
- Comandar e Coordenar = Controlar.
- Controlar = Agir.

Em seu livro *Administração industrial e geral*, Fayol fez duas contribuições importantes para a racionalização da administração:

1. A primeira diz respeito à constatação de que qualquer empresa tem um conjunto de funções que são essenciais para seu funcionamento, independentemente do tamanho e da complexidade que possa ter. Esse conjunto tem as seguintes funções:
   - Técnica.
   - Comercial.
   - Financeira.
   - Segurança.
   - Contábil.
   - Administrativa.
2. A outra contribuição refere-se aos Princípios Gerais de Administração, com os quais ele buscou dividir a operação de uma empresa de forma organizada e lógica.

Os Princípios Gerais de Administração de Fayol são os seguintes:
- Divisão do trabalho.
- Autoridade e responsabilidade.
- Disciplina.
- Unidade de comando.
- Unidade de direção.
- Subordinação do interesse particular ao interesse geral.
- Remuneração do pessoal.
- Centralização.
- Hierarquia.
- Ordem.
- Equidade.
- Estabilidade do pessoal.

- Iniciativa.
- União do pessoal.

As colocações, tanto de Taylor quanto de Fayol, são pertinentes até hoje.

Os princípios do Taylor podem ser reestudados continuamente e, adaptados, ser praticados por qualquer empresa nos dias atuais. Por meio deles, qualquer organização pode operar com garantia de que não sofrerá solução de continuidade. Afinal, desenvolver para cada elemento do trabalho individual um método científico que substitua a forma empírica como esses elementos são realizados; selecionar cientificamente, treinar, ensinar e aperfeiçoar cada trabalhador; cooperar com os trabalhadores articulando o trabalho com os princípios do método científico; manter divisão equitativa de trabalho e de responsabilidade entre direção e operários são requisitos extremamente objetivos do ponto de vista da administração.

> A empresa desorganizada sabe o que ganha, mas não sabe o que perde!

Fayol não poderia ser mais perspicaz ao definir os 14 Princípios Gerais de Administração. Eles reúnem preocupações que não se esgotaram nem se esgotarão ao serem usados como base das Ciências Administrativas. Estão presentes várias análises que seguramente serviram de ponto de partida para diversas teorias, algumas das quais apresentadas como revolucionárias nos nossos dias.

Em síntese, a Escola Clássica dividia a responsabilidade pela solução de qualquer problema e pelo êxito de qualquer empreitada executada entre direção e operários, contrapondo-se à ideia de responsabilidade única dos trabalhadores, sustentada pela administração por iniciativa e incentivos, além de colocar como objetivos básicos da administração a eficiência e a eficácia na operação de qualquer tipo de empresa.

Os principais integrantes da Escola Clássica, também conhecida como Escola Mecanicista, foram: Taylor, Fayol, Mooney, Reilly, Gulick, Brech e Allen.

A ESCOLA DE RELAÇÕES HUMANAS

Iniciou-se com base em uma experiência comportamental conduzida pelos pesquisadores E. Mayo e F. J. Roethlisberger, entre 1927 e 1932, na fábrica da Western Electric, situada em Howthorne, Chicago, Estados Unidos da América. Basicamente, essa escola contrapõe-se à escola científica de Taylor e Fayol. Enquanto esses dois defendiam a "automação do trabalhador", os criadores da escola de relações humanas defendiam o oposto, ou seja, que o homem não deveria ser tratado como máquina e que as relações humanas eram o verdadeiro "motor" do trabalhador.

A pesquisadora Mary Parker Foller, uma das pioneiras da Escola de Relações Humanas, concluiu que: "O objetivo principal da toda ação administrativa dentro de uma organização é o de coordenar as atividades das pessoas através da integração delas."

Ao considerar o comportamento das pessoas como fator primordial e decisivo para explicar como os mecanismos de administração interagiam nas organizações, os pesquisadores da Escola de Relações Humanas concluíram que: "Quem dita as normas de conduta dentro de uma organização são os valores individuais em primeiro lugar e os do grupo em detrimento dos interesses da empresa."

A Escola de Relações Humanas resumiu suas conclusões em quatro elementos principais:

- Contato Direto.
- Planejamento.
- Colaboração Recíproca.
- Processo Contínuo de Coordenação.

As conclusões da experiência realizada em 1927 são ainda hoje muito atuais, justamente pelo fato de o estudo ter focado o comportamento do ser humano no ambiente de trabalho. A importância do cargo e, atualmente, das tecnologias usadas é erroneamente valorizada em detrimento da importância que se deve dar ao ser humano.

O estudo concluiu que a motivação do trabalhador deveria ser o principal ponto de atenção de qualquer empresa. Positiva ou negativa, a motivação determinaria o grau de produtividade. Se o empregado fosse estimulado positivamente, o grau de satisfação subiria e consequentemente a sua produtividade, mesmo em condições adversas, como mostrou um estudo feito na fábrica em Howthorne, onde as condições de trabalho variaram de adequadas a péssimas. Mas, se, por outro lado, a motivação fosse negativa, nem com condições de trabalho excepcionais a produtividade do trabalhador aumentaria e, pelo contrário, tenderia a diminuir.

A ESCOLA ESTRUTURALISTA

Amitai Etizioni, que foi professor da Universidade de Columbia, Estados Unidos da América, definiu a abordagem estruturalista como sendo a síntese das escolas clássica e de relações humanas. No pensamento estruturalista, há o reconhecimento de que tanto a administração voltada aos níveis superiores quanto a voltada aos níveis operacionais devem ser equilibradas, sem qualquer uma das duas sobrepujar-se em detrimento da outra.

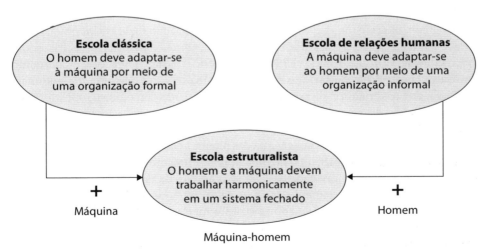

Figura 1.1 A síntese da escola estruturalista.

No tocante à solução dos conflitos existentes em qualquer organização, a Escola Estruturalista trata-os por meio dos seguintes pontos:

- Interação entre o relacionamento formal e o relacionamento informal.
- Grupos informais.
- A relação existente entre a organização e o meio ambiente no qual ela está inserida.
- Combinação entre recompensa material e recompensa social.

A mais importante contribuição da Escola Estruturalista foi a introdução de uma nova variável no estudo das organizações: o componente social. Essa variável possibilitou aumentar o conhecimento e o entendimento sobre os acontecimentos nas fábricas, por entender que havia um complexo e poderoso sistema que determinava o modo de agir das pessoas: o meio ambiente. Todos, sem exceções, estavam inseridos nos grupos pertinentes, e eram esses grupos que em última análise orientavam individualmente cada um dos seus participantes. Ou seja, cultura organizacional formal e informal.

A ESCOLA SISTÊMICA

A introdução da abordagem sistêmica mudou de forma fundamental a maneira de encarar os acontecimentos nas organizações. Os professores Daniel Katz e Robert Kahn colocaram o meio ambiente no centro das discussões. Com a teoria dos sistemas abertos surgiu uma nova vertente de discussão, além das que preconizavam a subordinação do homem à máquina ou da máquina ao homem. Esses professores possibilitaram, ao colocarem o meio ambiente como variável principal na equação homem-máquina/máquina-homem, o entendimento das partes, ou subsistemas, pela compreensão do todo: os sistemas abertos.

A Escola Sistêmica definiu os sistemas abertos com algumas características:

- Importação de energia.
- Transformação.
- Saída.
  - Entidades cíclicas.
  - Entropia.
  - Sintropia.
  - Entrada de informação.
  - Homeostase dinâmica e estabilidade.
  - Diferenciação.
  - Equifinalidade.

A ABORDAGEM DAS CONTINGÊNCIAS

O estudo dos professores Lawrence e Lorsch chamou a atenção para a capacidade que os sistemas abertos têm de se adequarem às estruturas organizacionais e às práticas administrativas adotadas, ajustando-se a elas à medida que a própria dinâmica desses organismos impõe as mudanças. Daí terem concluído que a diferenciação e a integração são dois aspectos fundamentais, e têm relação inversa, no estudo dos problemas da organização.

MATURANA & VARELA

Humberto Maturana (1928) e Francisco Javier Varela García (1946-2001) são dois importantes pesquisadores criadores do modelo Autopoiesis, que são sistemas autorreprodutores, por meio de um sistema fechado de relações. Os sistemas vivos são autônomos, circulares e autorreferentes, moldando seu próprio futuro como resultado das mudanças geradas internamente, a saber:

- Aspectos implícitos e explícitos da organização.
- O mundo é um momento dentro de um processo mais fundamental de mudança.
- Organizações como sistemas autorreprodutores.
- Círculos em lugar de linhas – a causalidade mútua.
- Contradição e crise – mudança dialética – qualquer fenômeno implica e gera seu oposto.

As ideias de Maturana e Varela são hoje importantes, primeiro para entendermos a necessidade das organizações de mudarem a si mesmas continuamente. Ou seja, reinventarem-se imperiosa e frequentemente para não desaparecerem no turbilhão em que se transformou a economia mundial. Segundo porque essas ideias são a base para que se implantem processos de mudança revolucionários, que vão fazer com que um tipo de organização dê lugar a outro em um movimento contínuo de reinvenção de si mesma.

MODELO TOYOTA

Embora conhecido como modelo Toyota de fabricação, pode ser enquadrado no conjunto de Escolas de Administração porque se preocupava não somente com a produção, mas com a participação efetiva do operário e por maximizar as funções da administração.

Em síntese, o sistema Toyota de produção se baseia em dois princípios:

- Eliminação de desperdícios.
- Fabricação com qualidade.

A ideia principal do Toyotismo é produzir somente o necessário, por meio de estoques reduzidos, flexibilizando a produção e maximizando os resultados.

TEORIAS DE PETER DRUCKER E A NEOCLÁSSICA

Considerado o pai da Administração Moderna, a contribuição do professor Drucker previu que, ao longo das últimas décadas, novas experiências estruturo-organizacionais surgiriam e seriam bem aceitas e operacionalizadas, principalmente por empresas da nova economia, as chamadas pontocom. As organizações pontocom, inclusive, valem muito mais do que as organizações tradicionais.

Uma dessas experiências bem-sucedidas chama-se Estrutura em Rede, na qual não há qualquer necessidade nem resquícios de hierarquia, mas, sim, de responsabilidade. Como?

Com o trabalho de mapeamento, análise, modelagem, implantação e gerenciamento de processos de negócio.

O pensamento de Drucker pode ser resumido com base dos seguintes pontos:

- Foco na prática da administração.
- Reafirmação das proposições clássicas.
- Foco nos princípios gerais de gestão.
- Foco nos objetivos e resultados.

Seguindo o modelo Toyota, Peter Drucker defendia que o foco da organização deve ser o cliente, não o produto. O cliente deve ser o objeto da organização, o foco de todas as suas atenções, dizia Drucker. Ele defendia a ideia de as organizações precisarem perceber essa mudança para tirar o máximo de proveito.

Algum tempo antes de morrer, Peter Drucker (11/11/2005) disse que a estrutura hierárquica está fadada a desaparecer nos próximos 25, 30 anos.

ALGUMAS DEFINIÇÕES

Para que não pairem dúvidas sobre o real significado de cada um dos termos utilizados aqui, vejamos algumas definições do *Dicionário Aurélio*:[3]

Organização.
S. f. 4. Associação ou instituição com objetivos definidos.
Sistema.
S. m. 2. Disposição das partes ou dos elementos de um todo, coordenados entre si, e que funcionam com estrutura organizada.
Atividade.
S. f. 3. Qualquer ação ou trabalho específico.
Processo.
S. m. 3. Maneira pela qual se realiza uma operação segundo determinadas normas.

Minha definição para processo de negócio é a seguinte:

Processo de negócio é o conjunto de atividades que tem por objetivo transformar insumos (entradas), adicionando-lhes valor por meio de procedimentos, em bens ou serviços (saídas) que serão entregues e devem atender às expectativas dos clientes.

Ao juntarmos todos esses conceitos, vamos entender que o homem vive inserido em organizações, desde o nascimento até a morte e age por meio de processos que se operam mediante atividades ligadas entre si por procedimentos, alguns implícitos outros explícitos, que, repetidos ciclicamente, constituem um sistema de produção.

CULTURA ORGANIZACIONAL: CONCEITOS E ELEMENTOS

Cultura organizacional é o sistema de valores, crenças, normas e hábitos compartilhados, que rege a interação dos elementos de uma organização. A cultura organizacional reflete as visões comuns sobre "o modo como as coisas são feitas por aqui", e o ambiente interno e particular de cada organização.

---

[3] *Dicionário Eletrônico Aurélio*. Disponível em: <https://www.dicio.com.br/>. Acesso em: 20 de abril de 2018.

Para gerenciar a cultura organizacional, administradores devem primeiro entendê-la por meio da análise dos símbolos, rituais e ideologias que dão vida à cultura de qualquer organização.

Essas manifestações são:

- **Rituais:** as ações costumeiras e repetidas dentro de uma organização.
- **Ideologias:** crenças, princípios morais e valores que provêm a base para a tomada de decisão organizacional.
- **Símbolos:** nomes, logomarcas e características físicas usadas para conduzir a imagem de uma organização.

Toda organização é um sistema composto de subsistemas que funcionam de forma integrada. O subsistema humano e cultural é formado por dois elementos:

- **Elemento informal:** conjunto de indivíduos que compõem a organização e suas respectivas subculturas (visões de mundo).
- **Elemento formal:** cultura oficial – regras, padrões, valores e formas de comportamento propagadas pelos dirigentes pelos meios de comunicação oficiais.

O subsistema humano se relaciona com os subsistemas gerencial, estrutural, estratégico e técnico.

A cultura organizacional, segundo Edgar Schein, é percebida por meio da linguagem, dos símbolos e das imagens, das histórias e dos mitos, dos rituais e das cerimônias, dos hábitos e os valores que permeiam essa organização, além dos objetos visíveis e físicos da mesma, tais como a arquitetura, os móveis, o espaço físico etc. A origem dos elementos que compõem a cultura está na luta pela sobrevivência dela.

Uma organização, como organismo, luta para fugir da morte (entropia).

PLANEJAMENTO ESTRATÉGICO

Qualquer organização sem um plano estratégico, ainda que simples, dificilmente sabe para onde pode ir, aonde quer chegar e simplesmente deixa-se levar pelas circunstâncias que cada momento lhe apresenta. O planejamento estratégico é importante para as organizações por vários motivos, entre os quais: a possibilidade de conhecer-se a si mesma, saber das suas fraquezas, das ameaças que tais fraquezas fazem aparecer. Permite saber das suas potencialidades e oportunidades e de onde virá o dinheiro que deverá ser investido no orçamento de investimento oriundo do planejamento estratégico.

Como se todos esses benefícios não fossem o bastante para incentivar qualquer organização a criar um planejamento estratégico, há mais um, definitivo: permitir que seus colaboradores saibam para onde estão indo, já que estão todos no mesmo barco e, com isso, possam se empenhar corretamente para fazer a organização atingir seus objetivos.

IDENTIDADE ORGANIZACIONAL

A identidade organizacional é formada por dois tipos de diretrizes:

- **Diretrizes organizacionais:** a visão, a missão e os valores.

- **Diretrizes genéricas**: leis, normas, políticas, protocolos, acordos, regimentos etc. que orientam a vida das organizações, públicas ou privadas.

As diretrizes, de um lado, nos impedem de "inventarmos", nos processos que recriamos ou criamos, qualquer coisa que vá contra tais documentos. Por outro lado, facilitam a vida de analistas de processos porque evitam discussões inúteis quando queremos inventar qualquer coisa que não seja permitida pelas diretrizes.

Em alguns tipos de organizações, as diretrizes têm peso muito grande. As organizações públicas, por exemplo, estão submetidas à lei nº 8.666, que rege as compras para o setor público. Nas universidades há os regimentos, entre outras diretrizes, aprovados pelo Conselho Universitário, que chegam a ter força de lei.

Toda organização deve desenvolver um conjunto de itens que será sua identidade organizacional. A eles damos os nomes de:

- Visão.
- Missão.
- Valores.

Definir a missão, a visão e os valores da organização é algo que requer muito cuidado, pois, uma vez definidos, deverão orientar o dia a dia da organização. O trabalho de definição desses elementos não se resume a buscar resolver todos os problemas da organização em uma única reunião. Afinal, a missão, a visão e os valores não devem apenas ser decididos, mas vividos plenamente a cada dia depois da definição.

Definir a missão, a visão e os valores é uma das atividades mais importantes do planejamento estratégico e o que mais orienta a organização para o pleno exercício da liderança compartilhada.

E como esses importantes elementos organizacionais são definidos?

Uma das primeiras providências na realização do planejamento estratégico é discutir aonde a organização quer chegar e com base em quais crenças ela percorrerá o caminho que a levará ao futuro. Claro, nenhuma organização, nem mesmo as criminosas, declara explicitamente algo que possa induzir seus clientes ao erro. Entretanto, tenho constatado que, na maioria das vezes, a definição da missão, da visão e dos valores é um ato puramente formal. Como se defini-los fosse algo necessário apenas à continuidade do planejamento estratégico. Ou, na melhor das hipóteses, para ficarem pendurados em cada parede da organização.

Usando um termo da psicologia, muito na moda atualmente, a missão, a visão e os valores devem ser introjetados[4] por todos os colaboradores da organização, isto é, todos devem passar a vivê-los plenamente no dia a dia.

Rebouças (2015) ressalva que:

> Algumas das formas de desenvolver um planejamento estratégico que apresente uma situação mais realista para os funcionários da empresa é a consideração dos seguintes aspectos:

---

[4] Introjeção: termo usado em Psicologia. Processo por meio do qual o indivíduo, de forma inconsciente, incorpora e passa a considerar como seus características e valores de outrem. Assimilação.

- A explicitação da interligação e interdependência entre todas as áreas da empresa.
- A interligação dos vários aspectos do planejamento estratégico com os planejamentos táticos e operacionais da empresa.
- A data-limite para a conclusão do desenvolvimento do plano estratégico é a data de início do plano orçamentário da empresa.
- Deverá gerar, após sua consolidação, diversos planos de ação, os quais serão desenvolvidos pelas várias áreas da empresa, de forma perfeitamente interligada.

Uma vez definidas a visão, a missão e os valores, que sofrem fortes influências de governos (leis, decretos, portarias etc.), acionistas, ONGs, mercados, clientes, concorrentes, tecnologias, clima etc., a organização pode criar o planejamento estratégico. Entretanto, há uma zona de risco que a organização precisa saber que existe para poder vencê-la. Muitas organizações dão-se por satisfeitas em poder divulgar sua visão, missão e valores, mas somente isso não é suficiente para permitir que todos os colaboradores trabalhem afinados e focados em uma mesma direção. O desdobramento do plano estratégico em objetivos e destes em metas é que finalmente trará para a organização a possibilidade de operar no dia a dia com foco nas definições.

ETAPAS PARA O PLANEJAMENTO ESTRATÉGICO

As etapas para o desenvolvimento do planejamento estratégico são as seguintes:

1. **Definição da Visão, da Missão e dos Valores da Organização:** nesta etapa, deve ser criada uma identidade para a empresa se ela ainda não a tiver. Mesmo que haja essa identidade, é bom revisá-la. Serão definidas uma visão, uma missão e uma política de qualidade. Isso permitirá desenvolver, no futuro, as melhorias nos processos de negócio. Uma empresa tem de saber o que quer ser e para onde quer ir. Veja, por exemplo, que no desenvolvimento de um sistema de gestão empresarial é importante saber se uma empresa quer escoar sua produção por meio de canais de vendas diretos ou indiretos. Sem a definição estratégica, pode-se gastar tempo e dinheiro, desenvolvendo, por exemplo, controles para canais de vendas indiretos quando, na verdade, a empresa, o dono, os acionistas ou seu corpo diretivo já estão pensando em realinhar suas vendas para a empresa vir a ter somente canais diretos. Outra importante definição é a da essência, da natureza da empresa, pois isso orienta todas as ações e consequentemente os sistemas de informações que vierem a ser desenvolvidos.

2. **Análise Swot:** Swot é um acrônimo de Forças (*Strengths*), no português chamamos também de Pontos Positivos, Fraquezas (*Weaknesses*), em português, Pontos Negativos, Oportunidades (*Opportunities*) e Ameaças (*Threats*). Por meio dessa ferramenta, são analisados os pontos fortes e os pontos fracos da empresa. A partir daí, serão montados dois planos. O primeiro, o de oportunidades, para aproveitar seus pontos fortes, e o segundo, o de ameaças, para reverter suas fraquezas ou prepará-la para conviver com elas o tempo que for necessário.

CAPÍTULO 1 | INTRODUÇÃO À ADMINISTRAÇÃO

MATRIZ SWOT

Objetivo 1: aumentar em 30% a participação no mercado de biscoitos finos nos próximos 12 meses.

Pontos positivos	Oportunidades	Pontos negativos	Ameaças
Capacidade de produção instalada adequada.	■ Aumento de produção. ■ Novos produtos.	■ Logística saturada.	■ Risco de não atender a demanda. ■ Concorrência pode se beneficiar do vazio causado pela má distribuição.
		■ Espaço para estoque de produtos acabados insuficiente.	■ Perdas de produto acabado por não ter onde estocar.
Marca conhecida pelo mercado.	■ Novos mercados.	■ Força de vendas pequena.	■ Produção pode ficar encalhada por falta de vendas.

Objetivo 2:

Pontos positivos	Oportunidades	Pontos negativos	Ameaças

Figura 1.2 Matriz Swot.

3. **Análise de clientes e mercados:** é necessário analisar os clientes atuais e os clientes potenciais. Em quais mercados a empresa atua ou tem pretensão de atuar. Curvas de demanda, custos e preços. Existem várias ferramentas para esse tipo de análise ser feita. Podemos começar pela do Boston Consulting Group (BCG).

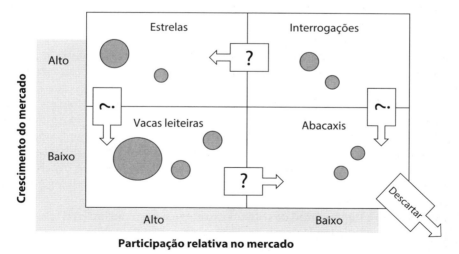

Figura 1.3 Matriz BCG.

Na matriz do Boston Consulting Group, BCG, os quatro quadrantes significam:

■ **Baixo-Baixo:** o mercado não cresce, e o produto estagnou. O produto tem baixa participação no mercado, e seu crescimento parou. Às vezes, há apenas um crescimento vegetativo.

- **Baixo-Alto:** o mercado cresce, mas o produto não consegue ter boas vendas nem aumentar sua participação nele. Os produtos são também chamados em inglês de *question marks* (interrogação) porque ainda não "decolaram" nas vendas, mas podem vir a fazê-lo.
- **Alto-Baixo:** o mercado não cresce como antes, mas o produto tem excelente participação, embora essa mesma participação não cresça. São as chamadas "vacas leiteiras", em uma excelente analogia, continuam dando muito leite, lucro, com pouco gasto na sua manutenção e por isso devem ser mantidos na grade de produtos da empresa.
- **Alta-Alto:** para as empresas, tudo o que todo produto deveria ser! Mercado em crescimento, muitas vezes acelerado, e produto também aumentando sua participação em seu segmento rapidamente, e muito, junto ao consumidor.
4. **Análise da concorrência:** nessa etapa, devem-se analisar os principais concorrentes, poder econômico deles, produtos, estratégias (se for de conhecimento público), e criar planos de convivência, ataque ou defesa, a fim de permitir à organização manter-se lucrativa e preparada para tais investidas.
5. **Definição da declaração (*statement*) estratégica:** a definição do *statement* estratégico pode ser traduzida como a criação dos objetivos estratégicos para os próximos três, cinco anos, com a necessidade de revisá-los a cada 12 meses, ou sempre que surgirem fatos novos e/ou relevantes que nos obriguem a tal revisão.
6. **Criação do plano de três anos:** nessa etapa, deve-se desenvolver o plano para atingir os objetivos estratégicos estabelecidos anteriormente. Também será necessário revisá-lo nos primeiros seis meses e a cada ano a partir de então.
7. **Desdobramento do plano estratégico:** depois que o plano estratégico for criado, é necessário que se faça seu detalhamento a fim de alinhá-lo à realidade financeira da empresa na etapa seguinte.
8. **Análise financeira para adequação do plano estratégico:** com base no plano estratégico detalhado, será analisada a viabilidade econômico-financeira para que se possa colocá-lo em execução.
9. **Alinhar o plano estratégico ao plano operacionall – Hoshin:** nessa fase, faremos o desdobramento do plano estratégico em plano operacional usando a Metodologia DOMP™, com base na metodologia Hoshin Kanri. Esse subconjunto da DOMP permitirá gerenciar a empresa com base nos objetivos estratégicos traçados para ela. Essa metodologia é empregada por empresas no Japão, nos EUA e no Brasil com muito sucesso. Mais adiante, voltaremos ao subconjunto da Metodologia DOMP™ para fazer o Hoshin.
10. **Roteiro para a implantação dos planos estratégico e operacional:** criação do roteiro e cronograma de implantação do plano operacional. Isso deve obrigatoriamente incluir mapeamento, análise, modelagem, implantação e gerenciamento de processos de negócio.

Os dez passos necessitam ser feitos por qualquer tipo e tamanho de organização. No entanto, o planejamento estratégico já é difícil para organizações grandes, por ser caro e demorado; para as pequenas e médias, é algo quase impossível de ser feito; mas com um pouco de paciência e boa vontade por parte dos responsáveis, é possível realizar, senão os dez passos, pelo menos os mais importantes.

CAPÍTULO 1 | INTRODUÇÃO À ADMINISTRAÇÃO   15

Planejamento Estratégico 2012-2020															Metodologia DOMP	
Identificação Planejamento Estratégico Resumo Geral															
DATA ORIGINAL 01/07/2012	DATA MODIFICAÇÃO 14/11/2014					DATA PRÓXIMA REVISÃO 2014						Página 1 de 10		
Objetivos	Responsáveis	Estratégias	Indicadores de Desempenho	Metas											
				2011		2012		2013		2014		2020	
				P	A	P	A	P	A	Planj.		Planj.
Objetivo 1 Consolidar a Universidade como instituição de referência e qualidade entre as melhores universidades do Brasil.		1. Desenvolver ações para alcançar os melhores conceitos nas avaliações externas institucionais dos cursos de graduação e nas avaliações de desempenho dos estudantes realizadas pelo MEC.	1. Índice de satisfação dos alunos de graduação (total e por curso).	4,2		4,2		4,3		4,5		4,9	
		2. Aprimorar o processo permanente de autoavaliação institucional e sua articulação com o PDI e o planejamento estratégico.	2. Média de estrelas no *Guia do Estudante*.	3,7		4,0	3,7	4,3		4,5		4,8	
		3. Manter atualizados e adequados os recursos de apoio à docência, tais como: bibliotecas, recursos tecnológicos, laboratórios, espaços físicos.	3. Média de estrelas no *Guia do Estudante*.	3		4	4,0	4,2		4,4		4,7	
		4. Desenvolver ações para reduzir a evasão.	4. Número de candidatos inscritos por vaga (total e por curso).	3,4		3,5	5,1	3,6		3,8		4,0	
		5. Desenvolver ações para preencher as vagas ofertadas pela universidade.	5. Percentual de matriculados por vaga (total e por curso).	82%		83%	90,1%	84%		86%		90%	
		6. Consolidar a atuação da TV da universidade na área das comunicações como polo de apoio, desenvolvimento tecnológico e divulgação das ações acadêmicas, institucionais e confessionais.	6. Taxa de evasão	26%		25%	27,1%	24%		22%		16%	

Responsável Geral:
Assinatura:

Coordenador:
Assinatura:

Código do Documento:

© 2012 TRCR KNOWLEDGE – Todos os direitos reservados

Figura 1.4 Exemplo de planejamento estratégico. Resumo geral.

No *site* do GEN, você encontrará os formulários necessários para fazer um Planejamento Estratégico:
uqr.to/cb7k

No formulário anterior você pode ver um resumo geral do trabalho de planejamento estratégico. Nele, vê-se o objetivo (podem ser tantos quanto forem os objetivos da organização), as estratégias para alcançar cada objetivo, os indicadores de desempenho para medir o atingimento de cada estratégia e finalmente as metas que devem ser alcançadas.

ESTRUTURAS FORMAIS E INFORMAIS

Esses dois tipos de estruturas organizacionais sempre existiram. No início da era industrial, as estruturas eram mais informais que formais e, nos dias atuais, as estruturas informais continuam causando muito transtornos.

Um exemplo de estrutura informal é quando determinada pessoa é promovida ou deslocada para um cargo, e ninguém na organização fica sabendo das mudanças. Esse comportamento causa desconforto para quem assume o cargo e a consequente perda de produtividade dos processos com os quais o profissional atua.

As estruturas formais foram criadas para que as empresas pudessem dividir e executar as funções administrativas básicas, mostradas na Figura 1.5. Essas funções permeiam todos os níveis estruturais da organização, começando pelo estratégico e descendo até o nível operacional. Cada nível tem de controlar, planejar, organizar e dirigir o processo, ou parte dele, sob sua responsabilidade. No nível estratégico, as pessoas entendem o que

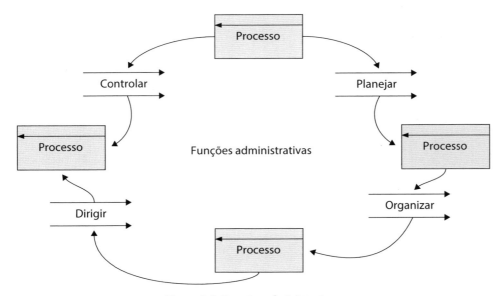

Figura 1.5 Funções administrativas.

isso significa, mas no nível operacional frequentemente ocorre falta de entendimento sobre o real significado das funções administrativas, e esse tipo de atitude é uma das causas de os processos de negócio não renderem o esperado. As estruturas informais sempre contribuíram para a desaceleração do nível de produtividade dos processos de negócio, mas hoje existem meios e conhecimentos para que qualquer organização possa tirar proveito desse tipo de estrutura, que a rigor pode ser combatida, mas jamais vencida. Cabe-nos, como administradores, o papel de identificá-las e de criar mecanismos que diminuam suas influências nocivas.

ESTRUTURAS FORMAIS

Estrutura formal é aquela que aparece no organograma, quando ele existe e está atualizado, claro. Geralmente, por conta do tipo de estrutura, o organograma estabelece as relações de hierarquia e comando, já que responsabilidades e papéis funcionais só podem ser representados por um tipo de estrutura com base no conhecimento, coisa que nenhuma estrutura hierárquica mostra. Se, por um lado, a rigidez de um organograma cria sérios problemas por limitar a comunicação e consequente interação entre as pessoas, por outro lado, na maioria das empresas, essa ainda é a única forma que as pessoas têm para "imaginarem" como os bens ou serviços são produzidos onde trabalham – pela inexistência de processos documentados e gerenciados.

As estruturas formais são criadas, aprovadas, assumidas e divulgadas pela organização mediante organogramas e outros documentos internos e externos visando estabelecer a maneira como as interações devem-se operacionalizar nos processos. Isso quer dizer que a estrutura formal, qualquer que seja ela, é fator limitante não somente das relações entre as diversas atividades como principalmente da maneira como o bem ou o serviço deve ser produzido. A rigidez das estruturas formais propicia o aparecimento de uma série de distorções, reduz a capacidade de reação da organização em face de imprevistos e adversidades, ajuda a organização informal a prosperar sub-repticiamente e não consegue ser o retrato fiel da operacionalidade de nenhum processo existente.

Entretanto, as estruturas formais foram a maneira como os teóricos conseguiram definir a forma como as empresas se organizavam ou deveriam se organizar. Na falta de ideias que exprimissem o dinamismo das organizações, o dinamismo da vida no interior delas, os estudiosos optaram por retratá-las não como operavam, mas como elas se organizavam ou deveriam se organizar, duas coisas distintas.

Existem três tipos básicos de organização que, na realidade, são encontrados combinados de inúmeras formas nos negócios. São eles:

- Em linha.
- Funcional.
- Em linha e assessoria.

ORGANIZAÇÃO EM LINHA

Na organização em linha, a autoridade passa pelos níveis de gerenciamento e de supervisão para chegar até o trabalhador, que é a parte operacional da atividade. Cada unidade é responsável pela aplicação de suas próprias técnicas e métodos. Cada unidade também é responsável por seus procedimentos administrativos. Uma das características mais marcantes desse tipo de organização é que, dentro de cada unidade, a responsabilidade por todo seu funcionamento é do supervisor da unidade. Isso requeria um tipo de profissional que fosse ao mesmo tempo um administrador habilidoso e um técnico experiente. Isso não é fácil de ser encontrado em um profissional.

As desvantagens desse tipo de organização, entre outras, são:

- Falta de especialização do supervisor, o que o impede de operar em todas as esferas da organização com máxima eficiência.
- Frequente sobrecarga de trabalho.
- Dificuldade em assegurar a sucessão do posto, pela necessidade de encontrar-se alguém tão bom tecnicamente como administrativamente.

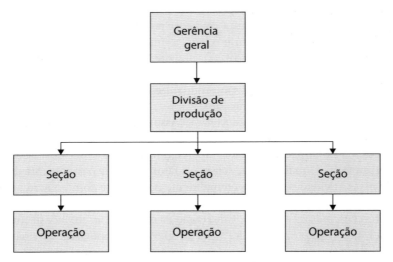

Figura 1.6 Organização em linha.

As vantagens desse tipo de estrutura, entre outras, são:

- A cadeia de comando é claramente definida, não significa que seja obedecida.
- A responsabilidade pela variação da qualidade é fácil de ser determinada.
- A comunicação, geralmente, é rápida e eficiente.

ORGANIZAÇÃO FUNCIONAL

A organização funcional ou estrutura funcional retrata a organização como um conjunto de funções que podem, ou não, estar inter-relacionadas por atividades que componham um processo. Na estrutura funcional, a autoridade passa pelos níveis de gerenciamento para ser compartilhada entre as funções técnicas e administrativas, as quais se baseiam em um conjunto de tarefas comum a todas as funções.

As atividades administrativas e de planejamento são divididas em quatro tipos:

- Fluxo (planejamento e programação).

- Instrução (descrição dos postos de trabalho).
- Tempos e custos (acompanhamento dos tempos e dos custos de produção).
- Disciplina (aconselhamento e disciplina).

Já as atividades técnicas e de produção são especializadas em quatro tipos:
- *Setup* e movimentação de materiais.
- Uso de ferramentas e execução das operações de máquina.
- Qualidade.
- Manutenção.

Os pontos fracos desse tipo de estrutura são:
- Cadeia de comando mal definida.
- Responsabilidade pela falta de qualidade do produto difícil de ser atribuída.
- Comunicação difícil e de reação lenta.

Os pontos fortes desse tipo de estrutura são:
- A especialização em uma área facilita a aquisição de experiência, o que possibilita a familiarização com os problemas encontrados nela.
- A habilidade para gerenciar outros é necessária, em cada área de atuação, dentro somente do contexto da especialização.
- O gerenciamento, em bases gerais, não existe abaixo do nível de superintendência, o que simplifica a sucessão.

A abordagem funcional surgiu como resultado das atividades de Frederick Taylor, que questionou a prática e a tradição dos limites do gerenciamento, usando técnicas de análise científica para descobrir as possíveis melhorias para os métodos administrativos.

Essa forma de estruturar a empresa, ainda hoje muito utilizada, não consegue organizar e muito menos potencializar o fluxo operacional.

Vamos falar um pouco mais sobre funções.

O que são funções?

Funções são órgãos cuja existência define o *core business* de uma organização. Isso quer dizer que uma função deve representar uma parte sem a qual a empresa deixaria de existir como tal. Quando ainda não se falava em terceirização, definia-se função como um conjunto de atividades que faziam parte intrínseca da natureza da organização. Cite-se o exemplo de uma montadora que poderia se desfazer de funções, como RH, sem que deixasse de ser uma montadora, mas não poderia deixar de ter a linha de montagem propriamente dita, sob pena de perder uma função relativa à competência principal (*core business*).

Peter Drucker, em seu estudo *Business objectives and survival needs*, foi um dos primeiros a propor que a empresa fosse dividida em "funções de sobrevivência" e, dessa forma, poder dar suporte à realização operacional dos "objetivos de sobrevivência" que toda empresa deveria ter em contraposição à ideia de maximização do lucro como único meio de sobreviver. Além de ter outras implicações, a estrutura funcional dá maior confiabilidade e estabilidade a qualquer análise organizacional, principalmente a estratégica, que se necessite fazer.

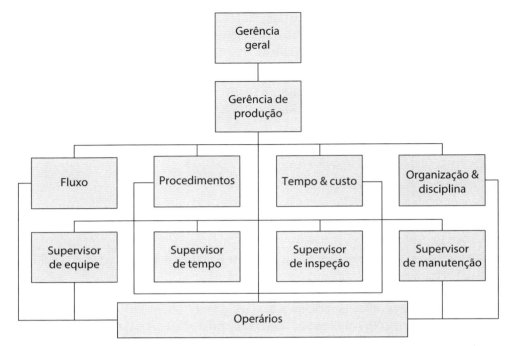

Figura 1.7 Estrutura funcional.

Inúmeros métodos de análise de sistemas e de Organização & Métodos surgiram apoiados na estabilidade da estrutura funcional, que, diferentemente das análises feitas com base em outros tipos de estrutura, conseguiam ser válidas por um período maior de tempo. Isso não significa que a estruturação da empresa em funções pretendesse engessá-la, torná-la rígida, pelo contrário, o objetivo era permitir que qualquer que fosse a forma de a empresa operar, a análise pudesse abstrair do tático, do dia a dia, para retratar o âmago da organização.

A dificuldade maior era convencer os administradores profissionais, ou os donos das empresas, das vantagens que eles teriam em estruturar suas organizações em funções.

ORGANIZAÇÃO EM LINHA E ASSESSORIA

A força da organização em linha e assessoria combina o que de melhor existe nas organizações dos dois tipos. Na Figura 1.8, vemos que há uma clara definição de delegação de autoridade e responsabilidade, além de uma bem definida linha de comunicação.

Entretanto, embora esses três tipos de estruturas fossem as formas básicas de organizar quaisquer empresas, o que aconteceu na prática foi a derivação desses três tipos em inúmeros outros que podem ser resumidos da seguinte forma:

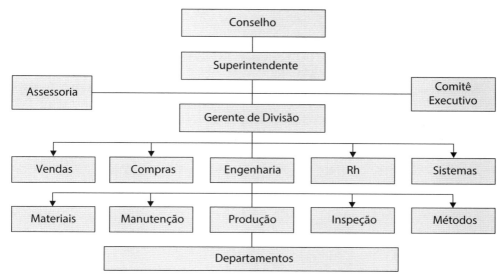

Figura 1.8 Estrutura em linha e assessoria.

ORGANIZAÇÕES DEPARTAMENTALIZADAS

A departamentalização tem suas origens na Escola Clássica e, ainda hoje, prega a ênfase na estrutura organizacional como forma de aumentar a eficiência e aprimorar as relações entre os segmentos de uma empresa. A ideia que embasa esse tipo de estruturação é a de que a verticalização segue hierarquicamente da direção para a execução das tarefas. Adam Smith defende esse tipo de organização como fundamental para a geração de riquezas. Hoje, embora as organizações de todos os tipos ainda continuem se estruturando dessa forma, existem novas e melhores estruturas, e até o que se denomina "não estruturas", das quais trataremos mais adiante.

Departamentalização caracteriza-se por dividir as atividades de uma organização em áreas com características bem delimitadas. Embora propicie especialização, faz com que os processos sejam de difícil operacionalidade. Suas principais variações são mostradas a seguir.

Para defender a estrutura departamentalizada, criaram-se os seguintes objetivos:

- **Agregação**: colocar os especialistas em uma mesma unidade de trabalho, a fim de possibilitar a troca de experiências e consequentemente maiores índices de produtividade e qualidade.
- **Controle**: as atividades devem ser agrupadas de forma que possam ser facilmente supervisionadas.
- **Coordenação**: obter unidade de ação agrupando atividades correlatas e de objetivos comuns em uma mesma unidade organizacional.
- **Enquadramento**: as atividades devem ser agrupadas em unidades, de acordo com suas caraterísticas.
- **Processos**: organizar as atividades buscando agrupá-las dentro de unidades cujos objetivos sejam comuns e que atendam a clientes determinados.

DEPARTAMENTALIZAÇÃO POR PROCESSO

Esse tipo de departamentalização é muito utilizado nas indústrias em geral, pois, na prática, divide a fabricação do bem em função das operações industriais que os empregados terão de desempenhar para produzi-lo.

A estruturação por processo pode ainda ser encontrada com frequência em empresas públicas, pois os processos burocráticos nessas empresas têm imitado de forma mais ou menos desastrosa "o modelo manufatura". Entretanto, é preciso ressaltar que nos últimos tempos essas mesmas empresas têm-se reorganizado com ênfase em processos de negócio com excelentes resultados.

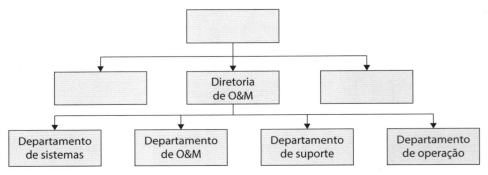

Figura 1.9 Organização baseada em departamentos.

DEPARTAMENTALIZAÇÃO POR PRODUTOS OU SERVIÇOS

Nesse tipo de estrutura, a empresa é dividida em função dos bens que fabrica, ou dos serviços que comercializa. Exemplo desse tipo de estrutura, a Philips tem diversas divisões, não só por produto, como também por tipo de mercado.

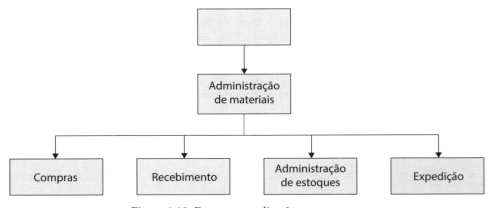

Figura 1.10 Departamentalização por processo.

DEPARTAMENTALIZAÇÃO POR LOCALIZAÇÃO GEOGRÁFICA

Aqui, a departamentalização procura adequar a estrutura à distribuição espacial dos mercados, criando representações da matriz em cada local onde a empresa atue. Esse tipo de departamentalização pode ser interessante para marcar a presença ou por motivos estratégicos, ou ainda por imposição de leis que protegem os consumidores. Entretanto, ela pode elevar os custos do produto de forma significativa.

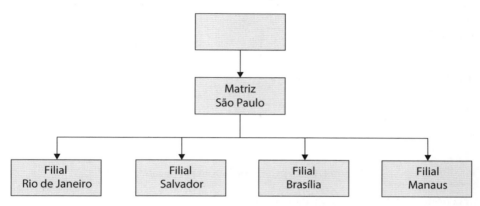

Figura 1.11 Departamentalização por localização geográfica.

DEPARTAMENTALIZAÇÃO POR LINHA DE PRODUTO

Nesse tipo de departamentalização, a organização optou por estruturar-se levando em conta suas linhas de produtos. No exemplo a seguir, temos três divisões que produzem bens, tocadores de BluRay, televisores e *smartphones* e uma de serviço: assistência técnica.

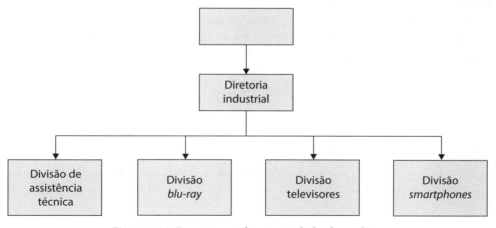

Figura 1.12 Departamentalização por linha de produto.

DEPARTAMENTALIZAÇÃO POR QUANTIDADE

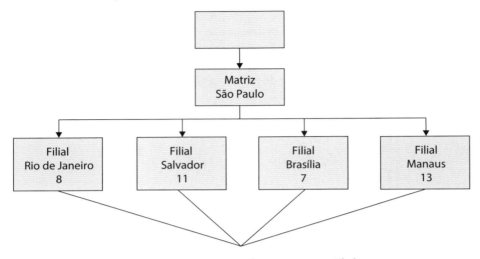

Figura 1.13 Departamentalização por quantidade.

Na prática, é pouco utilizada. Esse tipo de divisão não tem outra razão que não simplesmente a de dividir a organização pela quantidade de pessoas existente em cada conjunto, as forças armadas, as polícias militares (Comandos, Regiões, Brigadas, Pelotões, Batalhões, Companhias etc.) e algumas outras entidades ainda utilizam esse tipo de estrutura.

DEPARTAMENTALIZAÇÃO POR CLIENTES

Essa divisão procura concentrar esforços e especializar os funcionários no atendimento a um tipo de cliente. Isso pode ter vantagens e desvantagens. Uma das vantagens é o foco, que fica mais concentrado. Como desvantagem, em alguns casos, certas divisões podem não agir de acordo com as práticas existentes na sociedade, principalmente quando o politicamente correto é não discriminar nenhum grupo.

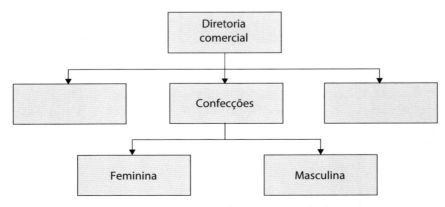

Figura 1.14 Departamentalização por tipo de cliente.

DEPARTAMENTALIZAÇÃO POR CONTINGÊNCIA

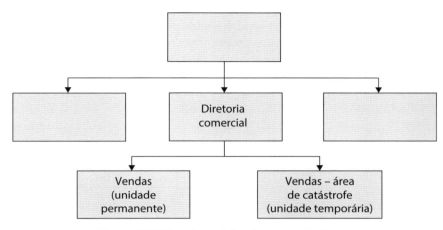

Figura 1.15 Departamentalização por contingência.

Essa departamentalização pode ser criada para atender a determinada situação específica e, depois de ter atingido seus objetivos, ser simplesmente desativada.

Vamos tomar como exemplo uma empresa de venda de materiais de construção. Para isso, ela tem uma área de vendas que vamos chamar de "normal". Se acontecer uma catástrofe, como um terremoto, a empresa pode criar uma área específica para atender à região destruída e desativá-la logo que tenha cumprido seus objetivos.

DEPARTAMENTALIZAÇÃO POR PROJETO

Essa estrutura é perfeita para empresas cujo negócio seja a especialização e execução de projetos, pois tem como vantagem principal conseguir restringir a um grupo de especialistas a responsabilidade necessária à execução de cada projeto.

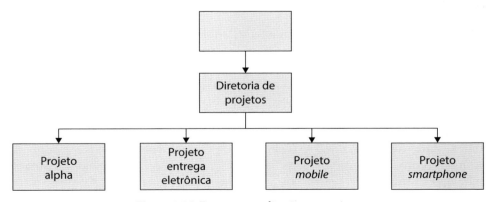

Figura 1.16 Departamentalização por projeto.

DEPARTAMENTALIZAÇÃO POR TEMPO

Esta estrutura mostra que o trabalho não deve parar e que, para operacionalizar essa necessidade, os trabalhadores estão divididos em turnos. É empregada apenas no nível de produção, onde os diversos turnos precisam ser representados no organograma, já que dificilmente os níveis superiores serão divididos dessa forma.

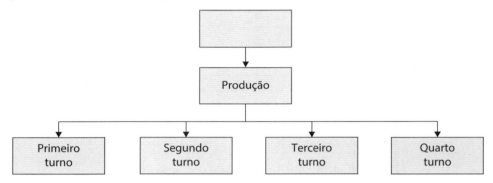

Figura 1.17 Departamentalização por tempo.

Outros tipos de estruturas departamentalizadas são:
- Estrutura baseada em comissões, ou colegiada.
- Estrutura baseada em divisões.

Outro tipo de estrutura, que no passado foi tentada em vários tipos de empresas, é a matricial.

ESTRUTURA MATRICIAL

Essa estrutura é o resultado de duas outras, a estrutura tradicional por departamento mais a estrutura por projetos. Nela, há dois tipos de responsabilidades: uma é funcional, representada quase sempre pelas linhas horizontais, e a outra é gerencial, representada pelas linhas verticais.

Durante algum tempo, essa estrutura foi testada, sem sucesso, nas organizações.

Por quê?

Porque não se pode querer alinhar dois princípios antagônicos: o da hierarquia, associado à autoridade e à obediência, com o da responsabilidade, associado à orientação e à participação. Em outras palavras, não é possível ter duas estruturas antagônicas convivendo e operando em perfeita harmonia.

Embora seja um tipo de estrutura que permita mobilidade maior que as outras, na prática é difícil de implantar e operacionalizar, em decorrência dos atritos causados pela incompreensão entre os responsáveis funcionais e os responsáveis gerenciais. Durante um tempo, os responsáveis gerenciais, e ainda hoje eles são maioria, achavam-se no direito de gerenciar pessoas, com sentimento de posse exacerbado, enquanto nesse tipo de estrutura os responsáveis gerenciais devem gerenciar recursos, que são disponibilizados para os responsáveis funcionais, que podem estar envolvidos com projetos ou processos de negócio.

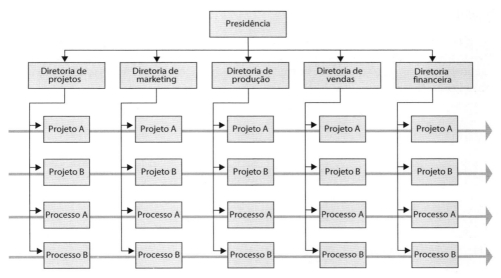

Figura 1.18 Estrutura matricial.

ESTRUTURA CIRCULAR OU RADIAL

Pouco utilizada, aparece aqui apenas para registro. Esse tipo de organograma era utilizado para suavizar a apresentação da estrutura hierárquica, atuar como poderoso inibidor das paixões que incendeiam a "fogueira das vaidades", tão própria dos seres humanos, e economizar espaço em apresentações.

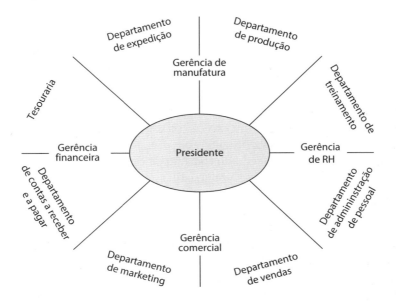

Figura 1.19 Estrutura circular ou radial.

ESTRUTURA EM CÉLULA

A estrutura em célula foi criada na manufatura discreta para facilitar a produção de determinados itens. Basicamente, ela é formada por conjuntos de máquinas, equipamentos ou equipes, pois pode ser formada exclusivamente por funcionários, que fazem um mesmo tipo de trabalho.

Nessa estrutura, as atividades são definidas por demanda de produção.

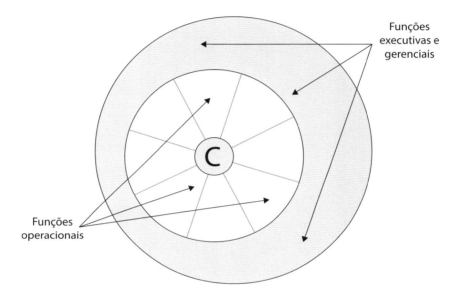

Figura 1.20 Estrutura em célula.

Um exemplo são as fábricas de softwares organizadas por células, que maximizam os trabalhos de análise, desenvolvimento e testes. Outro exemplo são as células que congregam máquinas de comando numérico na manufatura, otimizando as operações de tornearia.

A estrutura em célula tem muitas e reais vantagens sobre qualquer uma das estruturas apresentadas neste capítulo, com exceção da estrutura matricial. A principal é a de colocar a produção – de qualquer produto – em contato direto com o cliente, interno ou externo, que vai receber o resultado do trabalho de cada uma das células, enquanto as áreas gerenciais ou de apoio ficam na retaguarda.

ESTRUTURA EM REDE

Em um passado recente, na década de 1990, quando a reengenharia estava no auge, surgiu a discussão sobre uma nova estrutura organizacional que tinha por princípio ser baseada ou orientada a processos de negócio. Hoje tem sido discutida como forma de estruturar grupos de empresas para trabalharem de forma integrada ou complementar e também como forma de estruturar internamente organizações. A essas organizações chamamos de estruturas em rede.

CAPÍTULO 1 | INTRODUÇÃO À ADMINISTRAÇÃO

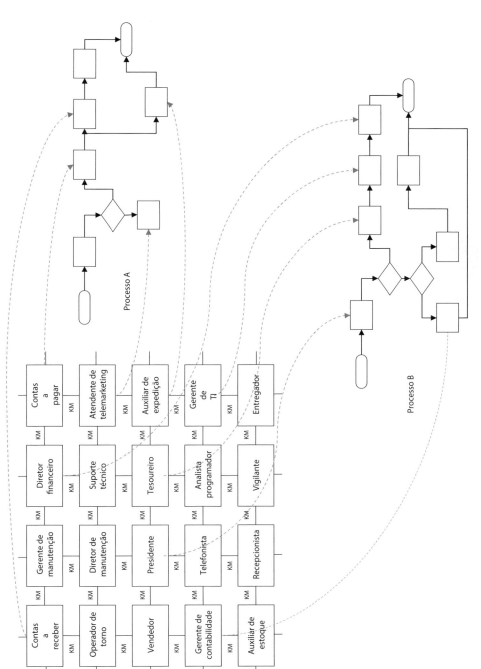

Figura 1.21 Estrutura em rede – baseada no conhecimento.

Embora, na maioria das vezes, sejam referenciadas por determinadas características operacionais, chamadas de Arranjos Produtivos Locais (APLs), elas são também conhecidas como *clusters*, entre outras denominações, como representações de estruturas organizacionais ideais para sustentar a cadeia de produção integrada por micros, pequenos e médios empresários e estes às grandes corporações.

Atualmente, grandes empresas que produzem conhecimento operam estruturadas em rede. Essa estrutura proporciona maior eficiência e eficácia, pois os colaboradores que delas participam estão preocupados em cumprir com suas responsabilidades, diferentemente dos que trabalham em organizações hierarquizadas, que buscam operar por meio de comportamentos do tipo "manda quem pode, obedece quem tem juízo". Essas empresas da era do conhecimento são gigantes como Facebook, Google, Yahoo, Apple etc.

Estrutura em rede é o agrupamento multidisciplinar e multifuncional (*lato sensu*) de indivíduos com o objetivo de prover unicidade organizacional por meio da complementaridade de todos que dela participem de forma direta ou indireta.

CASO

O planejamento estratégico é importante para as organizações por vários motivos, entre os quais: a possibilidade de conhecer-se a si mesmo, saber das suas fraquezas e das ameaças que tais fraquezas fazem aparecer. Permite saber das suas potencialidades e oportunidades e de onde virá o dinheiro que deverá ser investido no planejamento estratégico. Como se todos esses benefícios não fossem o bastante para incentivar qualquer organização a criar um planejamento estratégico, há mais um, que talvez seja o definitivo: permitir que seus colaboradores saibam para onde estão indo, já que estão todos no mesmo barco, e, com isso, possam se empenhar corretamente para fazer a organização atingir seus objetivos.

Este caso é para que você pratique o planejamento estratégico na vida pessoal. A contextualização refere-se a uma tentativa de planejamento estratégico em uma empresa da área de desenvolvimento de software. A empresa é líder no seu segmento de atuação – área de previdência privada.

Durante mais de 10 anos, a empresa absteve-se de atualizar um planejamento estratégico que foi feito de forma mambembe por um especialista, que de planejamento estratégico não entendia muito mais que o título do trabalho. Na verdade, o planejamento estratégico feito há mais de dez anos tinha somente uma análise Swot e as definições de Missão, Visão e Valores. Imagine um planejamento estratégico feito há mais de dez anos e sem nenhuma atualização neste nosso atual mundo globalizado e altamente volátil. Era o mesmo que não ter nada. Desejando conseguir a certificação ISO 9001:2015, preparou-se para isso durante mais de oito meses. O projeto Rumo à ISO envolveu todo mundo, embora, no início, de forma desorganizada e sem a participação efetiva da alta direção.

A maior dificuldade que encontramos na construção de um Plano Estratégico é justamente conseguir a participação e o comprometimento da alta direção. Todo mundo sempre tem algo mais importante e urgente para fazer, e o planejamento estratégico vai ficando em segundo plano. E nessa empresa não foi diferente. Fizeram apenas uma reunião, a primeira e única, no início do ano. Durante quase oito meses, apenas o consultor contratado para o projeto ISO 9001:2015 e o coordenador da qualidade falaram em planejamento estratégico.

Oito meses depois, a empresa recebeu um auditor da qualidade para a primeira auditoria, na verdade, uma pré-auditoria, e o resultado foi desastroso. Logo de início, a empresa, por não ter o planejamento estratégico, sofreu várias não conformidades, o que, praticamente, inviabilizou o restante dos três dias desse processo.

Com todas as não conformidades apontadas e sabendo que sem o planejamento estratégico não haveria certificação na norma ISO 9001:2015, o gerente geral tomou para si a tarefa de fazer um plano estratégico, e, junto com o consultor e com o coordenador da qualidade, fizeram um planejamento estratégico em três dias, sem a participação do diretor e muito menos dos outros gerentes.

Finalmente, o planejamento estratégico saiu!

Questões para discussão

1. Como você tentaria envolver a alta direção da empresa que trabalha para o planejamento estratégico?
2. Você conhece um planejamento estratégico de verdade?
3. Pensando na vida pessoal, quais seriam os três principais objetivos a serem atingidos em até três anos?
4. Com base nos objetivos estabelecidos, faça a análise Swot para certificar-se se estes podem ser atingidos ou não.
5. Com base na análise Swot, você pode preparar um plano para maximizar as oportunidades e um plano para se garantir contra as ameaças.

EXERCÍCIOS

1. O planejamento estratégico é importante para as organizações por vários motivos, entre os quais: a possibilidade de conhecer-se a si mesma, saber das suas fraquezas, das ameaças que tais fraquezas fazem aparecer. Permite saber das suas potencialidades e oportunidades e de onde virá o dinheiro que deverá ser investido no orçamento do planejamento estratégico. No planejamento estratégico, definimos os objetivos, mas, para operacionalizá-los, é necessário desdobrá-los em metas.

   Com base na leitura do texto anterior, assinale a alternativa correta:

   a. O planejamento estratégico não permite às organizações a operação dos objetivos definidos nele, a menos que o Planejamento Estratégico seja desdobrado em planejamento operacional, quando, então, serão criadas metas.
   b. O planejamento tático serve para operacionalizar os objetivos.
   c. Por meio do planejamento estratégico, chega-se aos pontos fortes e aos pontos fracos da organização.
   d. Os pontos fortes definem as metas.
   e. Os pontos fracos definem as ações.

2. Há evidências de que a humanidade planejou estrategicamente em todas as civilizações; da Antiguidade aos dias atuais. Todos os grandes guerreiros planejaram estrategicamente suas conquistas, como Genghis Khan, por exemplo, a quem se atribui uma famosa citação.
Qual citação é atribuída a Genghis Khan?
   a. "Nenhum guerreiro deve perder a linha do horizonte de vista."
   b. "Sem a visão de um objetivo, um homem não pode gerir sua própria vida e muito menos a vida dos outros."
   c. "Todo soldado deve seguir cegamente seu comandante."
   d. "A habilidade de alcançar a vitória mudando e adaptando-se de acordo com o inimigo é chamada de genialidade."
   e. "Quando você enxergar além de si mesmo, poderá encontrar a paz da mente esperando-o lá."

3. Segundo H. Igor Ansoff, autoridade mundial em planejamento e administração estratégica, o planejamento estratégico tem como base a análise de três aspectos fundamentais.
Quais são esses três aspectos dos quais nos falou Ansoff?
   a. Os problemas oriundos do planejamento estratégico, as metas e as soluções possíveis.
   b. Os problemas administrativos oriundos dos processos de negócio e as variáveis que os envolvem.
   c. Os processos de negócio, os objetivos e os problemas administrativos.
   d. Processos, atividades e metas.
   e. Os problemas administrativos oriundos das situações operacionais, os processos que devem solucionar esses problemas administrativos e as variáveis que os envolvem.

4. Toda empresa interage com o ambiente que a cerca por meio de dois tipos de comportamento, que, embora distintos, complementam-se para dar o caráter holístico que toda organização deve ter. São eles (assinale a alternativa correta):
   a. O operacional e o estratégico.
   b. Os objetivos e as metas.
   c. Os pontos fortes e pontos fracos.
   d. As oportunidades e as ameaças.
   e. O operacional e o tático.

5. Para Herbert Simon, a solução de qualquer problema de decisão, seja de ordem administrativa, científica ou artística, tem quatro etapas. Escolha a alternativa correta:
   a. Percepção de oportunidade, formulação do plano estratégico, avaliação das alternativas quanto aos resultados, escolha das alternativas que serão implantadas.
   b. Percepção de oportunidade ou da necessidade de decidir, formulação das várias ações alternativas, avaliação das alternativas quanto aos resultados, escolha das alternativas que serão implantadas.
   c. Formulação das várias ações alternativas, avaliação das alternativas quanto aos resultados, escolha das alternativas que serão implantadas, criação das metas.
   d. Percepção de oportunidade ou da necessidade de decidir, formulação dos objetivos, criação das metas, escolha das alternativas que serão implantadas.
   e. Percepção de oportunidade, formulação das oportunidades, avaliação das ameaças, escolha das alternativas que serão implantadas.

CAPÍTULO 2

CONSTITUIÇÃO E LEGALIZAÇÃO DE EMPRESAS

O QUE É EMPRESA

Várias são as definições de empresa. O dicionário eletrônico *Michaelis*[1] define empresa assim:

> "Sociedade organizada para a exploração de indústria ou comércio; com a finalidade de obter um rendimento monetário através da produção de bens ou de serviços: Empresa industrial. Empresa mercantil. Empresa de alimentos em conserva. Empresa de transportes."

O dicionário eletrônico *Aurélio*[2] define empresa do seguinte modo:

> "Execução de um projeto; empreendimento, comedimento. Negócio, sociedade comercial; todo estabelecimento que vende, compra produtos ou oferece algum tipo de serviço. Unidade econômica de produção: existem empresas privadas, públicas e de economia mista. Companhia organizada juridicamente; firma."

ELEMENTOS OU RECURSOS DE UMA EMPRESA

Para que uma empresa possa operar adequadamente e assim atingir seus objetivos, é necessária a união de quatro elementos ou recursos:

---

[1] Dicionário eletrônico *Michaelis*. Disponível em: <http://michaelis.uol.com.br/moderno-portugues/busca/portugues-brasileiro/empresa/>. Acesso em: 20 de abril de 2018.

[2] Dicionário eletrônico *Aurélio*. Disponível em: <https://www.dicio.com.br/empresa/>. Acesso em: 20 de abril de 2018.

- **Humanos:** são os funcionários, ou colaboradores, organizados em uma hierarquia, em se tratando de empresas hierárquicas. Entretanto, em empresas com outros tipos de estruturas, a explicação "organizados em uma hierarquia" não se aplica, mas, sim, organizados por conhecimento e por responsabilidades sobre suas funções organizacionais. É o elemento mais importante para que a empresa alcance seus objetivos.
- **Materiais:** são as máquinas e os equipamentos que se destinam a produzir bens e serviços.
- **Técnicos:** são as habilidades para desenvolver o objeto social da empresa, ou seja, saber lidar com o que se propõe a fazer. Esse elemento é composto pelo trinômio conhecimento, competência e habilidade.
- **Financeiros:** são o capital empregado na produção dos bens e serviços e todos os outros recursos financeiros disponíveis e são de fundamental importância em qualquer atividade.

PESSOA FÍSICA

É o indivíduo ou pessoa natural dotada de vontade própria e capaz de direitos e obrigações.

PESSOA JURÍDICA

Há duas formas de entender a pessoa jurídica:

- **Empresário:** um novo tipo de opção àquelas pessoas que pretendem se inscrever como pessoa jurídica, independentemente de ser comerciante ou prestador de serviço, em que o titular responde ilimitadamente por todos os atos praticados pela empresa.
- **Sociedade:** a união de dois ou mais sócios que têm responsabilidade solidária e limitada perante os compromissos assumidos.

Saiba mais sobre formalização de empresas no *link* abaixo, que contém o Guia Prático para a Formalização de Empresas do Sebrae:
uqr.to/cb7l

TIPOS DE EMPRESAS NO BRASIL

Existem vários tipos de empresas no Brasil e todas têm suas características em número de sócios, faturamento, tipo de operação etc.

De acordo com o Sebrae,[3] existem os seguintes tipos de empresas:

---

[3] Sebrae – Serviço Brasileiro de Apoio às Micro e Pequenas Empresas – cuja finalidade é a de fomentar o empreendedorismo no Brasil. Criada em 1972, já com o objetivo de ser uma referência como suporte à micro e pequena empresa, era vinculada, a princípio, ao governo federal. Em 1990, com a publicação da lei nº 8.029/1990 e da lei nº 8.154/1990, destacou-se da administração pública e

- **Empresário Individual**: exerce em nome próprio uma atividade empresarial. Atua individualmente, sem sociedade. Sua responsabilidade é ilimitada (responde com seus bens pessoais pelas obrigações assumidas com a atividade empresarial). O empresário pode exercer atividade industrial, comercial ou prestação de serviços, exceto serviços de profissão intelectual.
- O Simples Nacional estabelece valores fixos mensais para o MEI, que não seja sócio, titular ou administrador de outra empresa, que possua no máximo 01 (um) empregado que receba exclusivamente o piso da categoria profissional, não tenha mais de um estabelecimento (não ter filial), entre outros requisitos. Ver artigo 18-A da Lei Complementar nº 123, de 14/12/2006.
- **Empresa Individual de Responsabilidade Limitada – Eireli**: atuação individual sem sócios. Responsabilidade do empresário é limitada ao capital social (valor do investimento, em dinheiro ou bens). Obrigatoriedade de capital social integralizado de no mínimo 100 salários mínimos. A Eireli possibilita a atuação individual – sem sócios –, porém, com responsabilidade limitada. Protege o patrimônio pessoal do empresário por meio da separação patrimonial. A Eireli é uma pessoa jurídica, com patrimônio próprio, não se confundindo com a pessoa física do empreendedor e seu respectivo patrimônio.
- **Sociedade Empresária**: neste tipo de empresa, é possível a atuação coletiva entre dois ou mais sócios, sendo sua responsabilidade limitada ao capital social. Deverá adotar uma das espécies de sociedade existentes (S/A, Sociedade Limitada – Ltda. etc.). A espécie de sociedade empresária mais adotada no Brasil é a Sociedade Limitada (Ltda.), por ser mais simples e pela proteção ao patrimônio pessoal dos sócios.
- **Sociedade Simples**: empresa com atuação coletiva, ou seja, 2 (dois) ou mais sócios. A responsabilidade dos sócios é ilimitada Porém, poderá adotar a espécie societária de Sociedade Limitada – Sociedade Simples Ltda., passando a responsabilidade dos sócios a ser limitada ao capital social, não respondendo com seus bens pessoais pelas obrigações da sociedade, exceto nas hipóteses mencionadas no item anterior (sociedade empresária limitada).

CLASSIFICAÇÃO DAS EMPRESAS PELO SETOR

As empresas podem ser classificadas de acordo com o setor de atuação:
- **Comercial:** neste setor se encaixam todas as empresas que comercializam algum tipo de produto, por exemplo, loja de roupas, loja de móveis, supermercados, loja de materiais de construção, padarias etc.
- **Industrial**: nesta classe estão todas as empresas que fabricam determinado produto, por exemplo, indústria automobilística, indústria de artigos de plásticos etc.
- **Prestação de serviços**: estas empresas apenas oferecem algum serviço, por exemplo, clinicas médicas, consultorias diversas, empresas do setor de educação etc.

---

passou a operar tal qual uma instituição privada sem fins lucrativos, nos moldes de um serviço social autônomo.

- **Rural**: são as empresas que atuam no agronegócio, por exemplo, plantação de laranja, de soja, de milho etc.

ÓRGÃOS DE REGISTRO EMPRESARIAL

Os órgãos de registro empresarial são os seguintes:
- Jucesp – Nire (número de identificação do registro e empresas) ou Cartório de Registro das Pessoas Jurídicas.
- Receita Federal – CNPJ: Cadastro Nacional da Pessoa Jurídica.
- Secretaria da Fazenda – IE: Inscrição Estadual.
- Prefeitura – CCM ou IM: Cadastro de Contribuinte Mobiliário ou Inscrição Municipal.
- INSS – Instituto Nacional do Seguro Social.

CLASSIFICAÇÃO DAS EMPRESAS PELA RECEITA OPERACIONAL BRUTA ANUAL OU ANUALIZADA

A classificação das empresas pelo porte adotada pelo BNDES e aplicável a todos os setores está resumida no Quadro 2.1:

Quadro 2.1 Classificação das empresas de acordo com o porte adotada pelo BNDES

CLASSIFICAÇÃO	RECEITA OPERACIONAL BRUTA ANUAL OU ANUALIZADA
Microempresa	Até 2,4 mi (dois milhões e quatrocentos mil reais)
Pequena empresa	Entre 2,4 e 16 mi (entre dois milhões e quatrocentos mil e dezesseis milhões de reais)
Média empresa	Entre 16 mi e 90 mi (entre dezesseis milhões e noventa milhões de reais)
Média-grande empresa	Entre 90 mi e 300 mi (entre noventa milhões e trezentos milhões de reais)
Grande empresa	Acima de 300 mi de reais

Quadro 2.2 Classificação das empresas pelo número de empregados

CLASSIFICAÇÃO	NÚMERO DE FUNCIONÁRIOS
Microempresa	De 0 a 9
Pequena empresa	De 10 a 99
Média empresa	De 100 a 500
Grande empresa	Acima de 500

ORGANIZAÇÕES

Quanto às organizações, é importante destacar alguns elementos:
- **Conceito**: instituição, associação ou entidade que atua no âmbito dos interesses comuns; organismo, segundo o dicionário *Aurélio*.

No caso específico de empresa, é o conjunto de diretrizes, políticas, normas, processos e funções fundamentais para o bom funcionamento de qualquer empreendimento empresarial.
- **Tipologia:**[4] sobre tipologia das organizações, vamos conhecer alguns autores.

Embora diferentes entre si na aplicabilidade, as organizações têm características que permitem classificá-las em grupos ou tipos. Daí por que denominaremos tipologias das organizações.

Para facilitar a análise comparativa, alguns autores estruturalistas desenvolveram tipologias de organizações, classificando-as de acordo com certas características que as tornam distintas.

Para Amitai Etzioni, a estrutura de obediência em uma organização é determinada pelos tipos de controles aplicados aos participantes. Segundo ele, a tipologia das organizações é a seguinte:
- **Organizações coercitivas**: o poder é imposto pela força física ou por controles com base em prêmios ou punições.
- **Organizações utilitárias**: o poder baseia-se no controle dos incentivos econômicos. Utilizam a remuneração como base principal de controle.
- **Organizações normativas**: o poder baseia-se em um consenso sobre objetivos e métodos de organização.

Outros autores que também contribuíram com a Escola Estruturalista são:
Peter Blau, sociólogo nascido em 1918, em Viena de Áustria, que se dedicou prioritariamente ao estudo das organizações. Classificou quatro tipos de organizações (de "benefício mútuo", "empresarial", de "serviços" e de "bem-estar comum") de acordo com as quatro diferentes espécies de principais beneficiários que uma organização pode servir. Blau é uma figura de destaque da teoria das trocas (*exchange theory*) em uma vertente individualista.

A tipologia das organizações apresentada por Blau e Scott baseia-se naquele que se beneficia com a organização. Para os autores, existem quatro categorias de participantes que se beneficiam de uma organização formal:
- Os próprios membros da organização.
- Os proprietários, dirigentes ou acionistas da organização.
- Os clientes da organização.
- O público em geral.

TIPOS BÁSICOS DE ORGANIZAÇÃO

Os tipos básicos de organização são os seguintes:
- **Associação de benefícios mútuos**: os membros da organização são os principais beneficiados.
- **Organização de interesses comerciais**: os proprietários ou acionistas são os principais beneficiados da organização.
- **Organização de serviço**: o grupo de clientes é o beneficiário principal.
- **Organização do Estado**: público em geral é beneficiado.

---

[4] Tipologia: sistema de classificação por tipos.

ESTRUTURA ORGANIZACIONAL – HIPÓTESES DE MINTZBERG

Para Mintzberg, a estruturação eficaz de qualquer organização requer consistência entre os parâmetros de design e os fatores contingenciais. Os principais fatores abordados por Mintzberg, com as respectivas hipóteses (H1 a H16) associadas às configurações das estruturas organizacionais, são os apresentados no Quadro 2.3:

Quadro 2.3 Fatores e hipóteses de Mintzberg associados às estruturas organizacionais

Idade e tamanho da organização	H1	Quanto mais antiga for a organização, mais formalizado é o comportamento dos integrantes da organização
	H2	A estrutura organizacional reflete a época do setor no qual a organização foi construída
	H3	Quanto maior a organização, mais elaborada é sua estrutura (mais especializadas suas tarefas, mais diferenciadas suas unidades e mais desenvolvido seu componente administrativo)
	H4	Quanto maior a organização, maior o tamanho médio de suas unidades
	H5	Quanto maior a organização, mais formal será seu comportamento
Sistema técnico: produção por unidade, produção em massa e produção por processo	H6	Quanto mais regular o sistema técnico, mais formalizado será o trabalho operacional, e mais burocrática a estrutura do núcleo operacional
	H7	Quanto mais sofisticado (difícil de entender) o sistema técnico, mais elaborada será a estrutura não operacional, mais ampla a descentralização seletiva da assessoria e maior será o uso dos instrumentos de ligação
	H8	A automação do núcleo operacional transforma uma estrutura administrativa burocrática em uma estrutura orgânica
Ambiente: tudo o que está fora da organização (base de conhecimento, clientes, concorrentes, posição geográfica, clima econômico, político etc.)	H9	Quanto mais dinâmico o ambiente, mais orgânica será a estrutura
	H10	Quanto mais complexo o ambiente, mais descentralizada será a estrutura
	H11	Quanto mais diversificados forem os mercados da organização, maior a propensão de dividir-se em unidades com base no mercado
	H12	A hostilidade extrema em seu ambiente leva qualquer organização a centralizar temporariamente sua estrutura
	H13	As disparidades no ambiente encorajam a organização a descentralizar seletivamente em constelações de trabalho diferenciadas
Poder	H14	Quanto maior for o controle externo da organização, mais centralizada e formalizada será sua cultura
	H15	As necessidades de poder dos membros da organização tendem a gerar estruturas excessivamente centralizadas
	H16	Em determinadas vezes, a moda induz e favorece a criação de uma estrutura e uma cultura "do momento", mesmo que não seja apropriada à organização

NATUREZA JURÍDICA

Segundo o Instituto Brasileiro de Geografia e Estatística (IBGE), as naturezas jurídicas são as constantes da Tabela 2.1, publicada no *DOU*[5] nº 82, de 2/5/2016, no qual foi publicada a Resolução Concla[6] nº 1, de 28/4/2016.

Tabela 2.1 Tabela de natureza jurídica (2016)

1. ADMINISTRAÇÃO PÚBLICA
101-5 – Órgão Público do Poder Executivo Federal
102-3 – Órgão Público do Poder Executivo Estadual ou do Distrito Federal
103-1 – Órgão Público do Poder Executivo Municipal
104-0 – Órgão Público do Poder Legislativo Federal
105-8 – Órgão Público do Poder Legislativo Estadual ou do Distrito Federal
106-6 – Órgão Público do Poder Legislativo Municipal
107-4 – Órgão Público do Poder Judiciário Federal
108-2 – Órgão Público do Poder Judiciário Estadual
110-4 – Autarquia Federal
111-2 – Autarquia Estadual ou do Distrito Federal
112-0 – Autarquia Municipal
113-9 – Fundação Pública de Direito Público Federal
114-7 – Fundação Pública de Direito Público Estadual ou do Distrito Federal
115-5 – Fundação Pública de Direito Público Municipal
116-3 – Órgão Público Autônomo Federal
117-1 – Órgão Público Autônomo Estadual ou do Distrito Federal
118-0 – Órgão Público Autônomo Municipal
119-8 – Comissão Polinacional
120-1 – Fundo Público
121-0 – Consórcio Público de Direito Público (Associação Pública)
122-8 – Consórcio Público de Direito Privado
123-6 – Estado ou Distrito Federal
124-4 – Município
125-2 – Fundação Pública de Direito Privado Federal
126-0 – Fundação Pública de Direito Privado Estadual ou do Distrito Federal
127-9 – Fundação Pública de Direito Privado Municipal
2. ENTIDADES EMPRESARIAIS
201-1 – Empresa Pública
203-8 – Sociedade de Economia Mista
204-6 – Sociedade Anônima Aberta
205-4 – Sociedade Anônima Fechada
206-2 – Sociedade Empresária Limitada
207-0 – Sociedade Empresária em Nome Coletivo
208-9 – Sociedade Empresária em Comandita Simples

---

5   *DOU*, Diário Oficial da União.
6   Concla, Comissão Nacional de Classificação.

209-7	Sociedade Empresária em Comandita por Ações
212-7	Sociedade em Conta de Participação
213-5	Empresário (Individual)
214-3	Cooperativa
215-1	Consórcio de Sociedades
216-0	Grupo de Sociedades
217-8	Estabelecimento, no Brasil, de Sociedade Estrangeira
219-4	Estabelecimento, no Brasil, de Empresa Binacional Argentino-Brasileira
221-6	Empresa Domiciliada no Exterior
222-4	Clube/Fundo de Investimento
223-2	Sociedade Simples Pura
224-0	Sociedade Simples Limitada
225-9	Sociedade Simples em Nome Coletivo
226-7	Sociedade Simples em Comandita Simples
227-5	Empresa Binacional
228-3	Consórcio de Empregadores
229-1	Consórcio Simples
230-5	Empresa Individual de Responsabilidade Limitada (de Natureza Empresária)
231-3	Empresa Individual de Responsabilidade Limitada (de Natureza Simples)
232-1	Sociedade Unipessoal de Advogados
233-0	Cooperativas de Consumo
3. ENTIDADES SEM FINS LUCRATIVOS	
303-4	Serviço Notarial e Registral (Cartório)
306-9	Fundação Privada
307-7	Serviço Social Autônomo
308-5	Condomínio Edilício
310-7	Comissão de Conciliação Prévia
311-5	Entidade de Mediação e Arbitragem
313-1	Entidade Sindical
320-4	Estabelecimento, no Brasil, de Fundação ou Associação Estrangeiras
321-2	Fundação ou Associação Domiciliada no Exterior
322-0	Organização Religiosa
323-9	Comunidade Indígena
324-7	Fundo Privado
325-5	Órgão de Direção Nacional de Partido Político
326-3	Órgão de Direção Regional de Partido Político
327-1	Órgão de Direção Local de Partido Político
328-0	Comitê Financeiro de Partido Político
329-8	Frente Plebiscitária ou Referendária
330-1	Organização Social (OS)
331-0	Demais Condomínios
399-9	Associação Privada
4. PESSOAS FÍSICAS	
401-4	Empresa Individual Imobiliária
402-2	Segurado Especial
408-1	Contribuinte Individual

409-0 – Candidato a Cargo Político Eletivo	
411-1 – Leiloeiro	
412-0 – Produtor Rural (Pessoa Física)	
5. ORGANIZAÇÕES INTERNACIONAIS E OUTRAS INSTITUIÇÕES EXTRATERRITORIAIS	
501-0 – Organização Internacional	
502-9 – Representação Diplomática Estrangeira	
503-7 – Outras Instituições Extraterritoriais	

LEGALIZAÇÃO DA EMPRESA

Quanto tempo demora para abrir uma empresa no Brasil?

Essa é uma pergunta muito importante e extremamente preocupante, pois no Brasil a burocracia é grande, há muitas leis federais, estaduais e municipais dando ordenamento legal ao empreendedor e ao seu empreendimento. Há, também, vários órgãos federais, estaduais e municipais que devem ser atendidos por quem pretende abrir uma empresa.

De acordo com dados do Banco Mundial, em 2018, o prazo para se abrir um negócio no Brasil é de 125 dias, o que o coloca na posição de número 176 do ranking de nações. A Nova Zelândia é o país onde é mais fácil abrir um negócio, o que a coloca na primeira posição dentre 189 economias estudadas pelo Banco Mundial. Lá, empreendedores são capazes de abrir uma empresa em menos de um dia, segundo o relatório *Doing Business 2018*[7] (*Fazendo Negócios 2018*).

Se para abrir uma empresa é difícil e demorado, para fechar uma é muito pior. Por isso, muitos empresários preferem deixar uma empresa inativa a ter de encerrá-la legalmente.

Para abrir uma empresa no Brasil, são necessárias as seguintes providências.

RECEITA FEDERAL

O primeiro passo é o empresário realizar o registro da sua futura empresa na receita Federal. Com isso, ele obterá o Cadastro Nacional de Pessoa Jurídica (CNPJ), que lhe dará direitos e deveres legais para atuar no ramo da sua escolha.

O CNPJ é um número padrão composto de 14 algarismos divididos em três blocos 00.000.000/0000-00, onde:

O primeiro bloco, composto de oito dígitos, representa o número da inscrição na Receita Federal.

O segundo bloco, composto de quatro dígitos depois da barra, representa um código único para a empresa, 0001. Caso a empresa tenha filiais, a sequência será 0002 para a primeira filial, 0003 para a segunda filial, e assim por diante para tantas filiais quantas existirem.

O terceiro bloco, composto de dois dígitos, é chamado de dígitos verificadores e serve para dar veracidade ao CNPJ.

Esse número é único e, uma vez atribuído, é intransferível, ou seja, pode ser cancelado, mas não pode ser atribuído a outra empresa. Além disso, é valido em todo o território nacional.

---

[7] *Doing Business 2018*. Disponível em: <http://portugues.doingbusiness.org/rankings>. Acesso em: 21 de abril de 2018.

INSCRIÇÃO ESTADUAL

Depois da inscrição da Receita Federal, deve-se fazer a inscrição na Secretaria da Fazenda do estado onde a empresa vai operar.

Essa inscrição só será necessária se a empresa for classificada como mercantil, isto é, se fizer operações de compra e venda de bens, produtos, mercadorias, ou seja, se não for uma empresa prestadora de serviços.

Cada estado tem uma secretaria fazendária e, além disso, cada estado tem um conjunto de leis que regem as operações mercantis. A esse conjunto dá-se o nome de ICMS, ou Regulamento do ICMS. O Imposto sobre Circulação de Mercadorias e Serviços é um imposto brasileiro que incide sobre a movimentação de mercadorias em geral.

O objetivo do ICMS é apenas fiscal, e o principal fator gerador é a circulação de mercadoria, até mesmo as que iniciam no exterior. O ICMS incide sobre diversos tipos de serviços, como telecomunicação, transporte intermunicipal e interestadual, importação e prestação de serviços etc. Ele também incide na circulação de mercadorias como eletrodomésticos, alimentos e bebidas, cosméticos e muitos outros.

A cobrança do ICMS é de responsabilidade de cada estado brasileiro, que deve instituir valores tabelados para as mercadorias.

Esse imposto é regulamentado constitucionalmente na lei complementar nº 87/1996 (Lei Kandir) e foi alterado posteriormente pelas leis nºs 92/1997, 99/1999 e 102/2000.

Todas as etapas de circulação de mercadorias e em toda prestação de serviço estão sujeitas ao ICMS, devendo haver emissão da nota fiscal. O imposto não incide sobre qualquer operação com livros, jornais, operações que destinem ao exterior mercadorias, operações relativas a energia elétrica e petróleo, operações com ouro, operações de arrendamento mercantil etc.

Há iniciativas para que os estados unifiquem seus ICMS e suas alíquotas, mas, por enquanto, o que existe são o que chamamos de guerras fiscais, quando estados concedem benefícios extraordinários às empresas que decidirem se instalar em seus territórios.

O processo de inscrição na Secretaria da Fazenda (Sefaz) é feito por meio do Coletor Nacional. Desde o dia 10/11/2014, o aplicativo é de utilização obrigatória em todo o território nacional.

1º O contribuinte envia os dados pelo Cadastro Web (Jucesp) e Coleta web (Receita Federal).

2º O pedido do Coleta web passa por análise automática da Receita Federal e é enviado à Sefaz. O Cadesp também pode realizar apenas uma verificação automática (maioria dos casos) ou enviar para análise do Posto Fiscal, de acordo com as regras já existentes no Cadesp (ex.: postos de combustíveis). Após a análise da Sefaz (automática ou do Posto Fiscal), o pedido é enviado à Jucesp.

3º O Documento Básico de Entrada (DBE) é gerado, e a documentação deve ser entregue na Junta Comercial. De posse da documentação, a Junta confronta as informações da documentação com as informadas no Cadastro Web e Coleta web.

4º A homologação da Jucesp gera o Nire, CNPJ e IE. Os três números de registro são gerados ao mesmo tempo.

A Secretaria da fazenda do Estado de São Paulo tem à disposição dos contribuintes o Cadesp.

O Cadesp processa as informações cadastrais das empresas de forma sincronizadas entre a Receita Federal do Brasil (RFB), a Sefaz-SP e a Junta Comercial do Estado de São Paulo (Jucesp).

A consulta pública às informações cadastrais é livre, ou seja, não é necessário ser previamente cadastrado, e seu acesso não exige identificação ou senha. Basta clicar no link "Serviços" no menu lateral; clicar em "Consulta Pública" e indicar o CNPJ (ou IE ou Nire) da empresa que deseja consultar.

Para saber mais, baixe aqui, em PDF, o Manual do Contribuinte e do Contabilista:
uqr.to/cfo4

INSCRIÇÃO MUNICIPAL

Por fim, é necessário fazer a inscrição municipal para que finalmente a empresa possa funcionar.

Com a inscrição municipal, a empresa passa a ser contribuinte do município e pode solicitar o alvará de funcionamento, mas não sem antes sofrer fiscalização do município para verificar se as condições de funcionamento estão de acordo com as leis municipais.

Saiba mais sobre legislação do Imposto sobre Serviços (ISS) em:
uqr.to/cb7m

DOCUMENTAÇÃO EXIGIDA

Há uma série de documentos que são exigidos para que qualquer pessoa possa abrir uma empresa. Dados e informações sobre razão social, formação do nome empresarial do empresário, formação do nome empresarial na sociedade limitada, nome fantasia da empresa, sobre marcas, o contrato social etc. Vejamos cada um desses documentos:

- Contrato social assinado pelos sócios, ou procuradores legalmente constituídos, ou, ainda, certidão de inteiro teor do contrato social, quando revestir a forma pública. No Apêndice A, há a reprodução de um contrato social.
- Declaração de desimpedimento. Desimpedimento é o estado em que não há embaraço ou obstrução para o exercício de determinada atividade. É o caso, por exemplo, do inciso II do artigo 37 da lei nº 8.934/1994, que exige declaração do titular ou administrador de empresa mercantil de não estar impedido de exercer o comércio ou a administração da sociedade mercantil, em virtude de condenação criminal.

A declaração de não impedimento também é exigida para que a pessoa assuma determinados cargos públicos ou em entidades e associações.
Exemplo:

DECLARAÇÃO DE DESIMPEDIMENTO
(nome), (nacionalidade), (estado civil), (profissão), inscrito(a) no CPF sob o nº (informar) e no RG nº (informar), residente e domiciliado(a) à (endereço), na cidade de (município) – (UF), declaro para os devidos fins que não está impedido de exercer a atividade mercantil, o comércio ou administração de sociedade mercantil (ou determinado cargo, se for o caso), por lei especial ou em virtude de condenação criminal, ou por se encontrar sob os efeitos dela, a pena que vede, ainda que temporariamente, o acesso a cargos públicos, ou por crime falimentar, de prevaricação, peita ou suborno, concussão, peculato ou contra a economia popular, contra o sistema financeiro nacional, contra normas de defesa da concorrência, contra as relações de consumo, fé pública ou propriedade.
(localidade), (dia) de (mês) de (ano).
(assinatura)
(nome)

- Original ou cópia autenticada de procuração com poderes específicos quando o contrato social ou a declaração de desimpedimento for assinada por procurador. Se o delegante for analfabeto, a procuração deve ser passada por instrumento público.
- Cópia autenticada do documento de identidade com foto dos administradores e do signatário de requerimento.
- Aprovações e licenças específicas prévias de órgãos governamentais quando se fizer necessário.
- CNPJ, ou a Ficha de Cadastro Nacional. São documentos do CNPJ:
  a) FCPJ (Ficha Cadastral da Pessoa Jurídica), que deverá ser preenchida por meio do Aplicativo do Coletor Nacional diretamente no site da Secretaria da Receita Federal do Brasil (RFB), http://www.receita.fazenda.gov.br. A FCPJ deverá ser acompanhada do QSA, no caso de sociedades;
  b) Quadro de Sócios e Administradores (QSA);
  c) Ficha Específica, de interesse do órgão convenente;
  d) Ficha de Beneficiários Finais – para os CNPJ de Natureza Jurídica 321-2 ou do grupo 200 (exceto 201-1, 219-4 e 227-5), quando estes informarem a existência/inexistência de beneficiários finais; e
  e) Documento Básico de Entrada do CNPJ (DBE) ou Protocolo de Transmissão, conforme modelos constantes dos Anexos I e II da IN RFB nº 1.634, de 6/5/2016.
- Quando houver participação societária de:
  a) Sociedade estrangeira.
    - Prova da existência legal da empresa no exterior e da legitimidade da sua representação no país.
    - Contrato ou estatuto da sociedade.
    - Procuração estabelecendo representantes legais no Brasil.
    - Tradução, por tradutor matriculado em qualquer Junta Comercial, dos referidos atos.

b) Pessoa física residente ou domiciliada no exterior.
- Procuração estabelecendo representante no país, com poderes para receber citações.
- Tradução da procuração por tradutor matriculado em qualquer Junta Comercial, caso tenha sido passada em língua estrangeira.

c) Empresa pública, sociedade e economia mista, autarquia ou fundação pública.
- Exemplar do *DOU*,[8] do *DOE*,[9] do *DODF*,[10] ou do município, que contiver o ato de autorização legislativa, ou citação, no contrato social, da natureza, número de data do ato de autorização legislativa; bem como do nome, data e folha do jornal em que foi publicada tal autorização.

d) Comprovantes de pagamentos.
- Guia de recolhimento Junta Comercial.
- Darf,[11] Cadastro Nacional de Empresas, código 6621.

O QUE É O DARF[12]

É o serviço que possibilita a obtenção de Documento de Arrecadação de Receitas Federais (DARF), utilizado para pagamento dos débitos não previdenciários inscritos em Dívida Ativa da União, parcelados ou não, e para pagamento da prestação de parcelamento de débitos previdenciários inscritos em DAU efetuado com base na lei nº 11.941/2009.

Quando se trata de Darf de dívida parcelada, seu valor corresponde à parcela básica (valor consolidado da dívida na data da formalização do parcelamento, dividido pelo número de parcelas), acrescido do percentual dos juros desde a formalização do parcelamento. Quando há saldo remanescente de parcela anterior, no Darf emitido pelo e-CAC deverá ser somado, à parcela básica vincenda (nova parcela), o saldo devedor de parcela anterior, acrescendo juros do período parcelado sobre o total.

Existem dois tipos de Darf:[13]

- **Darf comum** (na cor preto Europa), em vigor a partir de 1/4/1997: utilizado para pagamentos de receitas federais pelas pessoas físicas e jurídicas, exceto as optantes pelo Simples (Instrução Normativa RFB nº 736, de 2/5/2007).
- **Darf Simples** (na cor verde), em vigor a partir 1/1/1997: utilizado exclusivamente por Pessoas Jurídicas, enquadradas como microempresa e empresa de pequeno porte

---

[8] *DOU*, Diário Oficial da União.
[9] *DOE*, Diário Oficial do Estado.
[10] *DODF*, Diário Oficial do Distrito Federal.
[11] DARF, Documento de Arrecadação de Receitas Federais.
[12] Fonte: Procuradoria Geral da Receita Federal. Disponível em: <http://www.pgfn.gov.br/divida-ativa-da-uniao/todos-os-servicos/informacoes-e-servicos-para-pessoa-juridica/darf/o-que-e>. Acesso em: 21 de abril de 2018.
[13] Receita Federal do Brasil. Disponível em: <http://idg.receita.fazenda.gov.br/orientacao/tributaria/pagamentos-e-parcelamentos/darf-impressao-para-preenchimento-manual-1#modelos-de-darf>. Acesso em: 21 de abril de 2018.

(Instrução Normativa RFB nº 736, 2/5/2007), optantes do Simples, regido pela lei nº 9.317, de 5/12/1996, para pagamento unificado dos seguintes tributos/contribuições: IRPJ, PIS/Pasep, CSLL, Cofins, IPI, Contribuições para a Seguridade Social, e, quando houver convênio com estados e municípios, ICMS e ISS (para fatos geradores ocorridos até junho/2007).

A partir de 1/7/2007, o tratamento diferenciado e favorecido dispensado às microempresas e empresas de pequeno porte passou a ser regido pela lei complementar nº 123, de 14/12/1996. Atualmente, os tributos são apurados no Portal do Simples Nacional e pagos por meio do Documento de Arrecadação do Simples Nacional (DAS). Veja na Figura 2.1 o modelo do formulário DARF:

MINISTÉRIO DA FAZENDA SECRETARIA DA RECEITA FEDERAL DO BRASIL Documento de Arrecadação de Receitas Federais **DARF**	**02** PERÍODO DE APURAÇÃO →	
	03 NÚMERO DO CPF OU CNPJ →	
	04 CÓDIGO DA RECEITA →	
	05 NÚMERO DE REFERÊNCIA →	
01 NOME / TELEFONE	**06** DATA DE VENCIMENTO →	
Veja no verso instruções para preenchimento	**07** VALOR DO PRINCIPAL →	
	08 VALOR DA MULTA →	
ATENÇÃO É vedado o recolhimento de tributos administrados pela Secretaria da Receita Federal do Brasil (RFB) cujo valor total seja inferior a R$ 10,00. Ocorrendo tal situação, adicione esse valor ao tributo de mesmo código de períodos subsequentes, até que o total seja igual ou superior a R$ 10,00.	**09** VALOR DOS JUROS E / OU ENCARGOS DL - 1.025/69 →	
	10 VALOR TOTAL →	
	11 AUTENTICAÇÃO BANCÁRIA (Somente nas 1ª e 2ª vias)	

Aprovado pela IN/RFB nº 736, de 2 de maio de 2007.

Figura 2.1 Modelo do formulário Darf.

Como deve ser preenchido um Darf?

01. Nome e telefone do contribuinte.
02. Data da ocorrência ou do encerramento do período base no formato DD/MM/AA.
03. Número de inscrição no CPF ou CNPJ.
04. Código da receita que está sendo paga. Os códigos de tributos e contribuições podem ser obtidos na Agenda Tributária.[14]
05. Preencher com:
  a. Código da unidade da SRF responsável pelo despacho aduaneiro, se o pagamento for relativo ao recolhimento do Imposto de Importação e IPI vinculado à importação.
  b. Número do imóvel rural na Receita federal (Nirf), de ITR/1997 em diante, ou o número do lançamento de relativo ao ITR/1996 ou anteriores.

---

[14] Agenda Tributária da Secretaria da Receita Federal. Disponível em: <http://idg.receita.fazenda.gov.br/acesso-rapido/agenda-tributaria>.. Acesso em: 5 de maio de 2018.

c. Código do município produtor, se relativo ao IOF – Ouro.
   d. Número da respectiva inscrição, se relativo a débito na Dívida Ativa da União.
   e. Número do processo, se oriundo de processo fiscal de cobrança ou de parcelamento de débitos.
   f. Número de inscrição no Departamento Nacional de Telecomunicações se relativo à taxa Fistel.
   g. Número da inscrição do móvel, se relativo a rendas do Serviço de Patrimônio da União.
06. Data de vencimento da receita no formato DD/MM/AA.
07. Valor principal da receita que está sendo paga.
08. Valor da multa, quando devida.
09. Valor dos juros de mora, ou encargos do DL 1.025/1969 (PFN), quando devidos.
10. Soma dos campos 07 a 09.
11. Autenticação do agente arrecadador.

Saiba mais sobre preenchimento do Darf em:
uqr.to/cb7o

RAZÃO SOCIAL

Razão social é o nome de registro da empresa. Esse nome é também conhecido como nome comercial, denominação social.

Razão social é o nome dado à pessoa jurídica, e que irá constar em documentos legais, contratos e escrituras. Imprescindível para o registro da empresa na junta comercial ou no cartório correspondente à sua sede, também serve para demonstrar a constituição legal da empresa e para ser usado em termos formais.

A ajuda de um profissional qualificado, como um contador, por exemplo, pode auxiliar no momento de verificar se algum nome similar já existe, pois esse registro será negado, caso haja algum.

O direito ao Nome Comercial é garantido pela Constituição Federal, pelo Código Civil Brasileiro e pela Convenção da União de Paris para assuntos da Propriedade Industrial. Esse direito nasce no ato do arquivamento do Contrato Social no registro de abertura da empresa.

NOME FANTASIA E MARCAS

Nome fantasia, também conhecido como nome de fachada ou marca empresarial, é o nome popular de uma empresa, e pode ou não ser igual à sua razão social. O nome fantasia serve para a divulgação da empresa para maior aproveitamento da sua marca e da estratégia de marketing e vendas.

Embora não seja obrigatório, é altamente recomendável que se registre o nome fantasia, pois uma vez feito o registro, passa a ser considerado marca registrada. Essa marca começa então a apresentar o símbolo ®, e a empresa a que se refere passa a ser sua dona absoluta. O registro do nome fantasia deve ser feito junto ao órgão de marcas e patentes, o Instituto Nacional de Propriedade Industrial (INPI). O INPI dá direito à utilização do nome da marca/produto ao registro que for primeiro efetuado. A partir desse registro, a marca passa a ser um patrimônio da empresa, como qualquer ativo.

Saiba mais sobre o valor das 100 marcas mais valiosas hoje no mundo em:
uqr.to/cb7p

FORMAÇÃO DO NOME EMPRESARIAL

O nome empresarial deve ser o do empresário titular do empreendimento, mas se houver um nome igual já registrado, ele pode ser abreviado, mas desde que a abreviação não seja do último sobrenome. É permitido, também, caso haja um nome igual já registrado, que ao nome empresarial seja acrescentado um substantivo que indique a principal atividade econômica que a empresa vá exercer.

Exemplo:

O nome do empresário é José Joaquim Seabra, mas se este nome já estiver registrado, poderia ser adotada uma das seguintes opções:

1ª José J. Seabra.

2ª J.J. Seabra.

3ª José Joaquim Seabra Calçados.

As juntas comerciais espalhadas pelos estados brasileiros trazem orientações importantes para a formação do nome empresarial.

A junta comercial é uma instituição jurídica responsável pelo registro de todos os atos relacionados à sociedade empresarial, tais como sua constituição, os aumentos ou reduções de capital, seus administradores e representantes, fusões e transformações, concordatas e falências, entre outras funções.

FORMAÇÃO DO NOME EMPRESARIAL NA SOCIEDADE LIMITADA

A Junta Comercial do Paraná[15] traz em seu site a seguinte orientação:

"NOME EMPRESARIAL: o nome empresarial obedecerá ao princípio da veracidade e da novidade, incorporando os elementos específicos ou complementares exigidos ou não proibidos em lei.

---

[15] Junta Comercial do Paraná, Disponível em: <http://www.juntacomercial.pr.gov.br/pagina-221.html>. Acesso em: 22 de abril de 2018.

O nome empresarial da sociedade limitada pode ser de dois tipos: Denominação ou Firma integradas pela palavra final "Limitada" ou a sua abreviatura Ltda., de acordo com o art. 1.158 da lei nº 10.406/2002 e Instrução Normativa DNRC nº 116, de 22 de novembro de 2011.

A adição ao nome empresarial da expressão ME ou EPP não pode ser efetuada no contrato social.

Denominação: a denominação **deverá** conter palavras ou expressões que denotem atividade prevista no objeto social da empresa, e caso haja mais de uma atividade, deverá ser escolhida qualquer uma delas. Poderá ser usada palavra de uso comum ou vulgar ou expressão de fantasia incomum, gênero, espécie, natureza, artísticos e dos vernáculos nacional, letras ou conjunto de letras, denominações genéricas de atividades, tais como: papelaria, açougue, construção etc. A atividade fim da empresa tem de estar presente no nome da sociedade. Lembrando que, sempre que for compor o nome empresarial com a opção denominação social, não serão admitidas expressões genéricas isoladas, comércio, indústria, representação, produção, serviço, consultoria, devendo ser feita a pergunta quanto ao nome: é **de quê?** Admitindo-se para os nomes empresariais citados, que no contrato social, o objeto social contemple a atividade econômica de cada uma, os nomes corretos seriam: **data comércio de alimentos Ltda., soluções indústria de eletrônico Ltda.**"

CONTRATO SOCIAL

O contrato é um instrumento extremamente importante para a vida de qualquer empresa. O contrato social é a certidão de nascimento da empresa. É onde irão constar todos os dados básicos do negócio, como: quem são os sócios, qual o endereço da sede, quais os deveres de cada sócio com o empreendimento e qual o ramo de atuação, entre várias outras coisas.

Toda empresa no Brasil necessita de um contrato social para poder operar e se registrar nos órgãos públicos. Ele será utilizado também para participar de licitações do governo e realizar a abertura da sua conta bancária para a empresa poder receber e pagar obrigações.

O que deve constar em um contrato social?

- **Qualificação dos sócios:** elemento padrão de todos os contratos sociais. É imprescindível que o contrato social tenha as seguintes informações sobre cada sócio:
  - Nome completo;
  - Endereço residencial;
  - Estado civil;
  - Nacionalidade;
  - Profissão;
  - RG;
  - CPF.

  Os sócios identificados podem ser tanto pessoas físicas quanto pessoas jurídicas. Os documentos necessários serão praticamente os mesmos.
- **Atividades e serviços desenvolvidos:** essa é uma informação de grande importância no contrato social e requer bastante atenção, pois o empreendedor deve definir os serviços que serão prestados pela empresa.

A partir disso, é necessário encontrar a atividade correspondente no CNAE[16] (Classificação Nacional de Atividade Empresarial). Isso pode ser facilmente feito por meio do *site* da Receita Federal.

Dessa forma, a empresa passará a emitir notas fiscais de acordo com o serviço selecionado, assim como a tributação será de acordo com a atividade econômica correspondente.

- **Tipo de empresa e localização**: existem diversos tipos societários nos quais uma empresa pode ser encaixar no momento de sua abertura. Segundo o site da receita federal, existem mais de 20 tipos de sociedade. Os mais comumente aplicados para as pequenas empresas são:
  - Sociedade Limitada (Ltda.);
  - Sociedade Anônima (S.A.);
  - Micro Empreendedor Individual (MEI);
  - Sociedade Individual;
  - Empresário Individual.

  Cabe ao empresário, com a assessoria jurídica, definir qual desses tipos societários se encaixa melhor para a empresa em questão.

- **Participação societária e administradores**: no contrato social, é necessário constar qual é a participação de cada sócio na empresa. Isso deve ser definido no momento em que o capital social da empresa é estipulado, assim como as quotas de cada sócio envolvido. É necessário, também, definir quem assumirá a função de administrador da empresa. Nesse caso, é possível que o administrador seja um ou mais sócios ou não sócios.

- **Pró-labore**: no contrato, é preciso que seja documentado se haverá um pró-labore para os sócios-administradores da empresa. Diferentemente dos dividendos, que são isentos, o pró-labore está sujeito a impostos como INSS e IRPF.

- **Regras para deliberações importantes**: o contrato social é o documento oficial para as decisões e regras importantes que precisam ser documentadas. Dentre as deliberações importantes de um contrato, estão:
  - Formato de distribuição de lucros;
  - Regras para entrada de novos sócios;
  - Regras para saída de sócios;
  - Regras para tomada de empréstimos;
  - Resolução de possíveis conflitos entre sócios.

  Enfim, qualquer regra que necessite ser documentada e assinada por todos os sócios envolvidos.

- **A importância do acordo de sócios**: o contrato social é um documento imprescindível para a abertura da empresa, além de ser obrigatório perante a lei. Um contrato social bem-feito evita futuros problemas que advêm de contratos malfeitos.

No Apêndice A, está reproduzido um exemplo genérico de contrato social.

---

[16] Receita Federal do Brasil. A CNAE ou, por extenso, Classificação Nacional de Atividades Econômicas, é uma forma de padronizar, em todo o território nacional, os códigos de atividades econômicas e os critérios de enquadramento usados pelos mais diversos órgãos da administração tributária do Brasil.

Saiba mais sobre o CNAE em:
uqr.to/cb7q

FALÊNCIA E RECUPERAÇÃO EXTRAJUDICIAL OU JUDICIAL

Falência é o termo jurídico da ação destinada à defesa daqueles impossibilitados de receber seus créditos. Trata-se de um processo de execução coletiva dos bens do devedor, decretado judicialmente, ao qual concorrem todos os credores, que buscam no patrimônio disponível, saldar o passivo em rateio, observadas as preferências legais.

LEI ESPECÍFICA DE FALÊNCIA

A instituição falência conta com uma lei específica, a de número 11.101, de 9/2/2005. Ela aborda a recuperação judicial, a extrajudicial e a falência do empresário e da sociedade empresarial.

Qualquer credor pode requerer a falência do devedor comerciante. Não é necessário ser comerciante para fazer o pedido. Um civil pode fazê-lo. No polo passivo, a lei falimentar brasileira só atinge os comerciantes, diferentemente de outros países, como Alemanha, Suíça, Áustria e EUA, onde o devedor civil também pode requerer a própria falência ou ser objeto do pedido de decretação de falência de qualquer credor.

RECUPERAÇÃO JUDICIAL, EXTRAJUDICIAL E FALÊNCIA

Quanto à **recuperação judicial**, diz o artigo 50 da lei nº 11.101/2005:

> "Art. 47. A recuperação judicial tem por objetivo viabilizar a superação da situação de crise econômico-financeira do devedor, a fim de permitir a manutenção da fonte produtora, do emprego dos trabalhadores e dos interesses dos credores, promovendo, assim, a preservação da empresa, sua função social e o estímulo à atividade econômica."

Além do disposto nesse artigo, a recuperação judicial deve ser realizada em juízo. Sobre a **recuperação extrajudicial**, o artigo 161 da lei nº 11.101/2005 dispõe:

> "Art. 161. O devedor que preencher os requisitos do art. 48 desta Lei poderá propor e negociar com credores plano de recuperação extrajudicial"

A recuperação extrajudicial é meio de negociação com credores, desde que tenham sido preenchidos os requisitos do artigo 48 da lei nº 11.101/2005 e outros previstos na lei.

A recuperação extrajudicial não será feita no Judiciário, mas a negociação será homologada em juízo.

Quanto à **falência**, vejamos o que dizem os artigos 75 a 82 da referida lei:

> CAPÍTULO V – DA FALÊNCIA
> Seção I – Disposições Gerais

Art. 75. A falência, ao promover o afastamento do devedor de suas atividades, visa a preservar e otimizar a utilização produtiva dos bens, ativos e recursos produtivos, inclusive os intangíveis, da empresa.

Parágrafo único. O processo de falência atenderá aos princípios da celeridade e da economia processual.

Art. 76. O juízo da falência é indivisível e competente para conhecer todas as ações sobre bens, interesses e negócios do falido, ressalvadas as causas trabalhistas, fiscais e aquelas não reguladas nesta Lei em que o falido figurar como autor ou litisconsorte ativo.

Parágrafo único. Todas as ações, inclusive as excetuadas no caput deste artigo, terão prosseguimento com o administrador judicial, que deverá ser intimado para representar a massa falida, sob pena de nulidade do processo.

Art. 77. A decretação da falência determina o vencimento antecipado das dívidas do devedor e dos sócios ilimitada e solidariamente responsáveis, com o abatimento proporcional dos juros, e converte todos os créditos em moeda estrangeira para a moeda do País, pelo câmbio do dia da decisão judicial, para todos os efeitos desta Lei.

Art. 78. Os pedidos de falência estão sujeitos a distribuição obrigatória, respeitada a ordem de apresentação.

Parágrafo único. As ações que devam ser propostas no juízo da falência estão sujeitas a distribuição por dependência.

Art. 79. Os processos de falência e os seus incidentes preferem a todos os outros na ordem dos feitos, em qualquer instância.

Art. 80. Considerar-se-ão habilitados os créditos remanescentes da recuperação judicial, quando definitivamente incluídos no quadro-geral de credores, tendo prosseguimento as habilitações que estejam em curso.

Art. 81. A decisão que decreta a falência da sociedade com sócios ilimitadamente responsáveis também acarreta a falência destes, que ficam sujeitos aos mesmos efeitos jurídicos produzidos em relação à sociedade falida e, por isso, deverão ser citados para apresentar contestação, se assim o desejarem.

§ 1º O disposto no caput deste artigo aplica-se ao sócio que tenha se retirado voluntariamente ou que tenha sido excluído da sociedade, há menos de 2 (dois) anos, quanto às dívidas existentes na data do arquivamento da alteração do contrato, no caso de não terem sido solvidas até a data da decretação da falência.

§ 2º As sociedades falidas serão representadas na falência por seus administradores ou liquidantes, os quais terão os mesmos direitos e, sob as mesmas penas, ficarão sujeitos às obrigações que cabem ao falido.

Art. 82. A responsabilidade pessoal dos sócios de responsabilidade limitada, dos controladores e dos administradores da sociedade falida, estabelecida nas respectivas leis, será apurada no próprio juízo da falência, independentemente da realização do ativo e da prova da sua insuficiência para cobrir o passivo, observado o procedimento ordinário previsto no Código de Processo Civil.

§ 1º Prescreverá em 2 (dois) anos, contados do trânsito em julgado da sentença de encerramento da falência, a ação de responsabilização prevista no caput deste artigo.

§ 2º O juiz poderá, de ofício ou mediante requerimento das partes interessadas, ordenar a indisponibilidade de bens particulares dos réus, em quantidade compatível com o dano provocado, até o julgamento da ação de responsabilização.

Saiba mais sobre a Lei da Falência em:
uqr.to/cfo1

RESPONSABILIDADES DOS SÓCIOS

Os sócios respondem por seus atos perante terceiros, desde o primeiro momento em que se inicia a operação negocial, tanto nas sociedades simples quanto nas sociedades limitadas.

DIREITOS E OBRIGAÇÕES DOS SÓCIOS

O Código Civil regula, nos artigos 1.001 a 1.009, a responsabilidade dos sócios em relação aos direitos e obrigações entre si e terceiros, que devem ser cumpridas durante todo tempo em que a relação jurídica foi firmada. As obrigações dos sócios começam imediatamente com o contrato, caso este não fixe outra data, e só terminam quando, liquidada a sociedade, se extinguirem as responsabilidades sociais.

O sócio não pode ser substituído no exercício das suas funções, sem o consentimento dos demais sócios, expresso em modificação do contrato social.

Os sócios são obrigados, na forma e no prazo previstos, às contribuições estabelecidas no contrato social, e aquele que deixar de fazê-lo, nos 30 dias seguintes ao da notificação pela sociedade, responderá perante esta pelo dano emergente da mora.

No caso de incorrer a mora, poderá a maioria dos demais sócios preferir, à indenização, a exclusão do sócio remisso, ou reduzir-lhe a quota ao montante já realizado. Deverá ser observada a situação do capital social em relação à quota do sócio remisso.

Visto que nos casos em que a sociedade se resolver em relação a um sócio, o valor da sua quota, considerada pelo montante efetivamente realizado, liquidar-se-á, salvo disposição contratual em contrário, com base na situação patrimonial da sociedade, à data da resolução, verificada em balanço especialmente levantado.

O capital social sofrerá a correspondente redução, salvo se os demais sócios suprirem o valor da quota.

RESPONSABILIDADE DOS SÓCIOS POR DÉBITOS TRABALHISTAS

Os sócios, ao constituírem a sociedade sob a forma limitada (artigos 1.052 e seguintes do Novo Código Civil), com base no direito societário, limitam sua responsabilidade aos aportes que realizam para a formação do capital social – objetivando restringir sua participação no pagamento dos débitos sociais, desde que não pratiquem atos com excesso de mandato, violação da lei ou do contrato social.

Apêndice A
MODELO DE CONTRATO SOCIAL

CONTRATO SOCIAL

FULANO, brasileiro, casado no regime...., profissão, CPF 000.000.000-00, residente na Rua – Bairro – Cidade – Estado, natural de;

BELTRANO, brasileiro, casado no regime...., profissão, CPF 000.000.000-00, residente na Rua – Bairro – Cidade – Estado, natural de...;

SICRANO, brasileiro, solteiro, profissão, CPF 000.000.000-00, residente na Rua – Bairro – Cidade – Estado, natural de....., resolvem por este instrumento particular de contrato constituir uma sociedade simples limitada, mediante as seguintes cláusulas:

DA DENOMINAÇÃO, SEDE, OBJETO E PRAZO

CLÁUSULA PRIMEIRA: a sociedade girará sob a denominação social de ...... e terá sede e foro em cidade, estado, na logradouro nº.....

CLÁUSULA SEGUNDA: a sociedade terá por objeto social a prestação de serviços de consultoria.

CLÁUSULA TERCEIRA: a sociedade iniciará suas atividades em 1º de janeiro de 2018 e seu prazo de duração é indeterminado.

DO CAPITAL SOCIAL E QUOTAS

CLÁUSULA QUARTA: o capital social será de R$ 30.000,00 (trinta mil reais), dividido em 33.000 (trinta e três mil) quotas, no valor de R$ 1,00 (um real) cada uma, inteiramente subscrito e integralizado pelos sócios em moeda corrente do país, ficando distribuído nas seguintes proporções:

1) FULANO, já qualificado, subscreve 10.000 (dez mil) quotas, de R$ 1,00 (um real) cada uma, totalizando R$ 10.000,00 (dez mil reais), que serão neste ato em moeda corrente do país;
2) BELTRANO, já qualificado, subscreve 10.000 (dez mil) quotas, de R$ 1,00 (um real) cada uma, totalizando R$ 10.000,00 (dez mil reais), que serão neste ato em moeda corrente do país;
3) SICRANO, já qualificado, subscreve 10.000 (dez mil) quotas, de R$ 1,00 (um real) cada uma, totalizando R$ 10.000,00 (dez mil reais), que serão neste ato em moeda corrente do país.

CLÁUSULA QUINTA: as quotas são indivisíveis e não poderão ser cedidas ou transferidas a terceiros sem o consentimento dos outros sócios, a quem fica assegurado, em igualdade de condições e preço, o direito de preferência para a sua aquisição se postas à venda, formalizando, se realizada a cessão delas, a alteração contratual pertinente.

PARÁGRAFO ÚNICO: se o alienante for o sócio que detém o conhecimento sobre o negócio e as quotas forem alienadas a terceiros ou mesmo a outro sócio, cuja condição profissional não for idêntica, o Contrato Social será alterado para cumprimento das restrições quanto à legislação em vigor cabível e para modificação do objeto social e da responsabilidade técnica.

CLÁUSULA SEXTA: a responsabilidade dos sócios é limitada ao valor de suas quotas, mas todos responderão solidariamente pela integralização do capital social.

DA ADMINISTRAÇÃO DA SOCIEDADE

CLÁUSULA SÉTIMA: ficam designados administradores todos os sócios, cabendo-lhes praticar os atos referentes à gestão social, representar a sociedade judicial e extrajudicialmente, sendo que o uso da denominação social será por, no mínimo, dois administradores, sempre em conjunto, vedado o seu emprego para fins estranhos ao objeto social, tais como abonos, avais, fianças, seja a favor dos sócios, seja a favor de terceiros.

CLÁUSULA OITAVA: os administradores farão jus a uma retirada mensal, a título de pró--labore, em valores pelos mesmos estabelecidos, independentemente de alteração deste contrato.
DO EXERCÍCIO
CLÁUSULA DÉCIMA: o exercício social será encerrado no dia 31 de dezembro de cada ano, quando serão levantados o Balanço Patrimonial, a Demonstração do Resultado do Exercício, e demais demonstrações e relatórios exigidos pelas normas contábeis e pela legislação, cabendo aos sócios na proporção de suas quotas, os lucros ou perdas apuradas.
DA TRANSFERÊNCIA
CLÁUSULA DÉCIMA PRIMEIRA: a sociedade não se dissolverá pelo falecimento ou interdição de um dos sócios, mas continuará com os sócios remanescentes, sendo que o meeiro e os herdeiros do sócio falecido, ou representante do sócio que for declarado interdito somente poderão ingressar na sociedade observando-se o que dispõe o presente contrato sobre a substituição e admissão de novos sócios.
DAS DISPOSIÇÕES GERAIS E TRANSITÓRIAS
CLÁUSULA DÉCIMA SEGUNDA: a sociedade poderá a qualquer tempo abrir ou fechar filial ou outra dependência, mediante alteração contratual assinada por todos os sócios e que sejam estas identificadas.
CLÁUSULA DÉCIMA TERCEIRA: os administradores declaram, sob as penas da lei, que não estão impedidos de exercer a administração da sociedade, por lei especial, ou em virtude de condenação criminal, ou por se encontrarem sob os efeitos dela, a pena que vede, ainda que temporariamente, o acesso a cargos públicos; ou por crime falimentar, de prevaricação, peita ou suborno, concussão, peculato, ou contra a economia popular, contra sistema financeiro nacional, contra as normas de defesa da concorrência, contra as relações de consumo, fé pública ou a propriedade.

E, por se acharem assim, justos e contratados, assinam o presente instrumento juntamente com as testemunhas a seguir, em 3 (três) vias de igual teor, datilografadas e rubricadas apenas no anverso, devendo ser arquivado no Registro Público das Sociedades Mercantis (Junta Comercial) e no(s) órgão(s) de registro e fiscalização profissional.

_____, ___ de _____ de _____.

FULANO

BELTRANO

SICRANO

Visto do Advogado

TESTEMUNHAS:

Nome e CPF

Nome e CPF

EXERCÍCIOS

1. Quanto à definição de empresa, assinale a alternativa correta:
   a. "Sociedade organizada para a exploração de indústria ou comércio; com a finalidade de obter um rendimento monetário pela produção de bens ou de serviços: empresa industrial. Empresa mercantil. Empresa de alimentos em conserva. Empresa de transportes".
   b. É uma entidade industrial.
   c. É um conjunto de pessoas com o objetivo de ganhar dinheiro.
   d. É toda e qualquer associação.
   e. É uma associação com fins lucrativos.
2. Para que uma empresa possa operar adequadamente e assim atingir seus objetivos, é necessária a união de quatro elementos ou recursos. Assinale a alternativa que contenha esses elementos:
   a. Tecnológicos, financeiros, materiais e ferramentais.
   b. Humanos, financeiros, materiais e ferramentais.
   c. Equipamentos, veículos, materiais e comunicativos.
   d. Humanos, materiais, técnicos e financeiros.
   e. Tecnológicos, financeiros, veículos e ferramentais.
3. De acordo com o Sebrae, existem os seguintes tipos de empresas (assinale a alternativa correta):
   a. Empresário Individual, Simples Nacional, Empresa Individual de Responsabilidade Limitada, Sociedade Empresária, Sociedade Simples.
   b. Empresário Individual, Empresa Individual de Responsabilidade Limitada, Sociedade Empresária, Sociedade Simples.
   c. Empresário Individual, Simples Nacional, Sociedade Empresária, Sociedade Simples.
   d. Simples Nacional, Empresa Individual de Responsabilidade Limitada, Sociedade Empresária, Sociedade Simples.
   e. Empresa Individual de Responsabilidade Limitada, Sociedade Empresária, Sociedade Simples.
4. Os órgãos de registro empresarial são (assinale a alternativa correta):
   a. Receita Federal, Secretaria Fazenda, Prefeitura, INSS.
   b. Jucesp, Receita Federal, Secretaria da Fazenda, Prefeitura.
   c. Jucesp, Receita Federal, Secretaria da Fazenda, Prefeitura, INSS.
   d. Receita Federal e Secretaria da Fazenda.
   e. Jucesp, Receita Federal, INSS.
5. Para Amitai Etzioni, a estrutura de obediência em uma organização é determinada pelos tipos de controles aplicados aos participantes. Assim, a tipologia das organizações, segundo Etzioni, é a seguinte (assinale a alternativa correta):
   a. Organizações coercitivas. Organizações utilitárias. Organizações normativas.
   b. Organizações modernas. Organizações utilitárias. Organizações normativas.
   c. Organizações coercitivas. Organizações unitárias. Organizações normativas.
   d. Organizações conjuntas. Organizações unitárias. Organizações normativas.
   e. Organizações coercitivas. Organizações utilitárias. Organizações eletrônicas.

CAPÍTULO 3

GESTÃO DE PROJETOS

O QUE É UM PROJETO?

A definição é a seguinte: Projeto é uma série de atividades que serão executadas com tempo predeterminado – começo, meio e fim – com a utilização de recursos diversos, para que determinado objetivo seja atingido uma única vez.

O PMBOK define assim: "Projeto é um esforço temporário empreendido para criar um produto, serviço ou resultado único."

Produto, serviço ou resultado único significa dizer que um projeto não se repete nem pode ser cíclico. Daí a diferença principal entre projetos e processos. Por definição, processos são conjuntos de atividades que processam entradas para produzirem um produto, que pode ser um bem ou um serviço, e além disso podem ser repetidos várias vezes com o objetivo de gerar produtos semelhantes, ao passo que um projeto só pode ser executado uma única vez.

Ainda segundo o PMBOK, os objetivos do projeto podem produzir uma ou mais das seguintes entregas:

- Um produto único que pode ser um componente de outro item, um aprimoramento ou correção de um item ou um novo item final (por exemplo, a correção de um defeito em um item final).
- Um serviço único ou uma capacidade de realizar um serviço (por exemplo, uma função de negócios que dá suporte à produção ou distribuição).
- Um resultado único, como um produto ou documento (por exemplo, um projeto de pesquisa que desenvolve o conhecimento que pode ser usado para determinar se uma tendência existe ou se um novo processo beneficiará a sociedade).

- Uma combinação única de um ou mais produtos, serviços ou resultados (por exemplo, um aplicativo de software, a documentação associada e serviços de centrais de atendimento).

Os três elementos importantes e imprescindíveis na execução de qualquer projeto são:

- Objetivo do projeto.
- Recursos que serão utilizados pelo projeto.
- Tempo necessário para a execução do projeto.

Sempre que tivermos de alterar qualquer um deles, os outros dois sofrerão impacto e terão de ser reajustados.

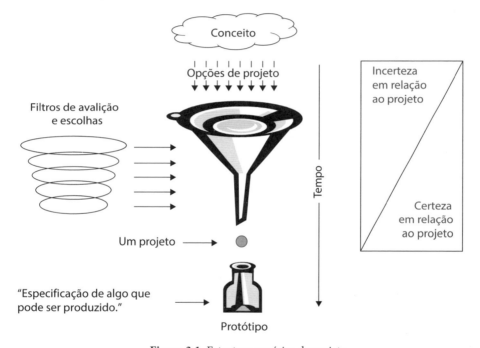

Figura 3.1 Estrutura genérica de projeto.

Por exemplo, podemos considerar três possibilidades:

- Se quisermos diminuir o tempo para finalizar o projeto, teremos de aumentar os recursos disponíveis ou diminuir o objetivo do projeto.
- Se tivermos de reduzir os recursos disponíveis, teremos de aumentar o tempo de execução do projeto ou diminuir o objetivo do projeto.
- Se quisermos mudar (aumentar ou diminuir) o objetivo do projeto, teremos de aumentar ou diminuir o tempo de execução do projeto e aumentar os recursos disponíveis.

Os três elementos estão intrinsecamente ligados, e qualquer mudança em um deles causará impacto nos outros dois.

O gerenciamento de projetos não é novo, pois de uma forma ou de outra, empírica ou cientificamente, vem sendo usado por milhares de anos pela humanidade.

Entre alguns exemplos de resultados de projeto, podemos citar:

- As Pirâmides de Gizé.
- A Grande Muralha da China.
- O Taj Mahal.
- A publicação de um livro.
- A construção da Estação Espacial Internacional.

Os resultados dos projetos são obtidos com a aplicação de práticas, princípios, processos, ferramentas e técnicas de gerenciamento de projetos. Os gerentes desses projetos utilizaram um conjunto de habilidades-chave e conhecimentos aplicados para satisfazer seus clientes e outras pessoas envolvidas e/ou afetadas pelo projeto.

Em meados do século XX, os gerentes de projeto começaram a buscar o reconhecimento do gerenciamento de projetos como profissão. Um aspecto desse trabalho envolveu obter um acordo sobre o conjunto de conhecimentos (BOK, sigla em inglês do termo *Body Of Knowledge*) em gerenciamento de projetos. Esse conjunto de conhecimentos acabou ficando conhecido como Conhecimento em Gerenciamento de Projetos (PMBOK). O Project Management Institute (PMI) produziu uma linha de base de gráficos e glossários para o PMBOK. Os gerentes de projeto logo perceberam que nenhum livro sozinho poderia conter o PMBOK inteiro. Portanto, o PMI desenvolveu e publicou o *Guia do Conhecimento em Gerenciamento de Projetos* (Guia PMBOK®) que está na sua 6ª edição em 2017.

O PMBOK estabelece o Padrão de Gerenciamento de Projetos e foi desenvolvido utilizando um processo com base nos conceitos de consenso, abertura, devido processo legal e equilíbrio que foram estabelecidos anteriormente pelo American National Standards Institute (Ansi). Estabelece também o vocabulário comum e o código de ética e de conduta profissional do gerente de projetos.

O gerenciamento de projetos é composto por um conjunto de processos e respectivas atividades que deverão ser realizados para o alcance dos objetivos. Alguns desses processos podem ocorrer uma vez (por exemplo, a primeira criação do termo de abertura do projeto). Entretanto, outros se sobrepõem e podem ocorrer em diversas ocasiões ao longo do trabalho. Essa sobreposição de processos pode, por exemplo, ser a mudança de um requisito que afete escopo, cronograma ou orçamento e que, por isso, exija uma solicitação de mudança no projeto. Vários processos do gerenciamento de projetos, como Controlar o Escopo e Realizar o Controle Integrado de Mudanças, podem envolver uma solicitação de mudança. O Realizar o Controle Integrado de Mudanças ocorre durante toda a concepção para integração das solicitações de mudança, sempre que tal necessidade exista.

TIPOLOGIA, GRUPOS DE PROCESSOS DE GERENCIAMENTO DE PROJETOS

Os processos para gerenciamento de processos, definidos pelo PMBOK, estão divididos em cinco grupos, que são os seguintes:

- **Iniciação**: autorização do projeto ou fase. O(s) processo(s) realizado(s) para definir um novo projeto ou uma nova fase de um projeto existente, mediante a obtenção de autorização para iniciar o projeto ou fase. Chamo sua atenção para a imperiosa necessidade de os projetos estarem alinhados com os objetivos estratégicos da organização.

Conforme explicitado pelo PMBOK (p. 561): "... somente projetos que estão alinhados com os objetivos estratégicos da organização são autorizados, e que o business case, os benefícios e as partes interessadas são considerados desde o início do projeto."

O Termo de Abertura é um documento importante, pois nele estarão informações sobre todos os elementos do projeto.

Um excelente exemplo de Termo de Abertura do projeto é o da Justiça Federal, TRF5, que você pode baixar em:
uqr.to/cb7r

- **Planejamento**: definição e refinamento dos objetivos e seleção da melhor das alternativas de ação para alcançar os objetivos que o projeto estiver comprometido em atender.
- **Execução**: processos realizados para realizar o trabalho definido no plano de gerenciamento do projeto a fim de satisfazer os requisitos do projeto.
- **Monitoramento e controle**: para assegurar que os objetivos do projeto estão sendo atingidos por meio da monitoração regular do seu progresso a fim de identificar variações do plano, e, portanto, ações corretivas podem ser tomadas quando necessárias.
- **Encerramento**: formalizar a aceitação do projeto ou fase e encerrá-lo(a) de forma organizada. Processos realizados para concluir ou fechar formalmente um projeto, fase ou contrato.

Esse grupo é composto, pelo PMBOK, do seguinte processo:

- Encerrar o Projeto ou Fase é o processo de finalizar todas as atividades do projeto, fase ou contrato.

Um excelente exemplo de Termo de Encerramento do projeto é o da Justiça Federal, TRF5, que você pode baixar em:
uqr.to/cb7s

Entretanto, incluo mais uma etapa no grupo de processos de encerramento do projeto, embora esse não esteja formalmente neste grupo, na definição do PMBOK.

- Criação e/ou atualização do Livro de Ouro.

O Livro de Ouro tem por objetivo principal registrar toda a história do projeto a fim de permitir o compartilhamento do conhecimento adquirido durante sua existência. Dessa forma, podemos, no futuro, aprender com os acertos e com os erros cometidos ao longo do projeto. Não que se vá repetir um projeto, pois eles não se repetem mesmo que tenham escopos semelhantes, por exemplo, na implantação de um sistema em vários clientes, pois os clientes também são únicos. O que se busca é, principalmente, não cometer os mesmos erros.

A seguir, temos exemplos de documentos do projeto que devem ser incluídos no Golden Book.

- Registro de premissas.
- Bases das estimativas.
- Registro das mudanças.
- Registro das questões.
- Registro das lições aprendidas.
- Lista de marcos.
- Comunicações do projeto.
- Medições de controle da qualidade.
- Relatórios de qualidade.
- Documentação dos requisitos.
- Registro dos riscos.
- Relatório de riscos.
- Acertos.
- Erros.

Outros que a equipe julgue pertinentes ou necessários.

Saiba mais sobre o PMI, acessando o capítulo brasileiro em:
uqr.to/cb7t

OUTROS MÉTODOS E TECNOLOGIAS PARA GERENCIAMENTO DE PROJETOS

Existem outros guias de melhores práticas, metodologias e softwares para gerenciamento de projetos, embora a do PMI[1] seja a mais conhecida.

Aliás, uma ressalva importante: o PMBOK não é uma metodologia, mas um guia de melhores práticas para gerenciamento de projetos. São orientações que pretendem nos ensinar o que precisamos fazer para gerenciar projetos, mas não ensinam como gerenciar projetos.

O "como" são o detalhamento de cada processo que vimos até aqui. Daí se a empresa não tem uma metodologia para mapear e análise de processos, fica muito difícil gerenciar projetos somente com as informações do PMBOK.

PRINCE2

Prince foi criado em 1989 pela Agência Central de Computação e Telecomunicações (CCTA), desde que foi renomeado como Office of Government Commerce (OGC). Em junho de 2010, as funções de Gestão de Melhores Práticas do Departamento de Comércio do Governo foram transferidas para o Gabinete. O nome significa Projeto em Ambiente Controlado (PRoject In Controlled Enviroment).

O Prince teve originalmente como base o Prompt, um método de gerenciamento de projetos criado pela Simpact Systems Ltd., em 1975, e adotado pela CCTA, em 1979, como o padrão a ser usado em todos os projetos de sistemas de informação do governo.

Quando o Prince foi lançado, em 1989, substituiu efetivamente o Prompt nos projetos do governo. O Prince permanece no domínio público, e os direitos autorais são retidos pela Coroa Britânica.

O Prince2 foi lançado, em 1996, com base em estudos com o gerenciador de projetos Prompts II, e sua atualização contou com a ajuda de um consórcio de cerca de 150 organizações europeias.

Ele possui alguns princípios básicos:

- Justificativa para o desenvolvimento do projeto.
- Aprendizado com erros e acertos passados.
- Repartição bem definida de papéis.
- Divisão do projeto em estágios.
- Tolerância com adversidades.
- Foco nos resultados.
- Grau de flexibilidade, adaptando o método ao projeto.

---

[1] PMI (Project Management Institute) é a maior associação sem fins lucrativos do mundo para profissionais de gerenciamento de projetos, com mais de meio milhão de associados e de profissionais certificados em 185 países. O escritório central localiza-se em Newtown Square, na periferia da cidade da Filadélfia, na Pensilvânia, Estados Unidos da América. Em cada país, e em cada estado, existem os capítulos que congregam os nacionais de cada país.

O Prince2 acompanha todo o projeto, desde o início, com sua primeira idealização e busca de viabilidade, até o encerramento, passando por fases de controle, revisão e monitoramento. É um método muito utilizado no mundo, mas tem como desafios o fato de possuir poucas técnicas e de ter bibliografia de referência em inglês.

Saiba mais sobre Prince2 em:
uqr.to/cb7u

MPMM

O Project Management Methodology (MPMM) foi desenvolvido pela empresa Methods 123 Ltd. Ele possibilita criar e gerenciar projetos com efetividade e tem como base o PMBOK e o Prince2.

METHODWARE

O Methodware tem duas versões, sendo uma a versão convencional, que inclui 31 processos, e a básica, com 13. Esses processos estão distribuídos entre grandes etapas.

E ainda pode utilizar a matriz RAB[2] para melhorar a eficácia desse método. Assim, é possível montar uma planilha e atribuir notas de importância para cada tarefa, de acordo com as métricas predefinidas. As etapas principais são as seguintes:

- Planejamento.
- Execução.
- Monitoramento.
- Controle.
- Encerramento.

Uma grande vantagem dessa metodologia é a versão em português, que facilita a compra e o aprendizado do uso do software.

ZOPP

A metodologia ZOPP foi produzida na Alemanha já há bastante tempo, entre os anos 1970 e 1980. Seu nome significa Planejamento de Projetos Orientados por Objetivos (Zielorientierte Projektplanung).

O acompanhamento do projeto é realizado por meio da análise, elaboração, colocação em prática e avaliação do processo e dos resultados. Por ser uma ferramenta há muitos anos presente no mercado, está mais sólida que as outras. Além disso, a ZOPP permite

---

[2] A Matriz RAB é baseada nos fatores Rapidez, Autonomia, Benefício e prioriza projetos ou ações para soluções de problemas. Esta ferramenta é muito utilizada na tomada de decisões.

a participação popular, o que a torna muito útil na interação com comunidades, grupos, cooperativas e no uso por organizações do Estado.

TENSTEP

A metodologia TenStep Processo de Gerenciamento de Projetos possui dez passos, sendo que as etapas 1 e 2 devem vir primeiro e as seguintes podem ser feitas de forma aleatória.

Após definir o projeto e construir um programa, você pode investir nas fases de qualidade, mudanças, riscos e medidas. Tudo isso é integrado pelo passo 3, no qual você maneja o cronograma e o orçamento. O programa é vantajoso por oferecer mais flexibilidade na gestão do projeto, além de possuir versão em português.

TAKT

Takt time é um termo que vem do alemão *Taktzeit*. Takt significa compasso, ritmo e Zeit significa tempo, período. Assim, podemos defini-lo como o tempo em que se deve produzir uma peça ou produto, baseado no ritmo de vendas, para atender a demanda dos clientes.

Muitos gerentes de projeto procuram contrapor o TAKT a um fenômeno não muito recente chamado Agile, justamente porque o Agile, e sua mais famosa representação metodologia, o Scrum, não controla tempos no Kankan.

A utilização do TAKT no programa de produção proporciona uma visão enxuta, para produzir de acordo com uma programação nivelada, focada no sistema *Just-in-time* (JIT) e Controle da Qualidade Total – *Total Quality Control* (TQC), sem perdas e interrupções no processo, que fluirá conforme a necessidade do cliente.

AGILE

O que é ser ágil?

Os dicionários dizem que ágil é um adjetivo de dois gêneros. 1. Que se move com facilidade e presteza. 2. [Figurado] Vivo. Plural: ágeis. Superlativo: agílimo ou agilíssimo[3]. Em inglês, o adjetivo tem o mesmo significado. Agile, 1 *nimble*, *quick*. 2 *quick on the pins*, *light-foot*, *light-footed*, *light-heeled*. Traduzindo: ágil, expedito, destro, ativo, vivo, esperto.

Tudo agora precisa ser Agile (pronuncia-se ajaiil). Usaremos a forma em inglês por ser de larga utilização da área de projetos: PMO, Project Management Office, Agile; PMP, Project Management Professional, Agile; desenvolvimento de sistemas Agile; processos de negócio modelados e gerenciados Agile. A lista é longa, e até mesmo instituições conceituadas têm se rendido à ideia Agile, talvez, quem sabe, para mostrar-se atualizadas.

Contudo o que é ser Agile no ambiente corporativo?

O que antes se fazia com planejamento e organização, por exemplo, gerenciamento de pseudo-planejamento e uma organização controladamente desorganizada de projetos, hoje se faz para que se atenda ao conceito Agile.

---

[3] "Ágil", in *Dicionário Priberam da Língua Portuguesa* [em linha], 2008-2013. Disponível em: <https://www.priberam.pt/dlpo/%C3%A1gil>. Acesso em: 29 mar. 2018.

As metodologias e culturas ágeis prometem benefícios tais como: aceitação mais fácil das mudanças por parte das equipes; ciclos de trabalho menores, pois passa-se a entregar partes do produto a cada ciclo; arquitetura evolucionária e incremental para fazer com que todos liberem ao máximo sua criatividade; entre muitos outros.

É muito comum que a metodologia seja implantada em fluxos e em gráficos de *workflow*, mas não no dia a dia e na cultura de trabalho da organização; além disso, a eliminação de controles considerados inúteis pela metodologia pode causar sérios prejuízos ao projeto e à organização por extensão.

Como sempre, a cultura organizacional é a chave para que qualquer metodologia seja implantada com sucesso, mas como mudança de cultura é algo extremamente complexo e demorado, as pessoas seguem desorganizadamente organizadas crendo que estão sendo ágeis.

Há uma ressalva importante aqui. A metodologia ágil até funciona razoavelmente para desenvolvimento de sistemas, mas há dúvidas de que ela possa servir para todo e qualquer tipo de projeto.

Os *stand-up meeting* talvez seja a característica Agile mais conhecida. Esses "encontros em pé" (literalmente) foram criados para que em poucos minutos a equipe possa resolver todos os problemas enfrentados na rodada anterior e programarem a próxima rodada do projeto. Estes encontros servem para que quatro perguntas fundamentais sejam feitas e respondidas:

- O que foi feito ontem?
- O que está sendo feito hoje?
- Quais problemas estão impedindo o trabalho de avançar?
- Quem precisa de ajuda?

Os problemas aqui, nesse tipo de reunião é que os *standup meeting* foram pensados para durarem cinco, dez minutos no máximo, mas é obvio que, por se tratar de uma reunião, esses tempos podem se estender para muito além do que seria razoável para a metodologia Agile.

A ideia do *standup meeting* é que todos saibam o que todos estão fazendo, mas as tentativas de resolução de problemas, gargalos, falta de recursos etc. podem fazer a reunião estender-se bastante e acabe se tornando uma reunião como outra qualquer.

A metodologia Agile pretende tornar os processos empresariais mais ágeis, principalmente os de desenvolvimento de sistemas.

SCRUM

Dentro das abordagens ágeis, o framework Scrum é um dos mais difundidos e utilizados. Além de otimizar a definição de metas, o Scrum assegura a geração de valor em um projeto, uma forma de trabalho inovadora que tem sido adotada por grandes empresas.

No Scrum, os projetos são divididos em ciclos (tipicamente mensais) chamados de Sprints. O Sprint representa um Time Box dentro do qual um conjunto de atividades deve ser executado. O Scrum é a quintessência[4] da metodologia Agile.

A metodologia Agile, nos moldes como é conhecida atualmente, foi concebida no início de 2001. Um grupo de 17 conceituados desenvolvedores de software se reuniu para aprimorar conceitos e metodologias ágeis existentes e formular o "Manifesto para o Desenvolvimento Ágil de Software". Assinado pelos 17 desenvolvedores, ele reúne quatro valores e 12 princípios.

> Nós estamos descobrindo maneiras melhores de se criar softwares, desenvolvendo e ajudando outras pessoas a desenvolver. Nós valorizamos:
>
> Indivíduos e interações em vez de processos e ferramentas.
>
> Software operante em vez de documentações completas.
>
> Colaboração do cliente em vez de negociações contratuais.
>
> Responder às mudanças em vez de seguir um planejamento.

Scrum é uma metodologia usada para a gestão dinâmica de projetos de desenvolvimento ágil de um software ou sistemas.

Alguns dos elementos que fazem parte do processo do Scrum são:

- **Product owner**: é o dono do produto ou projeto que vai ser trabalhado e responsável pela direção a seguir, definindo quais requisitos vão fazer parte do *product backlog* e quais devem ser abordados pela equipe. Representa os usuários ou clientes do produto em questão.
- **Scrum Master**: é o elemento que faz a ligação entre o *product owner* e a equipe. Tem a responsabilidade de organizar reuniões, fazer o acompanhamento do trabalho e se certificar de que cada integrante da equipe tem as ferramentas necessárias para cumprir sua função da melhor maneira possível.
- **Team (equipe)**: é a equipe que trabalha para o desenvolvimento do projeto ou produto.

Outro conceito relevante é o *daily Scrum*, ou Scrum diário, que consiste em uma reunião organizada pelo *Scrum Master*. Todos os elementos estão em pé, para que a reunião seja de curta duração (máximo 15 minutos). Essa reunião é uma forma de comprovar que cada elemento está cumprindo o seu papel.

A origem do termo Scrum vem do esporte rúgbi – Scrum define a aglomeração dos jogadores, muitas vezes vista como "formação ordenada". No Scrum, 8 jogadores de cada time estão frente a frente e têm de fazer um esforço para recuperar a bola que se encontra no meio do "aglomerado", daí se usa o mesmo princípio para desenvolvimento de sistemas.

---

[4] Os dicionários dizem de quintessência ou quinta-essência 2. [Literatura] O que há de principal, de melhor ou de mais sutil em uma coisa. 3. O mais alto grau de perfeição. = apuro, requinte.

Saiba mais sobre Scrum em:
uqr.to/cb7v

O GERENTE DE PROJETO

O papel do gerente de projetos é diferente do papel de um gerente funcional. Normalmente, o gerente funcional se concentra na supervisão do gerenciamento de uma unidade funcional ou de negócios. O gerente de projeto é profissional preparado e designado pela empresa para liderar a equipe responsável por alcançar os objetivos do projeto.

Figura 3.2 Exemplo de esfera de influência do gerente de projetos, com base no Modelo PMBOK

RESPONSABILIDADES DO GERENTE DE PROJETO

Segundo o PMBOK, o gerente de projetos desempenha papel crítico na liderança de uma equipe de projeto para atingir os objetivos do mesmo. As responsabilidades e atividades do gerente de projeto podem incluir consultoria com líderes executivos e da unidade de negócios acerca de ideias para avançar objetivos estratégicos, melhorar o desempenho organizacional ou atender às necessidades do cliente. Em alguns formatos organizacionais, o gerente de projetos também pode ser chamado para gerenciar ou auxiliar na análise do negócio, no desenvolvimento de *business case* e nos aspectos do gerenciamento de portfólio para um projeto. Além disso, ele precisa ter conhecimentos e competências sobre:

- Gerenciamento de projetos técnico.
- Liderança.
- Gerenciamento estratégico e de negócios.

RESUMO SOBRE GERENCIAMENTO DE PROJETOS

Qualquer que seja o método, as orientações ou o software que você use para gerenciar seus projetos, lembre-se: o mais importante é definir corretamente:

- Finalidade do projeto.
- Objetivos mensuráveis do projeto e critérios de sucesso relacionados.
- Requisitos de alto nível.
- Descrição de alto nível do projeto, seus limites e entregas-chave.
- Risco geral do projeto.
- Resumo do cronograma de marcos.
- Recursos financeiros pré-aprovados.
- Lista das partes.
- Requisitos para aprovação do projeto (ou seja, o que constitui o sucesso do projeto, quem decide se o projeto é bem-sucedido e quem autoriza o encerramento do projeto).
- Critérios de término do projeto (ou seja, quais são as condições que devem ser cumpridas para encerrar ou cancelar o projeto ou fase).
- Gerente do projeto designado, responsabilidade e nível de autoridade.
- Nome e autoridade do patrocinador ou outra(s) pessoa(s) que autoriza(m) o termo de abertura do projeto.

Dessa forma, sendo o mais preciso possível, o projeto estará começando com chances de sucesso, mas lembre-se, somente uma metodologia que possa mapear e entender os processos elencados no PMBOK pode dar segurança para o sucesso do projeto.

Embora o PMBOK elenque entradas e saídas de cada processo listado nos cinco grupos que compõem o guia, somente o conhecimento mais aprofundado de cada processo vai poder determinar pontos fortes, pontos fracos, gargalos, folgas e restrições de cada um deles.

CASO

Projetos são empreendimentos importantes, pois são trabalhos que têm começo, meio e fim predeterminados, para a produção de um único produto.

Assim como o vinho, o café é marcado pela diversidade de sabores. As distintas origens produtoras, dependendo do clima, da altura de cultivo e do tratamento posterior à colheita, produzem enorme variedade de tipos e qualidades de café.

Em busca de rapidez no atendimento aos clientes, uma empresa do ramo de cafeterias implantou um novo sistema de informações nas lojas espalhadas pelas regiões Norte e Sul do Brasil. Com esse novo sistema, o atendimento dos clientes nas lojas é feito por meio de tablets e smartphones. O pedido é rapidamente enviado para a cozinha, minimizando também a chance de erro humano e, além disso, automaticamente dá baixa no estoque dos produtos utilizados para a produção do que foi pedido. De acordo com o CEO da rede, o atendimento ficou 30% mais rápido após a adoção das ferramentas, e, com isso, a satisfação dos clientes aumentou muito.

"A integração entre o sistema, o funcionamento das lojas e seus funcionários impacta diretamente no tempo de entrega dos pedidos, que entram na produção da cozinha assim que confirmados via tablet nas mesas ou no caixa. Com isso, o cliente consegue criar uma rotina de visita em nossas lojas com a certeza de que terá um atendimento de qualidade", comemora o executivo da rede de cafeterias, que utiliza a soluções desde 2015.

Além disso, a solução permite realizar a gestão das unidades, bem como analisar as vendas de cada uma delas e replicar promoções que tenham tido sucesso para as demais lojas da rede, tudo em tempo real. "Já trabalhamos com outros sistemas, mas esses três anos de utilização dos produtos da marca que escolhemos agora nos permitiu melhorar, de fato, a dinâmica com o cliente. Além disso, conseguimos controlar tudo por meio de tablets, de forma instantânea e inteligente", comenta o executivo.

Uma solução como a implantada por essa rede de cafés requer um projeto bem estruturado para que tudo dê certo.

Questões para discussão
1. Qual seria sua primeira preocupação na concepção do projeto?
2. O que você levaria em consideração?
3. O que você priorizaria? Tempo, custo, objetivo?
4. Você acha que um sistema de informações adequado faz diferença na hora de atender clientes?

EXERCÍCIOS

1. O que é um projeto?
   a. "Projeto é um esforço temporário empreendido para criar um produto, serviço ou resultado único."
   b. "Projeto é um empreendimento para criar um produto, serviço ou resultado único."
   c. "Projeto é a fabricação de um produto, serviço ou resultado único."
   d. "Projeto é um esforço temporário para produzir um resultado único."
   e. "Projeto é um esforço de fabricação de um produto."
2. Quais são os imprescindíveis na execução de qualquer projeto:

a. Objetivo do projeto. Tecnologias.
b. Objetivo do projeto. Recursos que serão utilizados pelo projeto.
c. Objetivo do projeto. Tempo necessário para a execução do projeto.
d. Objetivo do projeto. Recursos humanos. Tempo para a execução do projeto.
e. Objetivo do projeto. Recursos que serão utilizados pelo projeto. Tempo necessário para a execução do projeto.

3. Quais são os cinco grupos de processos de um projeto, segundo o PMBOK?
   a. Iniciação. Planejamento. Execução. Acompanhamento. Encerramento.
   b. Iniciação. Planejamento. Execução. Monitoramento e controle. Encerramento.
   c. Planejamento. Programação. Execução. Monitoramento e controle. Encerramento.
   d. Iniciação. Planejamento. Execução. Monitoramento. Encerramento.
   e. Iniciação. Programação. Execução. Monitoramento e controle. Encerramento.

4. Prince2 é:
   a. Um método de gerenciamento de projetos.
   b. Uma orientação para projetos.
   c. Um *framework* para projetos.
   d. Uma alternativa para gerenciamento de processos.
   e. Um grupo de aconselhamentos para projetos.

5. O que é ser ágil?
   a. É acompanhar a tendência atual.
   b. É gerenciar projetos sem metodologias.
   c. É não fazer uso de nenhuma regra nem documentação.
   d. É adotar um pseudoplanejamento e uma organização controladamente desorganizada.
   e. É gerenciamento de processos.

CAPÍTULO 4

GESTÃO DE PROCESSOS ORGANIZACIONAIS

PROCESSOS

Processos são, ao mesmo tempo, universos complexos e simples, aterrorizantes e fascinantes. Como pode algo ser tão oposto ao mesmo tempo?

Tudo depende da nossa relação com eles! Tudo depende de como capturamos os dados e as informações deles, como os entendemos e do nosso grau de conhecimento sobre o que produzem, como produzem e para quem produzem.

No ambiente de negócio, damos o nome de processo de negócio ao conjunto de elementos que produzem bens e/ou serviços. A expressão **processo de negócio** foi traduzida do inglês, *Business Process*, já que estamos muito ligados à escola americana de administração. Entretanto, essa nomenclatura facilitou-nos diferenciar processos que produzem bens e serviços de outros tipos de processos, como os jurídicos, que produzem sentenças e decisões, que, por sua vez, essencialmente, são processos de negócio.

Esses processos também são conhecidos como organizacionais. Ambas as definições estão corretas e significam a mesma coisa. Portanto, ao longo deste livro tanto uma como outra denominação podem ser usadas.

Nada pode existir sem que um processo o tenha produzido! E nenhum processo pode existir sem ter de produzir ao menos um produto. Tudo que há neste universo, pelo menos até onde nós o conhecemos, existiu, existe ou existirá por meio de um ou de vários processos físicos, químicos, biológicos, mecânicos etc. Tomemos, por exemplo, o corpo humano, em que milhares de processos químicos e biológicos existem para fazê-lo funcionar perfeitamente.

O método para agrupar atividades em processos e em subprocessos, enfeixados em macroprocessos, está ligado a alguma característica da organização.

Os processos podem agrupar atividades que produzem um único produto ou podem agrupar atividades que produzem parte de um produto.

PROCESSO DE NEGÓCIO

Processo de negócio é um objeto[1] formado por um conjunto de atividades (unidades operacionais), cuja finalidade existencial é a de transformar entrada(s) (*inputs*) em saída(s) (*outputs*) por meio de instruções que chamamos de tarefas (*tasks*), agrupadas em documentos que chamamos de procedimento (*procedure*). Os processos de negócios são objetos ligados ao mundo empresarial. A expressão *processo de negócio* permite distingui-lo de outros processos, como os jurídicos, os químicos, os mecânicos etc. Ao resultado da execução de qualquer processo de negócio chamamos genericamente de produto.

A definição de processo é a seguinte:

É o conjunto de atividades (elementos) compostas por eventos que, por meio de instruções chamadas tarefas, tem por objetivo transformar entrada(s) agrupadas em um procedimento, em saída(s), que tanto podem ser bens como serviços a serem entregues a clientes internos e externos.

Ou

É um conjunto de atividades, que é como chamamos cada unidade operacional, dispostas de forma lógica e cronológica para produzir um produto que será entregue ao cliente.

A definição clássica é a que segue:
"Conjunto de atividades que tem por objetivo transformar entradas em saídas que serão entregues a clientes."

O substantivo masculino **negócio** tem vários significados nos dicionários:

"Assunto a ser resolvido; pendência; algo de que não se sabe ou não se lembra do nome; qualquer coisa."

Assim, quando empregamos o termo **processo de negócio**, não estamos nos referindo somente ao sentido mercantilista[2] da palavra, *stricto sensu*, mas a qualquer coisa que tenhamos de produzir.

---

[1] Rubrica filosófica: qualquer realidade investigada em um ato cognitivo, apreendida pela percepção e/ou pelo pensamento, que está situada em uma dimensão exterior à subjetividade cognoscente. Segundo o *Dicionário Eletrônico Houaiss*.

[2] Mercantilismo, segundo o *Dicionário Eletrônico Houaiss*: propensão a sujeitar ou relacionar qualquer coisa ao interesse comercial, ao lucro, às vantagens financeiras.

Figura 4.1 Representação gráfica de um processo e suas atividades.

Essa explicação faz-se necessária porque em alguns ambientes, como no setor público, é comum as pessoas dizerem "mas aqui não fazemos negócios", por estarem pensando apenas no sentido mercantilista da palavra (embora muitas vezes o façam também...).

Enquanto um macroprocesso obrigatoriamente deve ter mais de um processo para que possa ser considerado como tal e consequentemente poder ser mapeado, analisado e modelado, o processo não necessariamente é a reunião de vários subprocessos. Caso o processo seja subdividido em subprocessos, obrigatoriamente deverá ter mais de um subprocesso.

Em outras palavras, um macroprocesso é a reunião de dois ou mais processos. Um processo, quando dividido em subprocessos, deve conter dois ou mais subprocessos. Não existe macroprocesso contendo um só processo nem um processo dividido em um único subprocesso.

SUBPROCESSO DE NEGÓCIO

Subprocesso de negócio é o resultado da divisão de um processo quando esse é muito grande, contém muitas atividades, é muito complexo, perpassa grande quantidade de áreas organizacionais ou está disperso em uma grande área geográfica. Todos são motivos suficientes para dividir um processo em subprocessos. Entretanto, admite-se não ser tarefa fácil decidir se um processo deve ou não ser subdividido.

Alguns pontos relevantes podem nos ajudar a tomar a decisão de subdividir um processo em subprocessos.

a. Processos que produzam mais de um tipo de produto, mas que mantenham no mínimo 70% do processo de fabricação em comum, são candidatos naturais a serem subdivididos em subprocessos. A Figura 4.2 mostra graficamente esse tipo de produção.

Por exemplo, pizza, calzone e fogazza são produtos do mesmo processo, quer dizer, de 70% do mesmo processo. Os 30% restantes são atividades específicas de cada produto: pizza, calzone ou fogazza. Sugiro dividir o processo em subprocessos por vários motivos.

Outro exemplo: se necessitarmos "mexer no" ou atualizar o processo de fabricação de pizzas, não necessariamente teremos de "mexer" ou atualizar o processo de fabricação de calzone ou o de fabricação de fogazza, ou, por exemplo, se forem processos

certificados ISO ou qualquer outra norma, não teremos de alterar todo o processo e, consequentemente, gerar cópias controladas de forma indiscriminada e sem necessidade.
b. Outro critério para decidirmos se criamos subprocessos é o tamanho do processo, ou seja, a quantidade de atividades existentes. Se forem muitas, podemos agrupá-las em conjuntos que produzam parte do produto do processo. Dessa forma, fica mais fácil documentar, analisar e recriar cada subprocesso do que o processo por inteiro.
c. Outro critério de divisão do processo em subprocessos é quando existem muitas áreas envolvidas com o processo e essas áreas estão geograficamente dispersas. Nesse caso, podemos dividir o processo em subprocessos agrupando as atividades por área ou por região geográfica. Essa divisão é diferente da explicada no item "b". No item "b", a sugestão é agrupar atividades por subconjunto, ou partes, do produto principal do processo. No item "c", o critério é por atividades que pertençam a uma mesma área. Por exemplo: processo movimentação de pessoal; subprocessos: admissão, demissão e transferências.

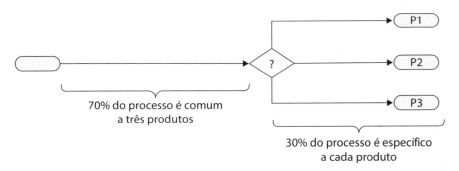

Figura 4.2 Processos e subprocessos.

ATIVIDADE

Atividade é uma unidade de trabalho que ocorre dentro de um processo, de um subprocesso e de uma rotina. Por trabalho, devemos entender a execução de uma série de tarefas agrupadas em um procedimento. Atividades, quanto *modus operandi*, assim como os processos, são de dois tipos: operacionais e gerenciais.

MAPEAMENTO E MODELAGEM DE PROCESSOS

Metodologia para mapeamento, análise, modelagem, implantação e gerenciamento de processos de negócio é o conjunto formado por atividades, diretrizes, regras de negócio e papéis funcionais que orientam e formalizam o trabalho com processos de negócio. Metodologias são compostas por formulários (eletrônicos ou não) e instruções de preenchimento e utilização dos mesmos visando trabalhar processos de qualquer tipo e em qualquer organização.

Uma metodologia – e existem várias – é o *Road Map*, um "mapa do caminho" do trabalho a ser realizado no projeto de mapeamento, análise, modelagem, implantação e gerenciamento de processos de negócio. O *Road Map* orienta e impede que a equipe se perca no meio do projeto (caminho) sem saber o que precisa ser feito, em que sequência, para quê, com quem, para quem, quando, onde etc.

Qualquer que seja a metodologia para trabalhar processos, em geral, deve ter cinco grandes blocos:

1. Análise inicial do problema ou da definição do escopo.
2. Documentação e análise.
3. Criação.
4. Implantação.
5. Gerenciamento.

Mapear é o mesmo que documentar. Assim, se um processo existe, tenha ou não sido documentado alguma vez e esteja ou não atualizada essa documentação, devemos mapeá-lo, documentá-lo, para que possamos conhecê-lo formalmente no seu estado atual.

Mapear,[3] documentar um processo é o ato de criar um somatório de dados e informações dispostos em documentos que identificam o conjunto de elementos que produz um bem ou um serviço, tenha ou não sido o processo previamente documentado ou, mesmo já o tendo sido, necessite ter a documentação atualizada.

Modelar[4] um processo é o ato de recriar um processo que tenha sido previamente mapeado (documentado) ou o ato de criar um novo processo, inexistente até então.

Como explicado pelos dicionários,[5] entre outros significados, modelar é: "estabelecer orientação ou exemplo para algo ou si próprio; moldar(-se), regular(-se). Delinear, regular, traçar intelectualmente."

A modelagem para processos que já existam se baseia em dois documentos importantes: o plano com sugestões para solução de problemas e o plano com sugestões para melhoria do desempenho do processo. Ambos os planos são oriundos das análises feitas sobre o material produzido no mapeamento do processo.

A modelagem para processos até então inexistentes é feita sobre diversos tipos de análises, incluindo a realizada sobre o material produzido no benchmarking.

---

[3] Segundo dicionários, mapear é distribuir sobre uma superfície plana os contornos geográficos de determinada região. 2 Informática: transferir dados de uma região da memória para outra. 3 Informática: relacionar ou ligar um conjunto de itens de dados a outros.

[4] Segundo o dicionário *Michaelis*, modelar é fazer o modelo ou o molde de. Delinear, regular, traçar intelectualmente.

[5] Disponível em: <http://michaelis.uol.com.br/>. <https://dicionariodoaurelio.com/>. <https://www.priberam.pt/dlpo/>.

CLASSIFICAÇÃO DOS PROCESSOS ORGANIZACIONAIS

A classificação mais comumente adotada por autores nacionais e estrangeiros é a da Figura 4.3.

Alguns pontos devem ser ressaltados com base nessa classificação.

- Só existem dois tipos de processos: os primários e os secundários. Qualquer outro tipo é invenção desnecessária ou pertence à classificação da natureza do processo.
- A indústria de serviços passa a ser reconhecida como uma indústria, com direito a processos primários e secundários. Isso é muito importante, pois não há coisa mais inoportuna do que ouvir ou ler que processos produzem produtos e serviços. Na verdade, processos produzem produtos que podem ser bens e serviços.
- Tanto os processos primários como os secundários podem ser, quanto ao tipo de execução, gerenciais ou operacionais. Mas nenhum processo é puramente gerencial ou puramente operacional.
- Processos gerenciais têm uma porcentagem variável de atividades operacionais, e processos operacionais têm uma porcentagem variável de atividades gerenciais.
- Todo e qualquer processo é composto por duas ou mais atividades, ainda que um processo possa ser subdividido em subprocessos, estes, também, serão compostos por duas ou mais atividades.
- Os três elementos essenciais de qualquer processo são: papéis funcionais, atividades e rotas.

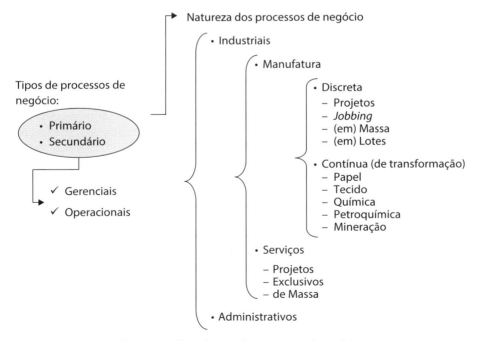

Figura 4.3 Classificação dos processos de negócio.

PROCESSOS PRIMÁRIOS

Processos de negócio primários são processos que produzem os produtos que a organização vende, disponibiliza, doa, dá para clientes externos. Nem sempre os clientes externos têm contato com os processos primários, embora estes produzam produtos para eles. Aliás, na manufatura, é raro o cliente final ter contato com processos primários.

Processos primários são também conhecidos como processos *core business*, isto é, estão ligados diretamente ao objeto do seu contrato social e ao planejamento estratégico da organização. Em outras palavras, os processos primários são a razão de existir de qualquer organização, porque produzem o(s) produto(s) que a organização produz e vende a clientes externos.

Por exemplo: a linha de montagem de qualquer montadora produz produtos para clientes externos, mas estes não adquirem os bens diretamente da montadora ao final do processo. Assim, a linha de montagem é o processo primário por excelência de qualquer montadora. Se ele deixar de existir, a montadora passa a ser qualquer outra coisa.

PROCESSOS SECUNDÁRIOS

São os processos que estão indiretamente ligados ao objetivo principal da organização; isto é, não estão ligados ao *core business* da empresa, instituição, organismo. Eles são também conhecidos como administrativos. São processos que apoiam, suportam todo e qualquer processo; às vezes, até a si mesmos. Por exemplo: o processo de contratação de funcionários serve para todos os processos, inclusive para si próprio.

Não deve haver nenhum juízo de valor quanto a processos primários serem mais importantes que processos secundários. Todos são importantes para a organização, pois não existe qualquer uma que possa viver, operar, somente com um tipo de processo, ainda que os processos secundários tenham a operação terceirizada.

PROFISSIONAIS LIGADOS A PROCESSOS

Entre as novas categorias de profissionais envolvidos com processos, direta ou indiretamente, estão quatro imprescindíveis para as organizações atuais:

- **Analista de negócios**: este profissional está indiretamente ligado a todos os processos da organização, além de necessitar conhecê-los muito bem. O analista de negócios busca as melhores oportunidades de negócio, analisa tendências, cria novos produtos, recria produtos existentes.
- **Analista de processos**: o profissional que substituiu o antigo analista de O&M dentro das empresas é o analista de processos. Essa substituição trouxe muitas vantagens tanto para a organização quanto para o profissional.
- **Analista de BPMS/Workflow**: o perfil do analista de Workflow a rigor não envolve a formação detalhada nem especializada em processos, levantamento, documentação, melhoria e reengenharia de processos de negócio, mas uma formação voltada a parametrização e a programação dessa classe de ferramenta.

Analista de SOA: o arquiteto SOA tem por função principal criar o mapa do caminho (*road map*), o projeto que irá permitir à organização interligar com segurança e flexibilidade processos executados em segundo plano com processos executados em primeiro plano e estes ao negócio da organização.

DADOS DO PROCESSO ORGANIZACIONAL

Para que um processo possa ser considerado documentado, existe uma série de elementos que precisam ser conhecidos, registrados e analisados. São eles:

- **Clientes externos:** elementos imprescindíveis a qualquer organização, os clientes externos são a razão de elas existirem. Do ponto de vista de processos de negócio, os clientes externos são de dois tipos: *clientes externos de processos primários* e *clientes externos de processos secundários*.
- **Clientes internos:** todos os participantes de todos os processos de negócio.
- **Fornecedores externos:** todos que "entregam" entradas lógicas ou físicas e que sejam de fora da empresa.
- **Fornecedores internos:** todos que "entregam" entradas lógicas ou físicas e que sejam de dentro da empresa.
- **Ocorrências:** a ocorrência é o conjunto de elementos que dão forma ao trabalho a ser processado por cada uma das atividades que compõem um processo de negócio.
- **Estrutura organizacional:** conjunto de elementos que suportam os processos de negócio.
- **Atividades:** conjunto de instruções (conhecidas como procedimentos, normas e regras), mão de obra e tecnologias cujo objetivo é o de processar as entradas para produzir parte do produto de um processo, a fim atender aos objetivos da sua função dentro da organização.
- **Papéis funcionais:** toda atividade só deve existir com base em uma função, isto é, sua existência deve estar baseada em função do esforço para produzir o produto que ela, atividade, deve produzir.
- **Procedimentos:** os procedimentos especificam o que as atividades têm por responsabilidade fazer, como, quando, usando quais recursos e de que forma.
- **Tarefas:** elas são o detalhamento de cada procedimento. Se qualquer atividade tiver só o procedimento, escrito de forma clara, vai ser quase impossível executá-la. Perguntas como:
    - O que é que eu faço primeiro?
    - Como faço o que eu tenho de fazer?
    - Como me comporto nas situações "A", "B" e "C"?
- **Regras de negócio:** elas servem para orientar a execução de uma ou de várias tarefas. As regras de negócio são geralmente extraídas das políticas da empresa, das leis e dos manuais de procedimentos e normas para garantir a correta execução das tarefas.

- **Tempos:** existem, no mínimo, três tipos de tempos no ambiente dos processos de negócio. São eles: tempo de ciclo, tempo de processamento e tempo de retardo.
- **Metas:** é o que se espera atingir como resultado da execução do processo. As metas de um processo estão diretamente ligadas aos objetivos da empresa como um todo; ao que o cliente espera receber do processo em particular e às melhorias advindas dos programas da qualidade.
- **Exceções:** muitos profissionais e autores desta área encaram a exceção como erro. Exceções sempre existem em qualquer atividade e processo.
- **Rotas:** nosso trabalho em um projeto de análise & modelagem de processos de negócio será o de documentar, os fluxogramas (*workflow*).
- **Entradas e saídas lógicas:** é toda manifestação eletrônica, qualquer que seja sua configuração, que tenha por função "suportar" dados ou informações.
- **Entradas e saídas físicas:** elas podem ser de dois tipos: insumos e mídias. Insumos é tudo que introduzimos em um processo para ser modificado, montado, transformado, misturado, cortado, colado etc. por ele. O outro tipo de entrada física são as mídias, papel, formulários impressos, disquetes, CDs, DVDs etc., que têm a função de introduzir dados e/ou informações no processo, geralmente, para que as entradas físicas e ou lógicas possam ser processadas.
- **Formulários:** físicos e lógicos.
- **Estrutura de dados – metadados e dados:** o metadado é a identidade do dado, isto é, especifica, define, descreve, nomeia e faz com que qualquer dado tenha um significado que possa ser reconhecido por todos exatamente da mesma forma. O dado é a menor parte do conhecimento.
- **Ligação com *legacy systems*:** por meio dessa informação, estaremos descobrindo e documentando também a ligação com *legacy systems* ou outros quaisquer sistemas. Esses elementos são fundamentais para que os sistemas de informações possam ser ajustados aos processos, tornando-os aderentes ao negócio.

O GERENTE DO PROCESSO

O gerente (ou dono) do processo é o responsável, entre outras coisas, por não deixar o processo sob sua responsabilidade entrar em uma situação de *deadlock*, ou de travamento, por conta do mau funcionamento de qualquer elemento existente.

O gerente, além de ser o principal responsável pelo processo, responde pelo que ocorrer nele à alta direção e principalmente ao Comitê Gestor da Qualidade, caso a organização seja certificada em alguma norma.

O ESCRITÓRIO DE PROCESSOS

Entre as inúmeras novidades sobre gerenciamento de processos, está a necessidade de as organizações criarem um escritório de processos.

A ideia da criação de um escritório de processos deve estar baseada no escritório de projetos preconizado pelo PMI (Project Management Institute), mas não faz sentido criar um em detrimento da área, do departamento ou qualquer outro nome que se queira dar ao local onde ficam os analistas responsáveis pela qualidade.

Todas as responsabilidades atribuídas ao escritório de processos já o são da área da qualidade, ainda que na prática não estejam sendo administradas por ela na maioria das organizações.

INTER-RELACIONAMENTO DE PROCESSOS

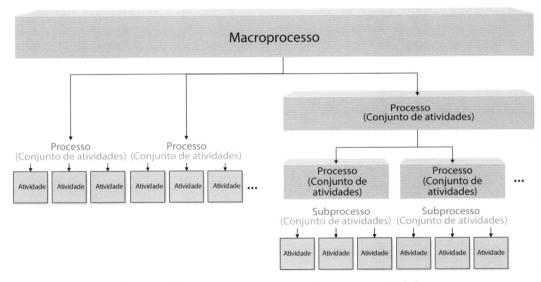

Figura 4.4 Macroprocesso, processos, subprocessos e atividades.

CASO

Processos documentados e gerenciados possibilitam a qualquer empresa saber exatamente o que está fazendo, quando, onde e para quem. Possibilita, também, descobrir as perdas, os gargalos, as restrições, as folgas e, até mesmo, se há roubo e quem está roubando.

Este caso é sobre uma empresa de consultoria especializada em gestão de processos de negócio que foi contratada por uma fabricante de equipamentos de informática para um projeto de análise, melhoria, modelagem e gerenciamento de processos de negócio. A empresa contratante tinha como donos dois sócios, era de médio porte, com 900 funcionários e boa saúde financeira, pois era fabricante de equipamentos para outras marcas (sem marca própria).

O projeto fora planejado para durar 12 meses e incluía documentar todos os processos, tanto os primários quanto os secundários, analisá-los, melhorá-los e por fim reimplantá-los com o suporte do software Business Process Management Systems (BPMS).

A equipe da consultoria começou a trabalhar no início do mês de maio e deveria estar com tudo concluído no mês de maio do ano seguinte, mas dois meses depois aconteceu algo que iria determinar o encerramento abrupto do projeto.

Um grupo da consultoria, encarregado de documentar os processos de compras, recebimentos e gestão de estoques, descobriu que o sócio responsável pela área industrial estava roubando, isto mesmo, **roubando** o outro sócio, o presidente. Esse sócio estava, entre outras práticas, superfaturando as compras que obrigatoriamente eram feitas diretamente por ele, entre outras práticas que estavam causando perda de eficiência à empresa.

A equipe conversou com a gerência do projeto e envolveu até mesmo um sócio-diretor da consultoria para explicar a descoberta. Ele, depois de ouvir as equipes participantes do projeto, decidiu levar a descoberta até o sócio-presidente. Depois de explicar o que estava acontecendo ao presidente, este tomou a decisão de encerrar o projeto imediatamente.

– Está bem, disse o diretor da consultoria.

Assim foi feito. O projeto foi encerrado abruptamente, e a consultoria recebeu todos os meses restantes sem trabalhar.

Questões para discussão:

1. No seu entender, a empresa conseguiria saber o que estava ocorrendo mesmo que seus processos não estivessem documentados? Sim ou não e por quê?
2. Para as empresas que não têm seus processos documentados e gerenciados, é possível manter o controle sobre perdas? Sim ou não e por quê?
3. No seu entender, é possível documentar qualquer processo em qualquer empresa usando **apenas** um fluxograma?
4. Você seria capaz de desenhar um fluxo simples, seu processo diário, desde a hora em que acorda até quando se deita?
5. Se você fosse o presidente, qual teria sido sua decisão, encerrar ou ir com o projeto até o fim?

EXERCÍCIOS

1. O que é um processo de negócio?
   a. É um conjunto de recursos para fabricar bens e serviços.
   b. É o conjunto de atividades (elementos), compostas de eventos, que tem por objetivo transformar entrada(s), por meio de instruções chamadas tarefas, agrupadas em um procedimento, em saída(s), que tanto podem ser bens como serviços, que serão entregues a clientes internos e externos.
   c. É um conjunto de atividades para produzir itens internos e externos.
   d. É um conjunto de atividades para gerenciamento de projeto.
   e. "É um esforço temporário empreendido para criar um produto, serviço ou resultado único."

2. Qual alternativa está correta?
   a. Enquanto um macroprocesso obrigatoriamente deve ter mais de um processo para que possa ser considerado como tal e consequentemente poder ser mapeado, analisado e modelado, o processo necessariamente é a reunião de vários subprocessos.
   b. O processo necessariamente é a reunião de vários subprocessos, mas caso o processo seja subdividido em subprocessos obrigatoriamente deverá ter mais de um subprocesso (no mínimo dois).
   c. Macroprocessos é o mesmo que processos, mas com divisão em subprocessos.
   d. Enquanto um macroprocesso obrigatoriamente deve ter mais de um processo para que possa ser considerado como tal e consequentemente poder ser mapeado, analisado e modelado, o processo não necessariamente é a reunião de vários subprocessos, mas caso o processo seja subdividido em subprocessos obrigatoriamente deverá ter mais de um subprocesso ou no mínimo dois.
   e. Processos devem conter vários subprocessos.

3. O que é uma atividade?
   a. É uma unidade de trabalho que só ocorre dentro de um macroprocesso.
   b. É uma unidade de trabalho que só ocorre dentro de uma rotina.
   c. É uma unidade de trabalho que só ocorre dentro de um subprocesso.
   d. É uma unidade de trabalho que ocorre dentro de processos, subprocessos e rotinas. Por trabalho, devemos entender a execução de uma série de tarefas agrupadas em um procedimento. Atividades, quanto ao *modus operandi*, assim como os processos, são de dois tipos: operacionais e gerenciais.
   e. É uma unidade de trabalho que ocorre somente dentro de processo organizacionais primários.

4. Qualquer que seja a metodologia para trabalhar processos, em geral, deve ter cinco grandes blocos. Qual é a alternativa correta?
   a. Análise inicial do problema ou da definição do escopo do projeto. Documentação e análise do processo atual. Criação do novo processo. Implantação do novo processo. Gerenciamento do processo.
   b. Análise inicial. Análise do processo atual. Análise do novo processo. Implantação do novo processo. Gerenciamento do processo.
   c. Análise inicial do problema ou da definição do escopo do projeto. Documentação e análise do processo atual. Definição dos recursos que serão usados. Implantação do novo processo. Gerenciamento do processo.
   d. Definição do escopo do projeto. Documentação do processo atual. Criação do novo processo. Implantação do novo processo. Gerenciamento do processo.
   e. Análise. Documentação. Criação. Implantação.

5. Quais são os profissionais ligados a processos?
   a. Analista de processos e Analista de SOA.
   b. Analista de negócios, Analista de processos e Analista de SOA.
   c. Analista de negócios, Analista de processos, Analista de BPMS/Workflow e Analista de SOA.
   d. Analista de processos e Analista Financeiros-Contábeis.
   e. Analista de negócios e Analista de processos.

CAPÍTULO 5

NOÇÕES SOBRE QUALIDADE

O QUE É QUALIDADE?

A International Standardization Organization (ISO), situada na Suíça e responsável pelas normas de qualidade, define qualidade deste modo: "Qualidade é a adequação ao uso. É a conformidade às exigências. É cumprir com o prometido."

Basicamente, qualidade está em dois lugares quando falamos de produção de bens e serviços:

- Qualidade no processo de produção.
- Qualidade no produto.

PRINCÍPIOS DA QUALIDADE

Os princípios da gestão da qualidade são tópicos definidos para dar base às organizações que desejam se estabelecer no mercado com eficiência de gestão. Esses princípios são:

1. Foco no cliente.
2. Liderança.
3. Envolvimento das pessoas.
4. Abordagem de processo.
5. Abordagem sistêmica da gestão.
6. Melhoria contínua.
7. Abordagem factual para tomadas de decisões.
8. Relações mutuamente benéficas com fornecedores.

PADRONIZAÇÃO DE PROCEDIMENTOS

Para que possamos ter qualidade no processo, é necessário que eles estejam formalmente documentados para que possam ser continuamente melhorados e gerenciados corretamente.

A padronização dos procedimentos aumenta e garante a eficácia, a eficiência e a produtividade, pois todos os colaboradores executarão suas atividades sob padrões de operações.

Nome da atividade: RECEX	Nome do processo/Subprocesso/Rotina: RECEBIMENTO	Código do procedimento: prO-Ver-001-2007-V3	REVISA
Papel funcional executante Técnico da qualidade	Tipo do procedimento: Operacional	Fase: Will Be	
DATA ORIGINAL: 15 de novembro de 2006	DATA MODIFICAÇÃO: 7 de março de 2007	Página 1 de 1	
T	Descrição	Exceção/Desvio	Regra de negócio e detalhamento	TT

	PROCEDIMENTO / RECEX DE MATERIAL DE CONSUMO			
01	Atender ao motorista que estiver fazendo a entrega do material de consumo.			
02	Receber o material que está sendo entregue.	Material de consumo sem NF executar a tarefa 07	O RECEX NÃO pode receber material de consumo SEM NOTA FISCAL	2m
03	Assinar o canhoto da NF.			
04	Devolver o canhoto da NF para o motorista do caminhão.			
05	Solicitar a presença do funcionário do Estoque.			
06	Entregar o material de consumo recebido juntamente com a NF correspondente ao funcionário do Estoque.			
07	Despachar o motorista.			
08	Liberar o caminhão.			
		Executar a Tarefa 99		10m
99	Fim do procedimento.			

Exceções / Observações:			
Analista Responsável: Tadeu Cruz Assinatura	Gerente de Projetos: Tadeu Cruz Assinatura		Código de Documentos

© 2012 TRCR KNOWLEDGE – Todos os direitos reservados

Figura 5.1 Exemplo de procedimento.

INDICADORES DE DESEMPENHO (ID) – KEY PERFORMANCE INDICATORS (KPI)

A primeira escolha ou decisão sobre o uso de indicadores é: qual tipo de indicador eu devo usar? Em outras palavras, para que eu quero ou necessito usar um indicador?

Indicadores de desempenho, ou de performance, ou ainda, em inglês, *Key Performance Indicators*, servem, como o próprio nome diz, para revelar como algo está seguindo. Podemos usar ID tanto para medir o índice de acerto e progresso nas organizações quanto para nossa vida pessoal.

Alguns especialistas dividem os ID em dois tipos:

- **Indicadores de desempenho estratégicos**: esses indicadores servem para verificar se a organização está alcançando os objetivos criados no planejamento estratégico pela direção da empresa. Lembre-se de que objetivos derivam do plano estratégico e por sua vez dão origem às metas.

- **Indicadores de desempenho de processos**: mais conhecidos como KPI, devem ser definidos a partir das metas estabelecidas para cada atividade existente no processo, e servirão para medir seu desempenho e se o responsável pela atividade está conseguindo atingir as metas. Esse indicador deve ser quantificável por meio de um índice (normalmente representado por um número) que retrate o andamento do processo como um todo ou em parte. Veremos esse tipo de KPI mais adiante.

Os indicadores de desempenho de processos são aplicados às atividades, e os resultados de cada um dão a medida do desempenho do processo como um todo.

Entretanto, há inúmeros outros tipos de indicadores de desempenho e, como escrevi há pouco, existem até mesmo os ID para nossa vida pessoal. Um exemplo são os indicadores de desempenho na escola. Nossas notas, em qualquer nível escolar, são indicadores de desempenho escolar, ou simplesmente indicadores de desempenho. Há ID para esportes, temos KPI para medir qualquer atividade, mas vamos nos ater aos dois descritos anteriormente: os estratégicos e os de processos.

OBJETIVOS, METAS E MÉTRICAS

Para falarmos em indicadores de desempenho, antes precisamos falar em objetivos, metas e métricas.

Ao criarmos o planejamento estratégico, construímos um caminho que deverá ser percorrido pela organização como parte do esforço para manter-se viva, produtiva e lucrativa. Esse caminho, construído com boas intenções (ninguém seria capaz de construí-lo cheio de más intenções, não é?) deve ter marcos e pontos a serem alcançados para que a organização se certifique de que o plano estratégico está ou não sendo seguindo. Esses marcos são os objetivos.

Entretanto, objetivos são resultados que se espera alcançar no longo prazo, embora este longo prazo esteja ficando cada vez mais curto, dada a volatilidade da economia mundial.

Antes, construía-se um plano estratégico para cinco, dez anos. Hoje, os planos estratégicos são feitos entre um e cinco anos, mas sempre com revisões mensais, de preferência.

Depois que os objetivos são criados, eles precisam ser desdobrados em metas.

Por quê?

Porque metas são resultados que se espera alcançar em curto prazo, em horas, minutos; em dias, meses. Nunca devemos estabelecer metas para mais de um ano, pois aí estaríamos criando objetivos.

Metas são resultados que se espera alcançar em curto prazo (até um ano) e que têm por finalidade medir a **eficiência**, a **eficácia**, a **variabilidade** e a **adaptabilidade** da atividade em determinado período.

Infelizmente, não é comum todas as atividades de um processo de negócio terem **metas** definidas. Entretanto, seria conveniente que cada atividade as tivesse, pois assim todas poderiam ser avaliadas de acordo com o desempenho obtido no período estipulado para cumpri-las.

As **metas** devem ser formadas por partes:

- Qualitativas.
- Quantitativas.

E devem ser medidas sempre por métodos estatísticos, a fim de evitar erros de interpretação e, consequentemente, equívocos e confusões.

As métricas, também conhecidas como indicadores de desempenho, servirão para aferir o cumprimento das **metas** e apontar a eficiência e a eficácia de cada atividade e, por extensão, do processo como um todo.

Os indicadores de desempenho são numéricos de três tipos:

- **Os que servem para contar:** são indicadores de desempenho para aferir resultados na manufatura discreta e em qualquer processo que produza algo que possamos reduzir à unidade – carros, TVs, smartphones etc.
- **Os que servem para medir:** são indicadores de desempenho para manufatura de transformação, papel, tecido etc.
- **Os que servem para pesar:** são indicadores de desempenho para manufatura de transformação, química, adubo, materiais perigosos etc.

Resumindo, o papel dos indicadores de desempenho é o de medir o cumprimento das metas e abordar os principais requisitos dos clientes do processo de negócio, sejam eles internos ou externos, e estar associados a:

- **Eficiência:** índice que mede o nível de recursos utilizados para atender aos requisitos dos clientes. Em outras palavras: fazer da melhor maneira possível utilizando a menor quantidade possível de recursos.
- **Eficácia:** índice que demonstra o grau de conformidade com os requisitos dos clientes. É, também, a relação entre os resultados obtidos e os resultados pretendidos: fazer da melhor maneira, isto é, cumprir com o prometido ao cliente. O que a ISO chama de conformidade.
- **Efetividade:** é a conjugação da eficácia com a eficiência.
- **Controle:** índice que mede a variabilidade do processo.
- **Adaptabilidade:** índice que mede a flexibilidade do processo em atender às mudanças de requisitos e/ou de condições especiais dos clientes, sem necessidade de aprovações dos níveis superiores.

OUTROS TIPOS DE INDICADORES DE DESEMPENHO

Entre inúmeros outros, temos os seguintes indicadores de desempenho:

- **Indicadores de capacidade:** relação entre a quantidade que se pode produzir e o tempo para que isso ocorra, ou seja, mede a capacidade de produção instalada para atender determinada demanda. Por exemplo: a montadora X tem capacidade de produzir 200 carros por mês.
- **Indicadores de produtividade:** relação entre as saídas geradas por um trabalho e os recursos utilizados para isso. Exemplo: um operário consegue instalar 20 m^2 de piso em uma hora. Outro consegue instalar apenas 17 m^2 de piso em uma hora, portanto, é menos produtivo que o primeiro.
- **Indicadores de qualidade:** relação entre as saídas totais, (tudo que foi produzido) e as saídas adequadas ao uso, ou em conformidade com o que foi prometido ao cliente,

isto é, sem defeitos ou não conformidades. Exemplo: 980 peças adequadas a cada 1.000 produzidas (98% de conformidade).
- **Indicadores de lucratividade:** relação percentual entre o lucro e as vendas totais. Exemplo: em uma empresa foram vendidos R$ 200.000,00 em mercadorias e apurado um lucro de R$ 20.000,00. Logo, a lucratividade é de 10%.
- **Indicadores de rentabilidade:** relação percentual entre o lucro e o investimento feito na empresa. Exemplo: na mesma empresa do exemplo anterior foram investidos R$ 500.000,00, com um lucro de R$ 20.000,00. A rentabilidade foi de 4%.
- **Indicadores de competitividade:** relação da empresa com a concorrência. O percentual de participação no mercado pode ser usado para isso.
- **Indicadores de valor:** relação entre o valor percebido ao se receber algo (um produto, por exemplo), e o valor efetivamente despendido para a obtenção do que se recebeu.

Indicadores de desempenho são importantes e muito úteis, pois somente com o uso deles podemos medir o desempenho de cada atividade, em cada processo, em toda e qualquer organização.

Saiba mais sobre indicadores de desempenho em:
uqr.to/cb7w

DEFINIÇÃO DE PRIORIDADES

Existem diversas maneiras e métodos para priorizarmos ações. Antes de decidirmos quais priorizar e quais deixar para depois, vamos conhecer um pouco sobre riscos e oportunidades de melhoria.

Alguns autores e especialistas também falam em riscos que podem ser bons, mas estes são poucos. Riscos são mesmo problemáticos. Não há nada de bom em termos um processo cheio de riscos sem tratamento.

DEFINIÇÃO DE RISCO

Risco é uma possibilidade real ou potencial capaz de causar lesão ou morte, danos ou perdas patrimoniais, interrupção de processo de negócio ou de afetar a comunidade ou o meio ambiente.

O risco não pode ser eliminado, mas mitigado.[1]

Segundo a Norma ISO 31000: "Organizações de todos os tipos e tamanhos enfrentam influências e fatores internos e externos que tornam incerto se e quando elas atingirão seus objetivos. O efeito que essa incerteza tem sobre os objetivos da organização é chamado de 'risco.'"

---

[1] Segundo o *Dicionário Eletrônico Michaelis* mitigar, tornar(-se) menos severo, penoso ou intenso; abrandar(-se), aliviar(-se), diminuir(-se): Mitigar a indignação, a ira, o furor. Mitigar a saudade.

Todas as atividades de uma organização envolvem risco. As organizações gerenciam o risco, identificando-o, analisando-o e, em seguida, avaliando se o risco deve ser modificado pelo tratamento, a fim de atender a seus critérios de risco. Ao longo de todo esse processo, elas comunicam e consultam as partes interessadas e monitoram e analisam criticamente o risco e os controles que o modificam, a fim de assegurar que nenhum tratamento de risco adicional seja requerido. A NBR ISO 3100:2018 descreve o processo em detalhes.

A ISO 31000 define risco como: "Efeito da incerteza nos objetivos."

E gestão de risco como: "Atividades coordenadas para dirigir e controlar uma organização no que se refere a riscos."

E sobre gerenciamento de riscos como: "A cultura, os processos e as estruturas que são direcionados para realizar possíveis oportunidades enquanto administram os efeitos adversos."

Peter Drucker dizia: "Já que é inútil tentar eliminar os riscos e questionável tentar minimizá-los, o essencial é que os riscos considerados sejam certos."

Riscos estão presentes em tudo que fazemos. Em processos de negócio, os riscos estão ligados às metas e consequentemente às atividades, aos processos e aos produtos produzidos por estes, sejam bens ou serviços.

Risco normalmente envolve duas características:

- **Incerteza:** o risco pode ou não acontecer.
- **Perda:** se o risco se tornar real, consequências indesejadas ou perdas ocorrerão.

DEFINIÇÃO DE OPORTUNIDADE

Segundo o dicionário eletrônico Michaelis, oportunidade é: "Qualidade, caráter do que é oportuno; ocasião favorável; circunstância oportuna e propícia para a realização de alguma coisa; ensejo; circunstância útil; benéfica e vantajosa; conveniência; utilidade."

O certo, na minha opinião, é utilizarmos o mesmo princípio da ISO 90001:2015, para tratarmos riscos e oportunidades. Na Figura 5.2, apresentamos um exemplo de planilha para tratamento de riscos e oportunidades.

SISTEMAS DE GESTÃO DA QUALIDADE

Sistema de gestão da qualidade (SGQ), segundo a Norma ISO 9001:2015, é a compreensão das atividades pelas quais a organização identifica seus objetivos e determina os processos e recursos necessários para alcançar os resultados desejados.

O SGQ é uma ferramenta de gestão organizacional que traz meios e formas de controlar e gerenciar processos e também permite a verificação da eficácia das ações tomadas, com foco na satisfação do cliente e na busca da melhoria contínua dos processos.

DOCUMENTAÇÃO DO SISTEMA DE GESTÃO DA QUALIDADE

Todo sistema da qualidade deve ter vários tipos de documentos. Aqui estão alguns que, além de importantes, são obrigatórios para que a organização obtenha a certificação da ISO 90001:2015.

CAPÍTULO 5 | NOÇÕES SOBRE QUALIDADE

Área	Descrição	Tipo	Contexto da Organização SWOT	Parte Interessada	Relevância Baixa = 1 Média = 2 Alta = 3	Probabilidade Baixa = 1 Média = 2 Alta = 3	Nota final	Ação proposta
RH	Contratação errada	Risco	Qualificação de mão de obra demorada	Sócios	3	1	3	Assumir risco
RH	Falta de mão de obra especializada em tecnologia	Risco	Localização geográfica	Sócios	3	3	9	Criar parcerias com organizações da área de tecnologia
RH	Parcerias estratégicas para seleção	Oportunidades	Parcerias estratégicas	Sócios	3	3	9	Participar de grupo de gestão de pessoas de MT
RH	Qualificação da mão de obra	Oportunidades	Conhecimento de legislação previdenciária	Colaboradores	3	3	9	Parceria com empresa de treinamento
RH	Satisfação do cliente interno	Oportunidades	Infraestrutura geral	Colaboradores	3	3	9	Treinamento interno com disseminadores de conhecimento
RH	Contratação de mão de obra especializada	Oportunidades	Parcerias estratégicas	Sócios	3	3	9	Treinamentos motivacionais, programa de saúde mental
FIN	Emissão incorreta de nota fiscal	Risco	Máquina pública engessada	Clientes	3	1	3	Assumir risco
FIN	Baixa incorreta de pagamento de cliente	Risco	Máquina pública engessada	Sócios	3	1	3	Assumir risco
FIN	Credibilidade perante fornecedores	Oportunidades	Parcerias estratégicas	Sócios	3	1	3	Elencar parcerias com fornecedores
FIN	Credibilidade com instituições bancárias (tomadas de recursos a juros baixos)	Oportunidades	Parcerias estratégicas	Sócios	3	1	3	Elencar parcerias com instituições bancárias
FIN	Não atender aos prazos de pagamento	Risco	Qualificação de mão de obra demorada	Sócios	3	1	3	Verificar diariamente as planilhas de pagamento com contas fixas
ADM	Atraso na entrega de recursos	Risco	Localização geográfica	Colaboradores	3	2	6	Conscientizar os solicitantes da antecedência do pedido
ADM	Dificuldade na aquisição de recursos tecnológicos	Risco	Localização geográfica	Colaboradores	3	3	9	Assumir risco
ADM	Fornecedor qualificado e comprometido	Oportunidades	Parcerias estratégicas	Sócios	3	3	9	Elencar parcerias com fornecedores
ADM	Mão de obra qualificada	Oportunidades	Marca reconhecida	Clientes	3	3	9	Processo seletivo organizado
ADM	Satisfação dos colaboradores	Oportunidades	Infraestrutura geral	Colaboradores	3	3	9	Monitorando a infraestrutura geral
TI	Instalação inadequada de software	Risco	Qualificação de mão de obra demorada	Sócios	2	1	2	Assumir risco
TI	Configuração inadequada de equipamento	Risco	Qualificação de mão de obra demorada	Sócios	2	1	2	Realizar *check-list*
TI	Recursos disponíveis para aquisição de software/equipamentos	Oportunidades	Parcerias estratégicas	Sócios	3	3	9	Elencar parcerias com fornecedores
TI	Mão de obra não qualificada	Risco	Qualificação de mão de obra demorada	Clientes	2	1	2	Qualificar mão de obra
TI	Dificuldade de migrar para novas tecnologias	Risco	Código legado	Clientes	2	1	2	Assumir risco
TI	Encontrar mão de obra para tecnologia	Risco	Localização geográfica	Sócios	1	2	2	Buscar parcerias estratégicas
Implantação e manutenção	Obsolescência das funcionalidades do sistema	Risco	Regulamentações federais	Clientes	3	2	6	Estudar mudanças de legislação antecipadamente
Implantação e manutenção	Adequação constante do sistema às normas vigentes	Oportunidades	Conhecimento de legislação previdenciária	Clientes	2	2	4	Antecipar mudanças
Implantação e manutenção	Melhoria contínua das funcionalidades do sistema	Oportunidades	Tendência do mercado	Clientes	3	2	6	Pesquisas de satisfação com usuários do sistema
Implantação e manutenção	Redução do custo de armazenamento de dados	Oportunidades	Tendência do mercado	Sócios	3	3	9	Elencar parcerias com fornecedores

Figura 5.2 Exemplo de planilha para tratamento de riscos e oportunidades.

MANUAL DA QUALIDADE

Esse documento declara a política de qualidade de uma empresa e descreve o sistema da qualidade implantado nela. É o mais importante manual dentro de um sistema da qualidade; deve ser lido por todos e apresentado sempre que se queira mostrar a visitantes o grau de organização da empresa.

MANUAIS DE PROCESSOS

Procedimentos são a forma especificada de executar uma atividade. Os manuais de procedimentos são muito importantes uma vez que estabelecem por quem e como cada atividade deve ser executada.

- A política da qualidade.
- Os registros de ocorrências de não conformidade.
- Os registros de documentos externos.
- Os registros de fornecedores etc.
- Controle de documentos.
- Controle de registros.
- Auditorias internas.
- Auditorias externas.
- Controle de produtos não conformes.
- Ação corretiva.
- Ação preventiva.

AUDITORIA DO SISTEMA DE GESTÃO DA QUALIDADE

A própria norma ISO 9001 tem um item que trata da auditoria do sistema como um todo. Entretanto, a norma 19011 (Diretrizes para auditoria de sistemas de gestão) deve ser empregada com tal finalidade.

Essa norma não estabelece requisitos, mas fornece diretrizes sobre a gestão de um programa de auditoria, sobre o planejamento e a realização de uma auditoria de sistema de gestão, bem como sobre a competência e avaliação de um auditor e de uma equipe de auditora.

RESUMO GERAL DA ISO 19011

Os principais elementos na norma ISO 19011 são:

- **Critério de auditoria**: conjunto de políticas, procedimentos ou requisitos usados como uma referência na qual a evidência de auditoria é comparada.
- **Evidência de auditoria**: registros, apresentação de fatos ou outras informações, pertinentes aos critérios de auditoria e verificáveis.
- **Constatações de auditoria**: resultados da avaliação da evidência de auditoria coletada, comparada com os critérios de auditoria.
- **Conclusão de auditoria**: resultado de uma auditoria, após levar em consideração os objetivos da auditoria e todas as constatações de auditoria.

Há uma série de outras definições, tais como clientes, auditores etc. Para implantá-la, você deverá consultar a norma ISO 9000 (Fundamentos e Vocabulário) e a norma ISO 9001:2015 (Sistemas de gestão da qualidade – Requisitos).

FERRAMENTAS E TÉCNICAS DE SUPORTE

De que forma e com quais instrumentos é possível controlar as melhorias implantadas em qualquer sistema da qualidade?

A resposta é: por meio de uma série de técnicas e ferramentas divididas em três grandes grupos.

- O primeiro é composto pelos formulários de coleta de dados.
- O segundo grupo é formado pelas ferramentas e técnicas para dados não numéricos.
- O último grupo tem os instrumentos para controlar dados numéricos.

Por meio do uso correto desses instrumentos, garante-se o sucesso dos projetos e das atividades de melhoria da qualidade.

As três partes do conjunto ferramentas e técnicas de suporte são:

1. Formulário para coleta de dados.
   Serve para coletar dados oriundos do processo que se quer medir, a fim de que se possa obter um quadro claro dos fatos.
2. Ferramentas e técnicas para dados não numéricos.
   a. Diagrama de afinidade.
   b. Benchmarking.
   c. Brainstorming.
   d. Diagrama de causa e efeito.
   e. Diagrama de fluxo.
   f. Diagrama de árvore.
3. Ferramentas e técnicas para dados numéricos.
   a. Gráfico de controle.
   b. Histograma.
   c. Diagrama de Pareto.
   d. Diagrama de dispersão.

No Brasil, a Associação Brasileira de Normas Técnicas (ABNT) zela para que as normas da família ISO sejam a expressão fiel das normas originais, por isso toda a família ISO recebeu o prefixo NBR. Porém é o órgão do governo federal chamado Inmetro quem credencia qualquer organismo como certificador dos sistemas da qualidade.

PROCEDIMENTOS OPERACIONAIS PADRÃO (POPS)

O Procedimento Operacional Padrão (POP) é um documento em que devem constar as tarefas repetitivas do colaborador, na forma e na sequência que devem ser executadas.

No POP, devem estar descritos de forma clara:

- A tarefa.
- O executante.
- O objetivo da tarefa.
- Os recursos necessários.
- Os materiais necessários.
- Os procedimentos.
- Os cuidados especiais.

- Os resultados esperados.
- As ações corretivas.
- As aprovações.

Restaurante Classe A	POP	Padrão nº: POP03-COZ-421	
		Criado em: 01/02/2017	
Nome do procedimento: preparo do arroz branco		Revisado em: 07/07/2017	
Responsável: ajudante de cozinha		Código da revisão: 02	
Recursos Necessários			
Gás			
Energia			
Água			
Materiais Necessários			
Panela de arroz	01	Fogão	01
Medidor de arroz	01	Colher grande	01
Peneira de arroz	01		
Pote de tempero	01		
Luva térmica	01		
Tarefas			
1. Verificar o número estimado de atendimentos no dia. 2. Verificar com o chefe da cozinha quantos tipos de arroz serão feitos no dia. 3. Colocar a água na panela de arroz. 4. Pegar o saco de arroz. 5. Lavar o arroz na peneira de arroz. 6. Colocar o arroz na panela de arroz se a água já estiver fervendo. 7. Temperar o arroz conforme receita de preparo do arroz. 8. Esperar a água secar. 9. Deixar o arroz descansar com a panela tampada.			
Manuseio do Material			
1. Após servir o arroz, lavar a panela de arroz. 2. Guardar a panela de arroz no local apropriado. 3. Guardar todos os materiais nos seus locais de origem.			
Resultados Esperados			
1. Arroz perfeitamente cozinhado, com grãos soltinhos e temperado na medida certa. 2. Quantidade suficiente para o consumo do dia em cada turno do restaurante.			
Ações Corretivas			
Caso haja reclamações quanto a: a. Consistência do arroz. b. Cozimento do arroz. c. Tempero do arroz Revisar o procedimento e a receita de cada tipo de arroz.			
Aprovações			
Chefe de cozinha			
Gerente			

Figura 5.3 Exemplo de formulário POP.

Os POPs são documentos importantes, embora não sejam os únicos a existirem com esse propósito, para que qualquer tarefa possa ser realizada com qualidade, eficiência e eficácia, obedecendo a critérios técnicos e observando normas e legislação das áreas pertinentes. Os POPs servem de veículo para que as informações acerca dos mais diversos procedimentos cheguem com segurança ao colaborador que executará as ações.

AUDITORIAS

A NBR ISO 19011 – Diretrizes para auditorias de sistema de gestão da qualidade e/ou ambiental – estabelece princípios básicos, critérios e práticas de uma auditoria e fornece diretrizes para instituir, planejar, executar e documentar as auditorias de sistemas da qualidade.

As séries de Normas NBR ISO 9000 e NBR ISO 14000 enfatizam a importância de auditorias como uma ferramenta de gestão para monitorar e verificar a eficácia da implementação da política da qualidade e/ou ambiental de uma organização. Auditorias também são uma parte essencial das atividades de avaliação da conformidade, tais como certificação/registro externo e avaliação e acompanhamento da cadeia de fornecedores.

A NBR ISO 19011 fornece orientação sobre a gestão de programas de auditoria, sobre a realização de auditorias internas ou externas de sistemas de gestão da qualidade e/ou ambiental, assim como sobre a competência e a avaliação de auditores. É intenção que

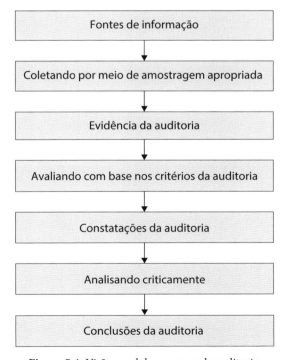

Figura 5.4 Visão geral do processo de auditoria.

esta Norma se aplique a um grande número de usuários potenciais, incluindo auditores, organizações que implementam sistemas de gestão da qualidade e/ou ambiental, organizações que precisam realizar auditorias de sistema de gestão da qualidade e/ou ambiental por razões contratuais e organizações envolvidas em certificação ou treinamento de auditor, em certificação/registro de sistemas de gestão, em credenciamento ou em padronização na área de avaliação da conformidade. Na Figura 5.4, temos uma visão geral do processo de auditoria.

Os organismos de certificação também são regidos por uma norma específica de número EN 45012. Os auditores de sistemas da qualidade também são submetidos a um treinamento específico e podem, desde que passem no curso, ser certificados com reconhecimento de um dos mais importantes organismos de certificação mundial, o IRCA, International Register of Certificated Auditors, na Inglaterra.

RELATÓRIO DE AUDITORIA					
TIPO DE AUDITORIA	NORMA	Auditor Líder:			
(X) Interna	NBR ISO 9001:2015	Guia Auditoria:			
( ) Externa	^	Escopo:			
( ) Acompanhamento	PERÍODO:				
PROCESSOS AUDITADOS		NC	OM	COMENTÁRIOS E/OU OBSERVAÇÕES	
RESUMO				TOTAL:	
COMENTÁRIOS DA AUDITORA					
PAPÉIS FUNCIONAIS AUDITADOS					
NOME		CARGO/FUNÇÃO			PROCESSO/ÁREA

ISO 9001:2015	SUMÁRIO DE AVALIAÇÃO DOS REQUISITOS DO SISTEMA DE GESTÃO DA QUALIDADE	OCORRÊNCIAS	
Requisitos verificados	Descrição	NC-Nº	OM-Nº
---	4	Sistema de Gestão da Qualidade		
X	4.1	Requisitos Gerais		
X	4.2	Requisitos de Documentação		
---	5	Responsabilidade da Direção		
X	5.1	Comprometimento da Direção		
X	5.2	Foco no Cliente		
X	5.3	Política da Qualidade		
X	5.4	Planejamento		
X	5.5	Responsabilidade, Autoridade e Comunicação		
X	5.6	Análise Crítica pela Administração		
---	6	Gestão de Recursos		
X	6.1	Provisão de Recursos		
X	6.2	Recursos Humanos		
X	6.3	Infraestrutura		
X	6.4	Ambiente de Trabalho		
---	7	Realização do Produto		
X	7.1	Planejamento da Realização do Produto		
X	7.2	Processos Relacionados a Clientes		
X	7.4	Aquisição		
X	7.5	Produção e Fornecimento		
X	7.6	Controle de Dispositivos de Medição e Monitoramento		
---	8	Medição, Análise e Melhoria		
X	8.1	Generalidades		–
X	8.2	Medição e Monitoramento		
X	8.3	Controle de Produto Não Conforme		
X	8.4	Análise de Dados		
X	8.5	Melhoria Contínua – Ação corretiva – Ação preventiva		
X	8.5	Reclamações de Clientes		
		Total		

LEGENDA:
- ÑC (Não Conformidade): NÃO ATENDIMENTO a um requisito normativo, afetando a implementação e/ou resultados do sistema, processo, produto ou serviço, geralmente sistêmico.
- OM (Oportunidade de Melhoria): POSSIBILIDADE DE GANHOS ou COMENTÁRIOS sobre um requisito normativo, contribuindo de forma CONSTRUTIVA ou desafiadora à implementação e/ou resultados do sistema, processo, produto ou serviço.

OC = Ocorrência   ÑC = Não Conformidade   OM = Oportunidade de Melhoria

Auditor Líder   Diretor

Figura 5.5 Modelo de relatório de auditoria.

FORMULÁRIO DE NÃO CONFORMIDADE/AÇÃO CORRETIVA

Sempre que algo ocorrer fora dos padrões preestabelecidos no Sistema de Gestão da Qualidade, ou que tenha sido apontado por uma auditoria, é necessário preencher um Registro de Ação Corretiva (RAC), para que as não conformidades sejam corrigidas.

Na Figura 5.6, temos um modelo de formulário de não conformidade/ação corretiva.

R02. Criar funcionalidade para cadastrar RACs.
2.1 – Deverá ser criado um botão com o texto "Novo RAC"

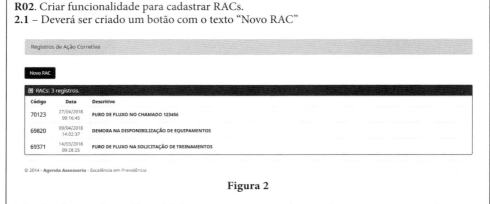

Figura 2

2.2 – Ao clicar no botão **Novo RAC**, o sistema apresentará uma tela com campo para cadastrar o assunto, selecionar a categoria e descrever a situação com o texto "descreva a situação de não conformidade aqui".

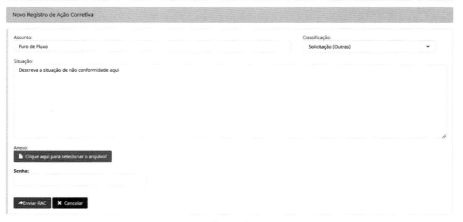

Figura 3

2.2.1. A tela deverá ter um botão com o texto "Enviar RAC" e um botão Cancelar.
2.2.2 Ao clicar em enviar, o RAC será encaminhado para o Coordenador da qualidade.
2.2.3 As categorias disponíveis são:
- Pesquisa de satisfação
- Infraestrutura
- Fluxo de processos
- Comunicação de clientes

2.3 – O Colaborador poderá visualizar apenas os RACs que ele criou (Veja Figura 2).
2.4 – O Coordenador da qualidade, ao abrir um RAC, poderá registrar 4 informações em campos diferentes:
- Análise da situação
- Ação imediata
- Causa Raiz
- Ação Corretiva

2.5 – Enquanto o RAC não for resolvido, o coordenador da qualidade poderá alterar qualquer uma das informações cadastradas por ele.
2.6 – Colaboradores poderão visualizar apenas informação inserida pelo Coordenador da Qualidade em **Análise da Situação**. As demais informações só poderão ser visualizadas por Coordenadores, Subgerentes, Gerentes e Diretor.
2.7 – Coordenadores, Subgerentes, Gerentes e Diretor poderão visualizar todos RACs abertos por qualquer colaborador.
2.8 – O sistema deverá apresentar um botão com o texto "Resolver" no final de cada RAC.
2.9 – RACs resolvidos deverão estar diferenciados de RACs em abertos.
Cabe ao Desenvolvedor definir a melhor forma de diferenciá-los.
Para implantações futuras:
- Campo de pesquisa
- Filtro por classificação de RAC
- Relatório de RAC
- Campo para indicar número da CI (CIs serão utilizadas para comunicar ações aos responsáveis)

Figura 5.6 Modelo de formulário de não conformidade/ação corretiva.

METODOLOGIAS PARA GERENCIAMENTO E MELHORIA DE PROCESSOS – CARACTERÍSTICAS E FINALIDADES

Para executar qualquer trabalho com qualidade, é necessária uma metodologia que servirá de guia e evitará que se faça mais do que o necessário. A metodologia garante que serão executadas as tarefas que foram definidas, nem mais nem menos.

Quando realizamos qualquer trabalho sem termos por base uma metodologia, corremos o risco de fazermos mais do que teríamos de fazer e pior.

Aqui estão algumas dessas metodologias.

PLAN, DO, CHECK, ACT (PDCA)

O PDCA foi idealizado por Walter A. Shewhart e divulgado por Deming, quem efetivamente o aplicou. Inicialmente, foi usado para estatística e métodos de amostragem.

Walter Andrew Shewhart (1891-1967) foi um físico, engenheiro e estatístico estadunidense, conhecido como o "pai do controle estatístico de qualidade".

Em síntese, Shewhart:

- Criou o Controle Estatístico de Processos (CEP).
- Criou a carta de controle para a média (famosa Xbar).
- Implantou o CEP para a Bell Telefones em busca da redução de falhas nos sistemas.

O ciclo que popularmente ficou conhecido como Ciclo de Deming tem por princípio tornar mais claros e ágeis os processos envolvidos na execução da gestão, como na gestão da qualidade, dividindo-a em quatro principais passos, conforme vemos na Figura 5.7.

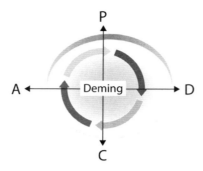

Figura 5.7 Ciclo Shewhart – Deming.

O PDCA é aplicado para se atingir resultados dentro de um sistema de gestão e pode ser utilizado em qualquer empresa para garantir o sucesso nos negócios, independentemente de sua área de atuação.

Os passos são os seguintes:

- *Plan* (planejar): estabelecer uma meta ou identificar o problema (um problema tem o sentido daquilo que impede o alcance dos resultados esperados, ou seja, o alcance da meta); analisar o fenômeno (analisar os dados relacionados ao problema); analisar o processo (descobrir as causas fundamentais dos problemas) e elaborar um plano de ação.
- *Do* (executar): realizar, executar as atividades conforme o plano de ação.
- *Check* (verificar): monitorar e avaliar periodicamente os resultados, avaliar processos e resultados, confrontando-os com o planejado por meio de KPIs (*Key Performance Indicators* ou *Key Process Indicators*), objetivos, especificações e estado desejado, consolidando as informações, eventualmente confeccionando relatórios. Atualizar ou implantar a gestão à vista.
- *Act* (agir): agir de acordo com o avaliado e de acordo com os relatórios, eventualmente determinar e confeccionar novos planos de ação, de forma a melhorar a qualidade, a eficiência e a eficácia, aprimorando a execução e corrigindo eventuais falhas.

O roteiro para a criação de PDCA é o seguinte:

- Identificar o problema.
- Definir o que queremos controlar.
- Definir uma abordagem sobre o que queremos controlar.
- Construir um formulário para coleta de dados de controle.
- Construir o gráfico de controle com os dados coletados.
- Gerar ideias em sessões de *brainstorming*.
- Construir o diagrama de Causa & Efeito.
- Definir prioridades.
- Desenvolver e implantar melhorias.
- Analisar os resultados.
- Padronizar a solução encontrada.

METODOLOGIA DE ANÁLISE E SOLUÇÃO DE PROBLEMAS (MASP)

O Método de Análise e Solução de Problemas (Masp) é um procedimento sistemático para realizar ações corretivas e preventivas para identificar e eliminar a causa de não conformidades, além de descobrir e resolver problemas, evitando a repetição destes por meio de padronização de procedimentos. O Masp utiliza o conceito do PDCA, visto anteriormente, pois tem foco na melhoria contínua da qualidade.

As etapas do Masp são:

1. Identificar problemas.
2. Observar os problemas.
3. Analisar o problema e suas causas.
4. Propor planos de ação.
5. Sugerir boas práticas para execução das ações.
6. Verificar os resultados.
7. Padronizar procedimentos.
8. Elaborar relatórios de conclusão.

Etapa 1 – Escolher o problema a ser resolvido e classificá-lo.

- **Identificação do problema**: conhecer o problema e a sua importância no contexto da empresa.
- **Definição do problema**: identificar o problema e as perdas prováveis em decorrência da existência dele e identificar quais riscos o problema representa.
- **Histórico do problem**a: analisar o problema, a frequência com que ocorre, local, equipes envolvidas, fornecedores e clientes.
- **Levantamento das perdas atuais e avaliação de ganhos:** levantar as perdas e analisar as oportunidades de melhorias. Você deve identificar o que está sendo perdido e o que é possível ganhar com a solução do problema.
- **Escolha e preparação da equipe**: para finalizar a identificação, é necessário definir as responsabilidades pela execução das tarefas e o prazo para que o problema seja solucionado.

Nessa etapa, podemos usar a Matriz GUT, Gravidade, Urgência e Tendência, que é uma metodologia que contribui para a tomada de decisão, pois permite a alocação de recursos nos tópicos considerados mais importantes. Podemos usar também o Gráfico de Pareto e o Gráfico de Controle.

NOTAS	GRAVIDADE	URGÊNCIA	TENDÊNCIA (SE NADA FOR FEITO...)
5	Extremamente grave	Precisa de ação imediata	... irá piorar rapidamente
4	Muito grave	É urgente	... irá piorar em pouco tempo
3	Grave	O mais rápido possível	... irá piorar
2	Pouco grave	Pouco urgente	... irá piorar a longo prazo
1	Sem gravidade	Pode esperar	... não irá mudar

Figura 5.8 Exemplo de Matriz GUT.

Na Matriz GUT mostrada na Figura 5.8, os problemas foram classificados pelas notas de 1 a 5, depois obteve-se o grau crítico, resultante da multiplicação GxUxT, e, posteriormente, foi estabelecida a sequência de atividades, elencando aquelas que são mais graves, urgentes e com maior tendência de piorar. Assim, a ordem de ataque aos problemas pode ser concebida sem maiores problemas, dando subsídios para a tomada de decisão dos gestores.

Etapa 2 – Observação do problema. Nessa etapa, vamos analisar o problema sob vários aspectos. Quanto mais tempo dedicamos a essa etapa, melhor será a identificação e solução para o problema.

Etapa 3 – Análise do fenômeno. Nessa etapa, temos de identificar a raiz do problema. Ferramentas úteis para esta etapa: Diagrama de Causa e Efeito (Ishikawa), *Brainstorming* e Gráfico de Dispersão.

Etapa 4 – Elaboração do plano de ação. Certifique-se de que as ações serão tomadas sobre as causas fundamentais.

Etapa 5 – Execução do plano de ação. O objetivo dessa etapa é resolver ou eliminar as causas o problema.

Etapa 6 – Verificação sobre se a solução do problema foi efetiva. Comparar os resultados coletando dados antes e após a execução do plano para resolver o problema.

Etapa 7 – Padronização. O objetivo dessa etapa é adotar a solução como padrão para prevenir o reaparecimento do problema.

Etapa 8 – Aprendizado. Por último, devemos avaliar todo o processo de solução de problemas para aproveitar potenciais situações futuras.

Agora você sabe como identificar, analisar e solucionar problemas por meio do método Masp!

5W2H

O 5W2H, basicamente, é um *checklist* de determinadas atividades que precisam ser desenvolvidas com o máximo de clareza possível por parte dos colaboradores da organização.

Ele funciona como um mapeamento dessas atividades, onde ficará estabelecido o que será feito, quem fará o quê, em qual período de tempo, em qual área da empresa e todos os motivos pelos quais a atividade deve ser feita. Deverá figurar nessa tabela como será feita a atividade e quanto custará tal processo.

A planilha 5W2H é uma ferramenta administrativa que pode ser utilizada em qualquer empresa para registrar de maneira organizada e planejada como serão efetuadas as ações, assim como por quem, quando, onde, por quê, como e quanto irá custar para a empresa. Seu nome não é por acaso, pois designa uma sigla que contém todas as iniciais dos processos em inglês.

Existem também duas variações da planilha 5W2H: uma sem o *How Much* (quanto custará) formando uma planilha 5W1H ou 5W3H, que inclui a etapa *How many* (quantos).

- *What* (O que será feito?).
- *Who* (Quem irá fazer?).
- *When* (Quando será feito?).
- *Where* (Onde (em que local) será feito?).

- *Why* (Por que isso será feito?).
- *How* (Como será feito?).
- *How much* (Quanto irá gastar?).
  Uma variante contém mais um H.
- *How many* (Quantos serão feitos?).

5S

O 5S surgiu nas empresas do Japão durante a reconstrução do país depois da Segunda Guerra Mundial. Depois da guerra, os japoneses receberam orientação de especialistas americanos para o controle da qualidade. O que os americanos faziam bem foi aperfeiçoado no Japão, formando-se o que ficou conhecido como Qualidade no Estilo Japonês, ou Total Quality Control (TQC – Controle da Qualidade Total).

O papel do 5S é cuidar da base, facilitando o aprendizado e a prática de conceitos e ferramentas para a qualidade. Isso inclui cuidar dos ambientes, equipamentos, materiais, métodos, medidas, e, especialmente, pessoas.

No princípio, o 5S era mais focado em liberar área, evitar desperdícios, resolvendo efeitos de guerra e de gestão inadequada. Com os novos desafios, inclusive a evolução da tecnologia da comunicação, o 5S evoluiu.

Quadro 5.1 Descrição dos 5S

5S		SIGNIFICADO
Seiri	Senso de Utilização	Separar o que é útil do que não é. Melhorar o uso do que é útil.
Seiton	Senso de Ordenação	Um lugar para cada coisa. Cada coisa no seu lugar.
Seisou	Senso de Limpeza	Limpar e evitar sujar.
Seiketsu	Senso de Saúde	Padronizar as práticas saudáveis.
Shitsuke	Senso de Autodisciplina	Assumir a responsabilidade de seguir os padrões saudáveis.

BENCHMARKING

Robert Camp, Ph.D., introduziu a ideia de benchmarking na operação logística da Xerox em 1981. Segundo Camp, benchmarking é a busca das melhores práticas que podem conduzir a um desempenho superior.

Esta metodologia de desenvolvimento de ideias, conceitos e modelos pode ser resumida graficamente como na Figura 5.9.

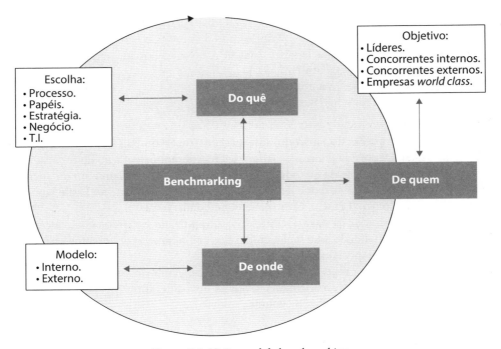

Figura 5.9 Visão geral de benchmarking.

O benchmarking é uma das mais antigas ferramentas de gestão. Seu propósito é estimular e facilitar as mudanças organizacionais e a melhoria de desempenho das organizações por meio de um processo de aprendizado.

Isso é feito de duas maneiras:

- Identificando resultados excelentes, geralmente mensurados por meio de métricas ou indicadores. Tais resultados servem de estímulo para os esforços de melhoria e dão uma garantia de que, mediante esforços inteligentes, tais resultados poderão ser igualados.
- Identificando as chamadas melhores práticas que, geralmente com alguma adaptação à cultura e às peculiaridades da organização, podem servir de referência para uma mudança que leve a melhores resultados. O objetivo principal de se fazer benchmarking é implantar mudanças que levem a melhorias significativas nos produtos e processos da organização e, consequentemente, nos seus resultados.

Qualquer organização, pública ou privada, com ou sem fins lucrativos, de qualquer setor ou porte pode utilizar o benchmarking para entender e melhorar os seus processos.

O benchmarking é uma das formas mais eficazes de se estabelecer metas e tem um efeito motivacional muito grande junto às equipes.

Benchmarking é uma técnica que consiste em acompanhar processos de organizações concorrentes que sejam reconhecidas como representantes das melhores práticas administrativas.

É um processo de pesquisa, contínuo e sistemático, para avaliar produtos, serviços e métodos de trabalho, com o propósito de melhoramento organizacional, procurando a superioridade competitiva. Isto é, o benchmarking consiste na busca das melhores práticas da administração como forma de ganhar vantagens competitivas.

Utiliza-se de pontos de referências que funcionam, em vez de criar algo novo. Pode-se dizer que o processo de benchmarking foi inserido no ambiente de negócios pela Xerox, que o definiu como "o processo contínuo de medirmos nossos produtos, serviços e práticas com os mais fortes concorrentes ou com as companhias reconhecidas como líderes da indústria".

PROCESSO DE BENCHMARKING

O processo de benchmarking tem cinco fases, que são autoexplicativas e que, para serem executadas, dependem do detalhamento da metodologia utilizada.

1. Planejamento.
2. Coleta de dados.
3. Análise.
4. Adaptação.
5. Implantação.

Metodologia DOMP© para benchmarking, baseada em Camp.

1. Identificar os marcos de referência.
2. Identificar empresas comparativas.
3. Definir método e coletar os dados.
4. Determinar a lacuna de desempenho.
5. Projetar níveis de desempenho futuro.
6. Comunicar descoberta dos marcos de referência e obter aceitação.
7. Estabelecer metas funcionais.
8. Desenvolver plano de ação.
9. Implantar ações específicas e monitorar progresso.
10. Recalibrar marcos de referência.

O que benchmarking é:

- Um processo contínuo de aprendizagem.
- Uma investigação que fornece informações valiosas.
- Um trabalho intensivo, consumidor de tempo, que requer disciplina.
- Uma ferramenta viável a qualquer organização e aplicável a qualquer processo.

O que benchmarking não é:

- Um evento isolado.
- Uma investigação que fornece respostas simples e "receitas".
- Cópia, imitação.
- Rápido e fácil.
- Mais um modismo da administração.

METODOLOGIA DE IMPLANTAÇÃO

O processo de implantação de benchmarking está dividido em cinco fases, que, por sua vez, estão subdivididas em atividades, e estas, em tarefas.

As cinco fases deste processo são:

- Fase 1 – Planejamento.
- Fase 2 – Recolha interna de informação.
- Fase 3 – Recolha externa de informação.
- Fase 4 – Melhoria do desempenho do item.
- Fase 5 – Melhoria contínua.

TIPOS DE BENCHMARKING

Benchmarking Competitivo

Caracteriza-se por ter como alvo específico as práticas dos nossos concorrentes. É na prática o menos usual uma vez que é quase impossível que as empresas se prestem a facilitar dados que estão ligados diretamente com sua atividade à concorrência. Por isso, muitas vezes é necessário contratar uma consultoria externa para obter informações sobre benchmarking competitivo.

Benchmarking funcional

Tem como base uma função específica, que pode existir ou não na própria organização e serve para trocarmos informações sobre uma atividade bem definida, como distribuição, faturamento ou embalagem.

Benchmarking interno

A busca pelas melhores práticas ocorre dentro da própria organização em unidades diferentes (outros departamentos, sedes etc.). Tem como vantagens a facilidade para se obter parcerias, custos mais baixos e a valorização pessoal interna. A grande desvantagem é que as práticas estarão sempre impregnadas com os mesmos paradigmas. Esse é o tipo mais utilizado.

Benchmarking genérico

Ocorre quando o benchmarking tem como base um processo que atravessa várias funções da organização e pode ser encontrado na maioria das empresas do mesmo porte, como o processo desde a entrada de um pedido até a entrega do produto ao cliente. É nesse tipo de benchmarking que encontramos a maioria dos exemplos práticos e onde as empresas estão mais dispostas a colaborar e serem mais verdadeiras.

METODOLOGIA DOMP™

Antes de qualquer outra preocupação com processos de negócio, tais como gerenciá-los e melhorá-los, devemos mapeá-los (documentar), analisá-los e modelá-los (criar ou recriar) para só então implantarmos e gerenciarmos processos de negócio corretamente visando a sua melhoria contínua. Muitas pessoas, estudiosos, escritores, técnicos, gestores, diretores, donos de empresas, preocupam-se mais com ferramentas e tecnologias da informação do que com a organização do processo em si.

A Metodologia Domp™ empregada nos projetos de análise & modelagem de processos de negócio vem sendo desenvolvida pelo Prof. Tadeu Cruz há mais de 25 e se aplica a qualquer tipo de processo, em qualquer tipo organização.

AS QUATRO DIMENSÕES DA METODOLOGIA DOMP™

A falta dessa percepção por parte dos gestores de programas da qualidade leva estes mesmos programas a serem apenas conjuntos de manuais, em papel ou eletrônicos, que raramente servem para fazer as pessoas aprenderem alguma coisa, mas servem para fazê-las decorar o que devem fazer no dia a dia e quando muito são vistos uma única vez.

Portanto, ferramentas e tecnologias, sejam ou não da informação, são importantes e têm seu papel bem definido, mas nada substitui o mapeamento, a análise, a modelagem, a correta implantação e o gerenciamento de processos de negócio como alicerce para a melhoria total das organizações. As quatro dimensões da Metodologia DOMP™ estão representadas na Figura 5.10.

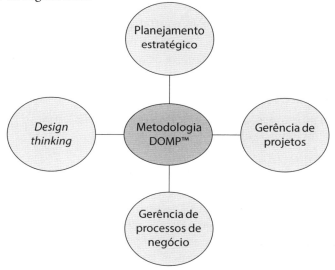

Figura 5.10 As quatro dimensões de Metodologia Domp™.

A Metodologia Domp™ conta hoje com dezenas de *templates* (formulários) eletrônicos, o que faz dela não somente uma metodologia para mapear, analisar, modelar, implantar e gerenciar qualquer tipo de processo em qualquer tipo de organização, mas, e principalmente, com um nível de detalhamento que nenhuma outra metodologia para projetos de gerenciamento e melhoria de processos possui. Domp tem, também, um conjunto de formulários para que as organizações realizem um planejamento estratégico ligado ao dia a dia das operações.

A Metodologia Domp™ faz com que o planejamento estratégico esteja presente nas ações de cada funcionário, por meio dos processos de negócio, e tem, também, um conjunto de formulários que possibilita a efetiva gerência de projetos, para qualquer produto, com um grau de detalhamento que o PMBoK não tem.

Por fim, a Metodologia DOMP™ tem, também, um conjunto de ferramentas *design thinking*, possibilitando a qualquer organização inovar na criação de qualquer produto, quer seja um bem, quer seja um serviço.

Dimensão planejamento estratégico

A Metodologia Domp™ e os 10 passos para planejamento estratégico.

1. Definição da visão e da missão da empresa.
2. Análise Swot.
3. Análise de clientes e mercados.
4. Análise da concorrência.
5. Definição do *statement* estratégico.
6. Criação do plano de três anos.
7. Desdobramento do plano estratégico.
8. Análise financeira para adequação do plano estratégico.
9. Alinhar o plano estratégico ao plano operacional – Hoshin.
10. Roteiro para a implantação dos planos estratégico e operacional.

Gerenciar projetos é aplicar conhecimento, habilidades, técnicas e ferramentas por meio dos processos que formam a estrutura de todo projeto para produzir um produto que tanto pode ser um bem como um serviço.

Dimensão gerência de projetos

Os processos de projeto são, ao todo, 42 e estão organizados em cinco grupos, cada um deles contendo um número variável de processos:

- **Iniciação:** autorização do projeto ou fase.
- **Planejamento:** definição e refinamento dos objetivos e seleção da melhor das alternativas de ação para alcançar os objetivos que o projeto estiver comprometido em atender.
- **Execução:** coordenar pessoas e outros recursos para realizar o plano.
- **Monitoramento e controle:** assegurar que os objetivos do projeto estão sendo atingidos, por meio da monitoração regular do seu progresso para identificar variações do plano e, portanto, ações corretivas podem ser tomadas quando necessárias.
- **Encerramento:** formalizar a aceitação do projeto ou fase e encerrá-lo(a) de forma organizada.

Dimensão gerência de processos de negócio

A dimensão gerência de processos de negócio contempla o seguinte:

- Entender o ambiente organizacional em um novo contexto.
- Entender o que é uma estrutura em rede.
- Entender o que são processos de negócio.
- Conhecer os principais elementos de um processo de negócio.
- Entender como os elementos se relacionam entre si em um processo.
- O que são eventos.
- O que é eventOgrama.
- O que é processOgrama.

- O que é infOgrama.
- O que é funcionOgrama.
- Como mapear (documentar) um processo de negócio.
- Como analisar um processo de negócio.
- Como modelar (criar ou recriar) um processo de negócio.
- Simulação de processos.
- Implantação de processos.

Dimensão Inovação – *Design Thinking*

A Metodologia Domp possibilita o desenvolvimento do "desenho de processos baseados nas pessoas" tanto para inovação quanto para invenção de qualquer produto, sejam bens ou serviços. Desde 1995, realizamos projetos, no Brasil e no exterior, voltados a:

- Diagnóstico da qualidade dos serviços, mesmo na manufatura discreta e contínua.
- Análise do desempenho dos serviços.
- Análise e diagnóstico da experiência do cliente em cenários B2C e B2B.
- Gerenciamento da experiência dos serviços em cenários B2C e B2B.
- Criação do plano para solução dos problemas encontrados nos processos de serviços.
- Criação do plano para melhoria do desempenho dos processos de serviços.
- Inovação em serviços.
- Criação de estratégias diferenciadas e relevantes em serviços para qualquer organização, tanto do setor público quanto do privado.

Por meio do conjunto de formulários específicos para *Design Thinking* da Metodologia Domp, as organizações podem repensar todos os seus processos, primários e secundários, e produtos, sejam bens ou serviços, usufruindo das atuais abordagens sobre inovação aberta (*open innovation*).

PRINCIPAIS FERRAMENTAS DE CONTROLE E GESTÃO DE PROCESSOS

DIAGRAMA DE CAUSA & EFEITO (C&E) – ISHIKAWA

O diagrama de causa e efeito foi criado pelo matemático japonês Kaoru Ishikawa (1915-1989) e por isso ele é conhecido como Diagrama de Ishikawa. Seu formato, que lembra uma espinha de peixe, faz com que ele também seja chamado de Diagrama Espinha de Peixe.

Esse diagrama permite estruturar hierarquicamente as causas de determinado problema ou oportunidade de melhoria. Pode ser utilizado também com outros propósitos, além do apresentado, por permitir estruturar qualquer sistema que resulte em uma resposta (uni ou multivariada) de forma gráfica e sintética.

As causas de um problema podem ser agrupadas a partir do conceito dos 6M (veja Figura 5.11), como:

- Materiais.
- Métodos.

- Mão de obra.
- Máquinas.
- Meio ambiente.
- Medidas.

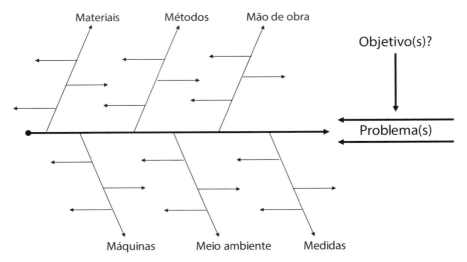

Figura 5.11 Diagrama de causa e efeito usando os 6Ms.

A única ressalva que faço é que qualquer problema só pode ser caracterizado como tal se for uma não conformidade.
Explico.
Se alguém me diz:
– Vou comprar na sua loja desde que você me garanta a entrega em até quatro horas.
Eu digo:
– Nada feito. Eu garanto a entrega em até oito horas. Serve?
Ou seja: não poder garantir a entrega em até quatro horas não é um problema, mas uma deficiência causada, por exemplo, por falta de recursos ou de tecnologia.
Se eu prometer e não cumprir, é um problema, uma não conformidade.
A seguir, um roteiro para construção e análise do diagrama C&E:

1. Realizar brainstorming para levantar informações sobre a situação de não conformidade.
2. Avaliar as ideias geradas no brainstorming.
3. Definir o defeito a ser analisado.
4. Realizar brainstorming para levantar ideias sobre causas primárias e secundárias.
5. Avaliar as ideias geradas no brainstorming.
6. Isolar as principais categorias de causas primárias e secundárias.
7. Criar a folha para coleta de dados sobre o defeito que está sendo analisado.
8. Coletar dados.
9. Organizar dados.

10. Analisar dados.
11. Realizar o ciclo PDCA.

GRÁFICO DE TENDÊNCIA

O conceito de tendência é absolutamente essencial para o enfoque técnico de análise de mercados, entre outras aplicações. O gráfico de tendência tem um só propósito: detectar e medir a tendência de preços, matérias-primas, mercados, consumo etc., para permitir que a organização possa criar e gerenciar operações de compra e venda em determinado mercado. Assim, o gráfico de tendência mostra o que acontecerá no futuro, em bases estatísticas, de acordo com os dados que a organização possui no presente.

O conceito de tendência, embora pareça, não é privativo dos mercados financeiros.

Podemos definir tendência como:

> Padrão de comportamento de determinados elementos dentro de um contexto em particular durante determinado período.

AS DIMENSÕES DA TENDÊNCIA

Tendência de alta, de estabilidade e de baixa. Além dessas três direções, a tendência se divide em:

- Tendência de longo prazo, a principal.
- Tendência de médio prazo, a intermediária.
- Tendência de curto prazo, a imediata.

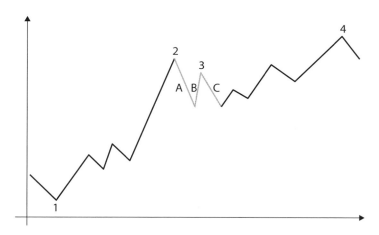

Figura 5.12 Modelo genérico de tendências.

Na realidade, as dimensões da tendência são infinitas. A Figura 5.12 mostra a classificação das tendências. A tendência principal 1-2-3-4, claramente de alta; a tendência intermediária 2-3, que pode ser considerada um retrocesso da principal e está formada por tendências de curto prazo A-B-C.

Aprenda a calcular tendência no Excel em:
uqr.to/cb7x

GRÁFICO DE DISPERSÃO

Um diagrama de dispersão, ou gráfico de dispersão, é um tipo de diagrama matemático que utiliza as coordenadas cartesianas para mostrar os valores de duas variáveis de um conjunto de dados. Os dados são representados como um conjunto de pontos, cada um com o valor de uma variável que determina a posição no eixo horizontal e o valor de outra variável determinado pela posição no eixo vertical. Em síntese: os diagramas de dispersão são representações de duas ou mais variáveis que são organizadas em um gráfico, uma em função da outra.

Um gráfico de dispersão pode sugerir vários tipos de correlações entre as variáveis com um intervalo de confiança determinado. A correlação pode ser positiva, negativa ou nula, quando as variáveis não estão correlacionadas. Um dos aspectos mais interessantes de um diagrama de dispersão é sua capacidade de mostrar relações não lineares entre variáveis.

Quando uma variável tem o seu valor diminuído e o valor da outra variável tem seu valor aumentado, diz-se que elas são negativamente correlacionadas. Por exemplo, a venda de carros é negativamente correlacionada com o aumento de desemprego. Quanto maior o índice de desemprego, menor a venda de carros.

O gráfico de dispersão (veja Figura 5.13), utilizado como ferramenta de qualidade, permite verificar a existência ou não de relação entre duas variáveis de natureza quantitativa, ou seja, variáveis que podem ser medidas ou contadas, tais como: sinergia, horas de treinamento, intenções, número de horas em ação, jornada, intensidades, velocidade, tamanho do lote, pressão, temperatura etc.

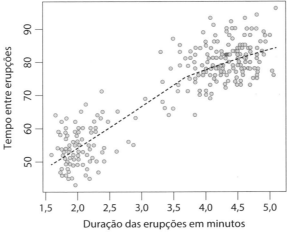

Figura 5.13 Diagrama de dispersão.

Saiba mais sobre como fazer um diagrama de dispersão em:
uqr.to/cb7y

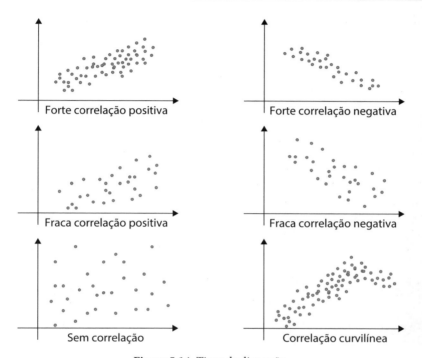

Figura 5.14 Tipos de dispersão.

HISTOGRAMA

Em estatística, o histograma é uma representação gráfica de uma variável em forma de barras, de onde o topo de cada uma é proporcional à frequência dos valores representados.

No eixo vertical, representamos as frequências, e no eixo horizontal, representamos os valores das variáveis, normalmente assinalando a metade do intervalo em que estão agrupados os dados.

Os histogramas são mais usados nas ciências sociais, ciências humanas e econômicas do que em ciências naturais e exatas. O histograma permite a comparação dos resultados de qualquer processo.

Os padrões mais comuns de histogramas (representados na Figura 5.15) são:
- Normal.
- Assimétrico.
- Bimodal.
- Duplo.

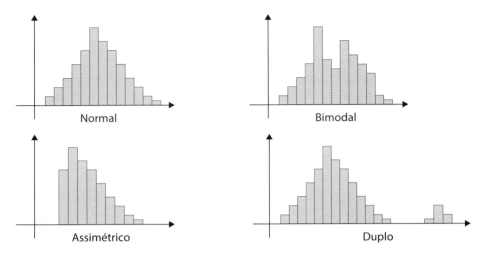

Figura 5.15 Representações genéricas de histogramas.

Resumindo, histogramas são usados para:
- Apresentar padrão de variação.
- Informar sobre o comportamento do processo.

Ajudar a decidir onde devem ser concentrados os esforços para a melhoria do processo.

 Saiba como construir um histograma no Excel em:
uqr.to/cb7z

GRÁFICO DE CONTROLE

O gráfico de controle (GC) é a ferramenta da qualidade mais conhecida e difundida. Muitas empresas já a utilizam há muito tempo, pois é muito útil no controle de processos e produtos. É fundamentado em estatística, considerando como princípio que todo processo tem variações estatísticas. Com base na determinação dessa variação, é possível a determinação de parâmetros que nos informem se o processo está ocorrendo dentro dos limites esperados ou se existe algum fator que está fazendo com que o mesmo atue fora das especificações de controle.

Existem dois tipos de gráfico de controle:
- **Gráfico para variáveis**: utiliza valores que podem ser medidos, tais como: tempo de um ciclo, comprimento, diâmetro, temperatura etc.
- **Gráfico para atributos**: serve para medir valores discretos, tais como: Passa/Não Passa, Bom/Ruim, Alto/Baixo etc.

O GC é gráfico e cronológico e indica também a faixa de variação incluída no sistema. Os limites de controle não são o mesmo que limites de especificação, os limites de controle indicam apenas o que e quanto o processo pode variar.

Associados ao GC estão os seguintes limites:
- Controle (ou Nominal).
- Superior.
- Inferior.

O GC tem por finalidade "fotografar" em determinados momentos o comportamento de um processo de negócio. Os pontos mostrados na Figura 5.16 são chamados de *snapshots*, em uma tradução livre, "fotografias instantâneas" do processo que estamos analisando. Quanto mais aderentes os *snapshots* estiverem ao eixo de controle, o nominal, mais dentro dos parâmetros de controle estará o processo. O excelente seria todos os *snapshots* estarem sobre o eixo de controle, mas isso é impossível porque todo processo sofre variações.

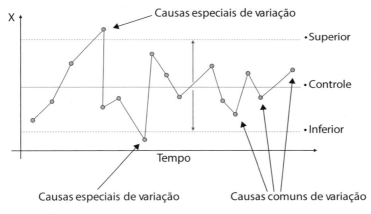

Figura 5.16 Gráfico de controle genérico.

Os pontos que estiverem fora dos limites superior e inferior são chamados de causas especiais de variação.

Os pontos que estiverem dentro dos limites superior e inferior são chamados de causas comuns de variação.

Quando um processo está funcionando de forma ideal, ou seja, dentro dos limites de variação estabelecidos, apareceram nas medições apenas causas comuns de variação e nenhuma ação corretiva será necessária. Querer-se ajustar um processo que já está no seu limite pode, na verdade, aumentar a variabilidade do processo.

Quando um processo está desordenado, fora dos limites superior e inferior, é necessário executar algumas ações corretivas para ajustá-lo e trazê-lo de volta aos limites normais de variação.

A seguir, listamos alguns exemplos de causas especiais de variação:
- Lote isolado de matéria-prima fora das especificações.
- Mau funcionamento ocasional do equipamento.
- Quebra de equipamento de medição.
- Falhas humanas ou de comportamento.
- Operação inadequada do equipamento.

Exemplos de causas comuns de variação são apresentados a seguir:
- Compra sistemática de matéria-prima de baixa qualidade.
- Falta de treinamento.
- Falta de padronização das operações.
- Falta de documentação do processo.
- Documentação desatualizada.

A representação genérica do gráfico de controle da Figura 5.16 é algo impensável de ocorrer. O processo estaria totalmente fora de controle.

O GC permite medir por amostragem a qualidade de qualquer processo.

 No *site* do GEN baixe a planilha Excel para construir seu GC: uqr.to/cb80

DIAGRAMA DE PARETO

Diagrama de Pareto é um gráfico representado pelo plano cartesiano e graficamente distribuído sob a forma de colunas e linha. As colunas representam o total de desvio de determinado problema, estando o mesmo ordenado do problema com maior número de ocorrências para o que menos ocorreu ou de preferência sob a forma percentual. As linhas representarão o total acumulado da primeira ocorrência adicionado do total da segunda ocorrência e assim cumulativamente.

Na Figura 5.17, temos um exemplo simples de diagrama de Pareto usando dados hipotéticos. Nele estão as frequências relativas a um diagrama de barras e na linha que

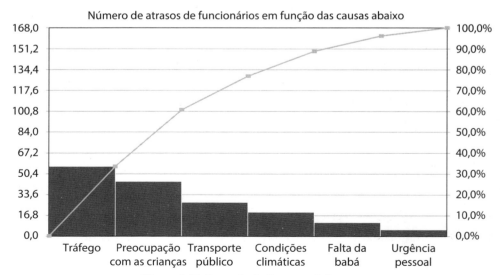

Figura 5.17 Exemplo de diagrama de Pareto.

cruza todo o gráfico, as frequências acumuladas das causas pelas quais os funcionários chegam tarde ao trabalho.

O diagrama de Pareto, também chamado de curva 80-20, é um gráfico para organizar dados em ordem descendente, da esquerda para a direita, e separados por barras. Essa configuração permite atribuir uma ordem de prioridade aos problemas e soluções.

O gráfico permite mostrar o princípio de Pareto, 20% dos problemas consomem 80% dos recursos e 80% dos problemas consomem 20% dos recursos, o que mostra que os 20% mais significativos deverão ser atacados e resolvidos primeiro. O diagrama também permite o estudo comparativo de numerosos processos dentro das organizações, fenômenos sociais, fenômenos naturais e ambientais.

No *site* do GEN, baixe a planilha Excel para construir seu Diagrama de Pareto:

uqr.to/cb82

BALANCED SCORECARD (BSC)

Balanced Scorecard (BSC), Indicadores Balanceados de Desempenho, em português, é uma metodologia de medição e gestão de desempenho desenvolvida em 1992 pelos professores da Harvard Business School (HBS) Robert Kaplan e David Norton.

Os métodos usados na gestão do negócio, dos serviços e da infraestrutura geralmente baseiam-se em metodologias consagradas e utilizam as tecnologias da informação como base para a confecção do BSC.

Os passos para a construção das quatro perspectivas do BSC incluem:

- **Definição da estratégia empresarial:** a organização deverá fazer este trabalho por meio da construção do seu planejamento estratégico. Como visto nos capítulos anteriores, quando a organização constrói um plano estratégico, ela também direciona suas operações a fim de atingir esses objetivos.
- **Gerência do negócio:** uma vez construído o plano estratégico, a organização pode criar uma gerência efetiva de negócios, que, por sua vez, assemelha-se ao plano operacional, pois estará focada em realizar o plano estratégico nas operações do dia a dia da organização.
- **Gerência de serviços:** cada vez mais, a gerência de serviços ganha importância nas atuais organizações. Sejam elas da manufatura discreta, da manufatura de transformação, da indústria de serviços, todas devem estar atentas às transformações que as TICs trouxeram e ainda vão trazer. Em outras palavras, a área de serviço ganhará maior e mais importância com a introdução dos robôs nas operações de manufatura.
- **Gestão da qualidade:** impossível pensarmos em todas essas melhorias operacionais e gerenciais sem estarmos atentos à gerência da qualidade e aos programas de melhoramento contínuo da mesma.

Esses passos são implantados por meio de indicadores de desempenho. Eles orientarão as operações e permitirão à organização saber se estão atingindo ou não os objetivos criados no planejamento estratégico.

Antes do BSC, surgiu na França nos anos 1960 um modelo de medição de desempenho muito semelhante, com o nome de Tableau de Bord. Porém, para Kaplan e Norton, esse modelo francês ficou limitado a medidas financeiras e, no início da década de 1990, eles propuseram um novo modelo que passou a ser conhecido como Balanced Scorecard.

O BSC e suas quatro perspectivas são apresentados na Figura 5.18.

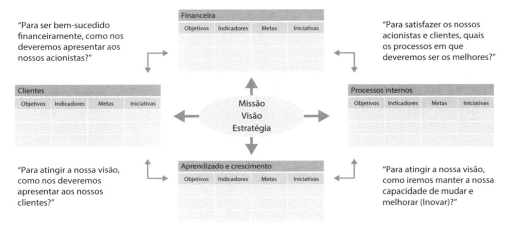

Figura 5.18 As quatro perspectivas do BSC.

As perspectivas do BSC são as seguintes:

- **Financeira:** representa metas de longo prazo, a fim de gerar retornos acima do capital investido na unidade de negócio. O BSC permite tornar os objetivos financeiros explícitos, além de permitir ajustes entre unidades de diferentes negócios e de diferentes fases de seus ciclos de vida e de crescimento. É, segundo Kaplan, a estratégia para crescimento, lucratividade e risco, vista pelo acionista. As medidas de desempenho dessa perspectiva são tipicamente relacionadas às rentabilidades, tais como receita operacional, retorno sobre o capital, valor econômico adicionado etc.
- **Clientes:** dá ao executivo uma ideia clara de seus segmentos-alvos de clientes e negócios, dispondo um conjunto de medidas essenciais: participação, retenção, captação, satisfação e lucratividade. Representam metas para as operações, logística, marketing e desenvolvimentos de produtos e serviços da empresa. É a estratégia para criar valor e diferenciação com base na perspectiva do consumidor.
- **Processos internos:** identifica para os executivos, os processos críticos em que devem buscar a excelência, a fim de atender aos objetivos dos acionistas e de segmentos específicos de clientes. São, para Kaplan, as prioridades estratégicas para vários processos comerciais, criando satisfação do consumidor e do acionista.
- **Aprendizado e crescimento:** essa perspectiva desenvolve objetivos e medidas para orientar o aprendizado e o crescimento organizacional. São, na visão de Kaplan, as

prioridades para criar um clima que dê suporte à mudança, à inovação e ao crescimento organizacional.

Para Kaplan, combinar excelência nos negócios e uma administração focada na estratégia permite que as organizações façam de modo correto as coisas certas, e isso nada mais é que a integração do ABC/ABM com BSC. Essa integração é fortalecida quando se olha pelo lado da análise de valor, técnica empregada em ambos os modelos.

Quando da elaboração dos modelos, deve-se buscar com que os direcionadores do custeio ABC coincidam com os indicadores do BSC.

Como o BSC mensura os fatores que criam receita para a empresa nos dizendo onde competir, que clientes conquistar e o que é preciso fazer para criar valor para esses clientes, torna-se fundamental uma integração entre essas ferramentas. Assim, estará sendo criada uma sinergia que atuará simultaneamente sobre os custos e receita da empresa.

FLUXOGRAMAS

Fluxogramas não documentam processos com o detalhamento necessário para que possamos melhorá-los, mas são úteis quando se busca um entendimento rápido sobre qualquer processo.

Os fluxogramas usam um conjunto de símbolos para representar as ocorrências em um processo de negócio. Esses símbolos estão na tabela a seguir (Figura 5.19).

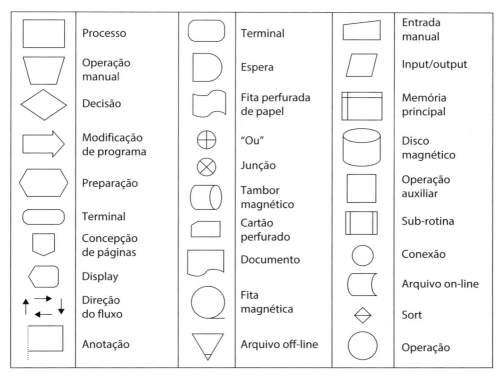

Figura 5.19 Símbolos para a construção de fluxogramas.

TÉCNICAS E TIPOS DE FLUXOGRAMAS

Fluxograma simples

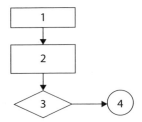

Figura 5.20 Direção e numeração.

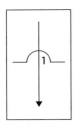

Figura 5.21 Cruzamento de linhas.

A variedade de técnicas de confecção e tipos de fluxogramas dá ao analista de processos ainda grande possibilidade de uso dessa ferramenta.

Como regra geral, o fluxograma deve ser construído de cima para baixo e da direita para a esquerda, sentido do formulário, embora essa disposição não seja rígida e sirva apenas para dar ordem à representação gráfica. A Figura 5.20 dá uma ideia resumida da representação.

Cada operação deve ser numerada de forma sequencial, a fim de possibilitar a identificação de cada uma delas em uma lista que acompanhe o fluxograma com explicações. Isso permite que elas sejam referenciadas, comentadas, explicadas em qualquer parte do texto. Embora existam muitas observações sobre inúmeros detalhes com os quais se deve ter cuidado ao montar um fluxograma, a prática é muito simples, pois na maioria das vezes construímos fluxogramas simples.

Outro cuidado que devemos ter na construção de fluxogramas é com o cruzamento de linhas. A Figura 5.21 mostra como esse cruzamento deve ser feito no sentido vertical. O mesmo deve ser mantido para os cruzamentos horizontais.

Fluxograma sintético

Essa técnica serve para representar genericamente um processo, um conjunto de atividades ou parte de um conjunto maior, de forma sintética, como, aliás, está definido em seu nome. As informações contidas nele são genéricas, não há títulos, cargos, localização da atividade, nada a não ser a informação genérica sobre o que cada atividade faz, traduzido por meio de um nome formado por substantivo.

Fazer um fluxograma sintético pode ser interessante quando precisamos ter apenas um conhecimento superficial do conjunto das operações, e queremos discutir, principalmente, com quem não esteja preparado para discutir o processo de forma detalhada. A Figura 5.22 mostra um fluxograma sintético. A rotina de recebimento em suas atividades iniciais, de forma resumida, parte de um fluxo maior, apenas para mostrar o recebimento puro e simples.

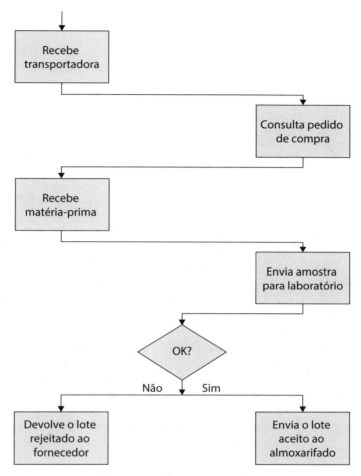

Figura 5.22 Fluxograma sintético.

Fluxograma de bloco

O fluxograma de bloco (Figura 5.23) tem origem em outro instrumento de análise, chamado de diagrama de bloco, muito utilizado pelos analistas de sistemas. Esse tipo de fluxograma é muito parecido com o fluxograma sintético, pois também mostra de forma resumida o processo objeto de análise.

As diferenças existentes entre os dois são:

- O fluxograma de blocos pode apresentar o fluxo alternativo quando este existir.
- O fluxograma de blocos pode estabelecer se o processo é positivo ou negativo.
- No fluxograma de blocos, os passos da atividade podem ser escritos dentro do símbolo.

Na Figura 5.23, é possível notar as diferenças e as semelhanças entre os dois fluxogramas.

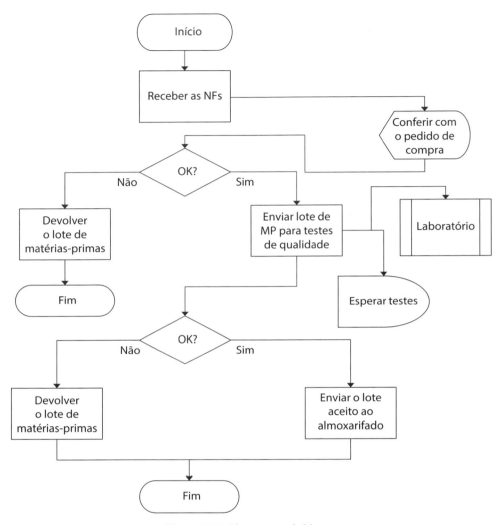

Figura 5.23 Fluxograma de blocos.

Fluxograma vertical

O fluxograma vertical foi criado por um engenheiro chamado Michael Addison. É uma ferramenta poderosa para levantamento e análise de rotinas; permite que mesmo profissionais de países de idiomas diferentes o entendam, por utilizar uma simbologia padronizada e conhecida internacionalmente.

Os símbolos utilizados nesse fluxograma são os padronizados pela American Society of Mechanical Engineers (Asme).

Outra diferença entre este fluxograma e os outros vistos até aqui é que neste tem um formulário pré-impresso, o que facilita sua padronização, tornando seu preenchimento mais rápido, e sua leitura muito mais inteligível. Entretanto, devo alertar que, embora tenha todas essas vantagens, ele não é uma técnica que possa ser usada por quem não tenha experiência em processos.

Fluxograma Vertical

Símbolos		
●	Análise ou operação	
➡	Transporte	
■	Execução ou Inspeção	
▲	Arquivo provisório	
▼	Arquivo definitivo	

Rotina: Operacional
Setor: Recebimento
Efetuado por: Tadeu Cruz
Data: Novembro de 2012

Ordem	Símbolos	Atividades	Tarefas
1	○ ➡ □ ▷ △	Recebimento	Receber Matéria-Prima com NF.
2	○ ➡ □ ▷ △		Enviar amostra de MP para laboratório
3	○ ⇨ □ ■ △		Esperar resultados dos testes de qualidade
4	● ⇨ □ ▷ △		Se OK, receber. Se não OK devolver.
5	● ⇨ □ ▷ △		Emitir AR (Aviso de Recebimento)
6	○ ➡ □ ▷ △		Enviar MP para almoxarifado com 1ª via de AR
7	○ ➡ □ ▷ △		Enviar NF e 2ª de AR para Contabilidade
8	○ ⇨ ■ ▷ △	Contabilidade	Receber NF e 2ª via AR.
9	● ⇨ □ ▷ △		Conferir NF e 2ª via de AR.
10	○ ⇨ □ ▷ ▼		Fim.

Figura 5.24 Fluxograma vertical.

Outros fluxogramas

Fluxograma de Procedimentos, Fluxograma Esqueleto, Fluxograma Horizontal, entre outros, embora ainda existam, não vamos perder tempo conhecendo-os, pois ninguém mais pergunta por eles, principalmente depois da criação da notação *Business Process Modeling Notation* (BPMN), da qual falarei no capitulo próprio.

Uma última palavra a respeito de fluxogramas.

São bonitos, funcionais, ajudam a compreensão no trabalho de análise de processos, embelezam as paredes das organizações, mas não devem ser superestimados.

FLUXOGRAMAS NÃO DOCUMENTAM PROCESSOS!

Fluxogramas são parte da documentação do processo. Uma parte pobre, com foco em determinado momento e sem o detalhamento necessário a um trabalho sério de mapeamento, análise, modelagem, implantação e gerenciamento de processos de negócio.

Se o trabalho de levantamento de dados não for bem-feito, e, por conseguinte, a análise da situação ficar comprometida em decorrência disso, o fluxograma, qualquer que seja a técnica empregada, não servirá de nada, a não ser para enfeitar as páginas e as paredes do projeto.

O universo informacional de qualquer processo é muito mais amplo, detalhado, abrangente e profundo do que um fluxograma pode documentar.

Fluxos são superficiais!

Por isso, como últimas recomendações, devemos procurar ler, ao vermos um fluxograma, outras informações, mais úteis e consistentes, para que possamos entender o que está acontecendo com o processo.

Devemos procurar informações sobre:

- O que é que está sendo mostrado pelo fluxograma?
- Qual é o produto produzido no processo?
- Quais são as atividades do processo?
- Para que serve cada atividade do processo?
- Quem são os clientes do processo?
- Quais são as atividades necessárias ao processo?
- Quais são as atividades que agregam valor ao produto?
- Quais são as atividades que podem ser eliminadas do processo?
- Cada atividade está onde melhor poderia estar dentro do processo?
- Qual o tempo certo para executar cada atividade do processo?
- Quem deve executar cada atividade?
- Como cada atividade está sendo executada?

Essas são algumas perguntas que devem servir de parâmetro para que o analista de processos possa realizar a análise do fluxograma; é o mínimo e muitas outras podem e devem ser feitas com o intuito de tirar o melhor proveito do trabalho realizado pelo analista.

CASO

Uma empresa fabricante de tintas decidiu se preparar para obter a certificação ISO 9001:2015. A empresa era muito automatizada e, por isso, tinha apenas 130 funcionários. O dono era quem gerenciava tudo pessoalmente, fazia todo o gerenciamento sozinho, e a mulher dele auxiliava nas áreas administrativa, RH e contábil. Como a construção da empresa tinha sido um projeto pessoal do dono, construída com muito sacrifício e enfrentando muitos percalços, o sonho dele era certificá-la na ISO 9001:2015.

A ISO 9001:2015 tem sido considerada muito significativa por usuários dessa norma no mundo todo. Esses são alguns enfoques da Norma: maior ênfase na abordagem de processos; além de requerer maior envolvimento da alta direção, os líderes deverão exigir o uso da abordagem de processos e o pensamento com base em risco em suas organizações.

Essa fabricante de tintas tinha se preparado durante um ano apara obtenção do seu primeiro selo ISO. O dono da empresa contratou uma certificadora para realizar uma pré-auditoria, a fim de certificar-se de que tudo havia sido feito quanto às exigências da norma.

A pré-auditoria foi realizada durante três dias, e, ao final, o relatório apontou mais da metade dos itens da norma em não conformidade. Ou seja, praticamente nada havia sido feito em termos de preparação para a obtenção da certificação.

Como era uma pré-auditoria, a empresa não tinha nenhuma obrigação contratual em termos de tempo para corrigi-las. Se fosse uma auditoria oficial, a empresa teria um prazo exíguo para corrigir todas as não conformidades.

Alguns dias depois da pré-auditoria, o dono da empresa convocou todos os funcionários na quadra de esportes e disse:

– Pessoal, como todos sabem, acabamos de passar por uma pré-auditoria para obtenção da ISO e não passamos. Fomos reprovados na auditoria. Fomos mal, muito mal. Precisamos nos esforçar para conseguirmos esse selo.

Todo mundo em silêncio.

– Pessoal – continuou o dono – eu quero muito essa certificação e acredito que todos vocês também querem muito. Por isso, vou colocar aqui o seguinte desafio.

O silêncio continuava geral...

– Eu vou dar três meses para todas as não conformidades estarem resolvidas. **Todas!** Depois desses três meses, teremos uma nova auditoria pra valer e se não passarmos, vou **demitir todo mundo**.

Três meses depois, a tão sonhada certificação na ISO 9001:2015 fora, enfim, obtida sem nenhuma não conformidade.

Questões para discussão

1. O que teria motivado os funcionários a obterem a certificação na ISO 9001:2015?
2. O dono agiu corretamente?
3. O que você acha que teria acontecido se a certificação não tivesse sido assegurada?
4. Sabendo ser a Norma ISO 9001:2015 muito rígida e que requer grande formação de toda a organização, e não apenas dos processos que estão no objeto da certificação, o que você teria feito para garantir a obtenção da ISO 9001:2015?
5. Você faria o mesmo que o dono da fabricante de tintas?

EXERCÍCIOS

1. O que é qualidade?
    a. Qualidade é a adequação ao uso. É a conformidade às exigências. É cumprir com o prometido.
    b. Qualidade é a conformidade às exigências do mercado.
    c. Qualidade fazer o que é certo.
    d. Qualidade é render-se ao mercado.
    e. Qualidade é fazer bem-feito.
2. Os princípios da gestão da qualidade são tópicos definidos para dar base às organizações que desejam se estabelecer no

mercado com eficiência de gestão. Esses princípios são:
a. Foco no cliente. Abordagem sistêmica da gestão. Melhoria contínua.
b. Foco no cliente. Liderança. Envolvimento das pessoas. Abordagem de processo. Abordagem sistêmica da gestão. Melhoria contínua. Abordagem factual para tomadas de decisões. Relações mutuamente benéficas com fornecedores.
c. Foco no cliente. Melhoria contínua.
d. Foco no cliente. Liderança. Envolvimento das pessoas. Relações mutuamente benéficas com fornecedores.
e. Foco no cliente. Liderança. Envolvimento das pessoas.

3. Indicadores de desempenho, ou de performance, ou ainda, em inglês, *Key Performance Indicators*, servem:
a. Para revelar como alguma coisa está indo. Podemos usar ID tanto para medir o índice de acerto e progresso nas organizações quanto para nossa vida pessoal.
b. Para revelar como algo está seguindo.
c. Para revelar nossa vida pessoal.
d. Para medir o índice de acerto e progresso nas organizações.
e. Para revelar como algo está seguindo. Podemos usar ID tanto para medir o índice de acerto e progresso nas organizações quanto para nossa vida pessoal.

4. Metas são resultados que se espera alcançar a curto prazo (até 1 ano) e que têm por finalidade medir:
a. A **eficiência**, a **eficácia**, a **variabilidade** e a **adaptabilidade** da atividade em determinado período.
b. A **eficiência** e a **eficácia** da atividade em determinado período.
c. A **eficiência** e a **variabilidade** da atividade em determinado período.
d. A **eficiência**, a **eficácia** e a **variabilidade** da atividade em determinado período.
e. A **eficiência** e a **adaptabilidade** da atividade em determinado período.

5. O que é o risco?
a. Risco é uma possibilidade real ou potencial capaz de causar lesão ou morte.
b. Risco é uma possibilidade real de causar danos ou perdas patrimoniais.
c. Risco é uma possibilidade real ou potencial capaz de causar lesão ou morte, danos ou perdas patrimoniais, interrupção de processo de negócio ou de afetar a comunidade ou o meio ambiente.
d. Risco é sempre um perigo iminente.
e. Risco é tudo que pode dar errado.

CAPÍTULO 6

NOÇÕES BÁSICAS DE ESTATÍSTICA

O QUE É ESTATÍSTICA?

É a parte da matemática aplicada que se ocupa em obter conclusões com base em dados observados. É também uma metodologia ou conjunto de técnicas que utiliza:

- Coleta de dados.
- Classificação de dados.
- Apresentação ou representação dos dados.
- Análise e interpretação dos dados.

RAMOS DA ESTATÍSTICA

Os ramos da estatística são os seguintes:

- **Descritiva ou dedutiva**:
    - Descreve e analisa grupos de observações (amostras).
    - Uso de medidas e formas de representação (tabelas, gráficos, curvas)
- **Inferencial ou indutiva**: processo de generalização com base na análise e interpretação de dados amostrais.
- **Probabilidade:** parte da estatística que utiliza métodos e técnicas apropriadas ao estudo de processos com margem de incerteza.

CONCEITOS

Os principais conceitos da estatística são os seguintes:

- **População**: maior conjunto tomado como referência na observação de um fenômeno. Pode ser finita ou infinita, concreta ou abstrata.

- **Amostra**:
  - Subconjunto não vazio de uma população.
  - Excetuando-se a própria população.
  - Seu uso gera economia e rapidez dos resultados.
  - Deve ser representativa da população.
- **Amostragem**: técnica para escolher amostras que garantam o acaso na escolha. Qualquer elemento da população tem a mesma probabilidade de ser escolhido. Uma boa técnica de amostragem garante representatividade da amostra.

TIPOS DE AMOSTRAGEM

Os tipos de amostragem são:

- **Amostragem casual ou aleatória**: técnica de amostragem em que cada elemento da população tem a mesma probabilidade de ser incluído na amostra (Ex.: sorteios).
- **Amostragem proporcional estratificada**: quando a população é dividida em estratos, e a amostragem é proporcional a eles. Ex.: uma amostra de 10% de alunos em uma classe de 40 homens e 60 mulheres consistirá na escolha aleatória de quatro homens e seis mulheres
- **Amostragem sistemática**: quando os elementos da população já estão ordenados, faz-se uma amostragem sistemática. Ex.: para se obter uma amostra de 50 elementos em 15 lotes de 100 produtos, temos os passos a seguir:
  Variáveis. Conjunto de resultados possíveis de um fenômeno. Podem ser:
  - *Qualitativas*: valores expressos por atributos não numéricos (Ex.: cor, forma, profissão etc.).
  - *Quantitativas*: valores expressos por números (Ex.: resistência, peso, idade etc.).

  As variáveis quantitativas se dividem em:
- **Contínuas**: variáveis podem assumir infinitos valores em um intervalo (Ex.: peso de uma pessoa, tamanho do pé de uma pessoa).
- **Discretas**: variáveis só podem assumir finitos valores em um intervalo. (Ex.: número de alunos em uma sala, tamanho do calçado de uma pessoa).

MÉTODO ESTATÍSTICO

É a técnica que visa estruturar e organizar as fases ou etapas que devem ser estabelecidas na abordagem de uma observação estatística:

- Definição do problema.
- Planejamento.
- Coleta de dados.
- Apuração dos dados.
- Apresentação dos dados.
- Análise e interpretação.

PLANEJAMENTO

O planejamento consiste em:

- Determinação do objetivo da pesquisa.
- Definição de métodos a serem utilizados.
- Caracterização da amostra.
- Definição do método de aquisição.
- Processamento de dados.

COLETA DE DADOS

A coleta de dados pode ser:
- **Direta:**
  - Contínua.
  - Periódica.
  - Ocasional.
- **Indireta:** é uma inferência com base na coleta direta. Exemplo: coleta de média de reprovação do ensino médio com base na coleta dos registros diários de frequência.

DADOS ESTATÍSTICOS

Os dados estatísticos representam:

- **Organização:**
  - *Brutos*: dados não organizados.
  - *Rol*: dados organizados em ordem crescente ou decrescente.
- **Dados discretos:**
  - *Absoluta*: frequência simples.
  - *Frequência acumulada*.
- **Organização de dados:**
  - Índices: razões entre duas grandezas diferentes.

$$\text{Renda per capita} = \frac{\text{Renda}}{\text{População}}$$

  - *Coeficientes*: razão entre o número de ocorrências e o total.

$$\text{Coeficiente de inadinplência} = \frac{\text{Inadimplentes}}{\text{Clientes}}$$

  - *Taxas*: coeficientes multiplicados por uma potência de dez para facilitar leitura.

$$\text{Taxa de inadimplência} = \text{Coeficiente de inadimplência} \times 100$$

- **Representação gráfica:** gráficos estatísticos são formas de apresentação de dados estatísticos com o objetivo de facilitar o entendimento dos fenômenos em estudo.
  - *Gráfico de colunas*: ideal para comparar dados agrupados em classes ou dados nominais.

- *Gráfico de barras*: ideal para comparar dados com rótulos longos agrupados em classes ou dados nominais.
- *Gráfico de linhas*: ideal para indicar variações e tendências de valores de determinado fenômeno.
- *Gráfico em setores ou pizza*: ideal para dados que representam quantidades ou percentuais.
- *Gráfico de dispersão*: ideal comparar pares de valores e distribuição de dados.

MODELOS ESTATÍSTICOS

Modelo estatístico é uma representação simplificada da realidade. Por exemplo, quando utilizamos o Google Maps ou outro guia qualquer, na verdade, estamos usando uma representação mais simples das ruas e avenidas para direcionar o caminho e chegar ao destino.

O modelo estatístico funciona de maneira similar, pois com ele podemos representar algum fenômeno ou evento de interesse para nos auxiliar em uma tomada de decisão.

Com as técnicas de modelagem estatística, podemos representar processos que possuem incertezas, extrair conhecimento e, então, optarmos por uma decisão que seja mais favorável aos nossos negócios.

Alguns exemplos de situações para aplicação de modelos estatísticos:

- Análise de risco de crédito de um cliente.
- Previsão da quantidade de vendas ou produção.
- Estimativa de erros ou falhas de um novo produto ou serviço.
- Controle e otimização de estoques.
- Perda máxima de determinado investimento.
- Previsão de orçamento ou investimento etc.

Na verdade, em todos os campos de atuação em que existem riscos, incertezas e variações existem aplicações para os modelos estatísticos. Assim como o Google Maps não leva você ao seu destino, apenas auxilia na sua direção, os modelos estatísticos são ferramentas extremamente valiosas para auxiliar você em decisões que envolvam situações de riscos.

Modelo estatístico é um conjunto de um ou mais modelos probabilísticos cuja finalidade é a modelagem do sistema de interesse em termos de suas características. Dessa forma, dois componentes fundamentais em um modelo estatístico são:

- Conjunto de observações da variável de interesse ou realizações dessa variável aleatória.
- Família de distribuições de probabilidade associada.

Supomos que um membro dessa família de distribuições é adequado para descrever as observações, e a inferência estatística tem por finalidade auxiliar, com base em uma amostra, a identificação desse membro.

FORMULAÇÃO DE UM MODELO ESTATÍSTICO

Um problema recorrente na ciência consiste em tentar expressar uma ou mais variáveis, denominadas variáveis respostas y como função de um conjunto de outras variáveis, denominadas variáveis explicativas x. Dessa forma, o efeito de x sobre y pode ser expresso por meio de um modelo matemático do tipo

$$y = f(x)$$

Frequentemente, por diversos motivos, essa relação não é perfeita. Como consequência, $f(x)$ apenas se aproxima de y e, portanto, a igualdade não se verifica considerando apenas as variáveis x. Uma situação comum é que, além de x, inúmeras outras características também afetam y. Assim, o efeito conjunto dessas características é agrupado em outra variável denominada erro. Considera-se que o efeito conjunto dessas características se some ao efeito de x, de modo que o modelo que expressa o relacionamento entre y e x tem a forma

$$y = f(x) + \epsilon \quad \text{em que } \epsilon \text{ é o efeito do erro.}$$

Ao expressar o modelo dessa forma, pressupõe-se, portanto, que o efeito conjunto é aditivo. É importante observar também que, com essa configuração, não é possível estudar o efeito de x isoladamente.

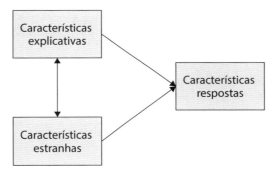

Figura 6.1 Modelo com efeito aditivo.

A coleção de variáveis que compõe ϵ é não observável (embora devamos ter uma ideia dos elementos que atuam sobre ele). Isso lhe confere a ideia de aleatoriedade e, portanto, torna a variável resposta uma variável aleatória. Dessa forma, a aleatoriedade de y faz com que o modelo deixe de ser denominado modelo matemático e passe a ser denominado modelo estatístico.

A escolha do modelo irá depender de diversos fatores, em particular do modo como x se relaciona com y, da natureza de x e das pressuposições sobre o erro. Contudo, quando um modelo do tipo $y = f(x) + \epsilon$ é estabelecido, o problema estará colocado em termos estatísticos. E, por fim, a qualidade das análises estatísticas realizadas se deve à adequação do modelo especificado.

 Saiba mais sobre modelos estatísticos em:
uqr.to/cb83

PESQUISA E COLETA DE DADOS

Coleta de dados é basicamente o processo de acessar e recolher dados para pesquisas por meio de técnicas específicas. Os dados podem ser utilizados para pesquisa, planejamento, estudos diversos, desenvolvimento e experimentações. Para que os resultados da pesquisa e coleta de dados sejam satisfatórios, o ponto central é o planejamento para a execução da metodologia de apuração de dados.

A coleta de dados é o que define a direção que o desenvolvimento do projeto vai seguir. Todos os cuidados com esses dados são em função da qualidade das informações a serem obtidas pela população em análise.

Para fins didáticos, já que este é um manual de técnicas administrativas, vou contextualizar a pesquisa e a coleta de dados no âmbito do mapeamento e da modelagem de processos organizacionais.

TIPOS DE INSTRUMENTOS E FORMAS DE APLICAÇÃO

O PROCESSO DE PESQUISA

Existem vários elementos de preocupação para que possamos fazer mapeamento, análise e modelagem de processos de negócio, que são as etapas que antecedem a implantação e o gerenciamento. O principal é o que aponta para a imperiosa necessidade de uma metodologia que oriente a equipe dentro de um único enfoque.

Nessa metodologia, entre outros elementos, deverá existir a orientação sobre como entrevistar as pessoas que participam, direta ou indiretamente, do processo que estiver sendo mapeado.

Em outras palavras, a metodologia deverá conter o processo de pesquisa.

Embora precise haver uma metodologia para orientar o trabalho do analista de processos em projetos de análise & modelagem, ela não se basta, ou seja, sua aplicabilidade está baseada em outro tipo de instrumento de trabalho: a pesquisa.

Imagine-se de posse de uma metodologia para mapeamento, análise, modelagem, implantação e gerenciamento de processos de negócio e, ainda assim, possuindo dúvidas como:

- Como construir a estrutura de dados e informações sobre um processo?
- Como preencher os formulários da metodologia?
- De onde veem os dados e informações sobre o processo?
- O que são fontes de dados e informações?
- Como acessar as fontes de dados e informações?
- Quais perguntas fazer e quais não fazer às fontes na coleta de dados?
- Quais análises podem e devem ser feitas com os dados e informações coletadas?

Qualquer processo de negócio se constrói por meio de dois instrumentos igualmente importantes. O primeiro é a metodologia com a qual executamos mapeamento, análise, modelagem, implantação e gerenciamento de processos de negócio. O segundo instrumento é também uma metodologia, a da pesquisa, que nos orienta sobre como buscar, coletar, guardar, contextualizar e inferir sobre os dados, as informações e os conhecimentos com os quais tivermos contato na execução da metodologia de análise & modelagem de processos de negócio.

Resumindo: é preciso haver duas metodologias para trabalharmos a pesquisa e a coleta de dados sobre processos de negócio. Uma para documentarmos, analisarmos, melhorarmos, implantarmos e gerenciarmos processos de negócio e uma para conduzir o processo de pesquisa, cujo resultado será o conjunto formado por dados, informações e conhecimentos sobre o processo com o qual estivermos trabalhando. Essa segunda metodologia tem o nome de Metodologia de Pesquisa.

Na verdade, a metodologia de pesquisa é largamente utilizada nas Ciências Sociais e em outros ramos do conhecimento, especialmente o acadêmico e o científico. Os instrumentos desse tipo de pesquisa devem ser utilizados por nós, analistas de processos, quando buscamos as fontes de dados, informações e conhecimentos necessários à criação ou recriação de um processo. As preocupações que norteiam nosso trabalho de pesquisa são as mesmas que norteiam os pesquisadores científicos, especialmente os das Ciências Sociais (guardadas as devidas proporções), pois, afinal, trabalhar com processos é antes de tudo trabalhar com pessoas.

Entendo que todo projeto que vise criar ou recriar processos tem fundamentalmente base nos mesmos princípios da pesquisa que os estudiosos chamam de social, pois, em síntese, nosso trabalho como analistas de processos consiste em formular uma ou mais teorias resultantes das análises que fizermos das reclamações e/ou dos elogios dos clientes (internos e externos) dos processos a respeito da qualidade, ou da falta desta, no processo e no produto, cotejando as reclamações e/ou os elogios com os dados e as informações provenientes das cadeias de requisitos e de conformidade do processo atual. Dessa forma, podemos levantar e discutir hipóteses baseadas nos modelos matemáticos que montamos para estudá-las e nos instrumentos de análise chamados de cenários. A partir daí, operacionalizamos a pesquisa, colhendo junto às fontes ativas e passivas dados, informações e conhecimentos que vão permitir ao grupo de trabalho inferir sobre todos os objetos coletados e estudados e, finalmente, construirmos e validarmos uma nova teoria, que será colocada em prática por meio da criação de um novo processo.

Na Figura 6.2, temos o que Flick (2004) chama de modelo linear do processo de pesquisa e um modelo genérico de metodologia para mapeamento, análise & modelagem de processos de negócio para demonstrar a importância que devemos dar à pesquisa "de campo", a fim de garantirmos a qualidade do trabalho de coleta de dados, informações e conhecimentos que efetivamente sirvam aos propósitos do projeto.

Outro estudioso da área, Richardson (1999) nos alerta que: "Não obstante a complexidade das pesquisas realizadas nas diversas áreas do conhecimento, existe uma estrutura subjacente comum a todas elas. Segundo Pease e Bull (1999), essa estrutura integra cinco elementos: metas, modelos, dados, avaliação e revisão."

Adaptamos cada um dos elementos aos quais se refere Richardson, citando Pease e Bull (1999), às nossas necessidades de pesquisa como analistas de processos.

- **A meta** da pesquisa é a nossa necessidade. Ela pode ser uma melhoria incremental ou radical que necessitamos fazer em processos existentes ou a criação de processos

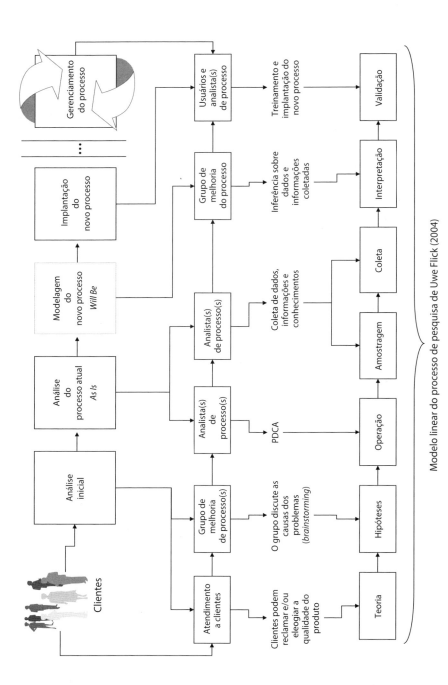

Figura 6.2 Paralelismos entre as pesquisas sociais e as pesquisas voltadas à construção de processos.

Fonte: Flick (2004).

inteiramente novos para a organização poder criar um novo produto, criar um novo negócio; daí por que temos de coletar dados e informações que nos auxiliem no desenvolvimento do trabalho.
- **O modelo** é a nossa proposição de melhoria, ou, se estivermos falando de um processo inteiramente novo, aquilo que queremos que ele venha a ser. Pode ser também o projeto de um novo processo.
- **Os dados** são a base do conhecimento que precisamos adquirir para justificar ou modificar o modelo proposto.
- **A avaliação** é a inferência que fazemos sobre os dados e as informações depois de processadas para validarmos ou rejeitarmos o modelo proposto.
- **A revisão** é o movimento que fazemos buscando melhorar o modelo proposto de forma continuada.

Qualquer que seja a abordagem escolhida, Flick ou Richardson, para executarmos as pesquisas necessárias aos nossos projetos, poderemos fazê-lo com razoável grau de certeza de que estaremos pautando nosso contato com fontes de qualquer natureza em métodos que podem ser explicados a outros e não em conhecimento tácito pura e simplesmente.

Precisamos saber responder a algumas perguntas tais como:

- **O que é pesquisar?** É buscar dados, informações e conhecimentos que possam comprovar ou não uma teoria para testar hipóteses e resolver problemas.
- **Para que serve a pesquisa?** Para conhecer uma realidade por meio da sua representação temporal e espacial.
- **Quais são os tipos de pesquisa que existem?** As pesquisas quantitativa, qualitativa e a pesquisa-ação são as mais comuns. A quantitativa não está no escopo deste livro, e a qualitativa e a pesquisa-ação serão analisadas e enquadradas nas nossas necessidades logo em seguida.
- **Como pesquisar?** Por meio de uma metodologia que permita levantar, documentar e inferir sobre os dados e as informações coletadas.

Respondê-las corretamente é fator decisivo para o sucesso de qualquer projeto.

FONTES DOS DADOS E INFORMAÇÕES

Tanto o conhecimento tácito como o explícito[1] devem ser coletados, organizados e entendidos a partir de dois tipos:

---

[1] Basicamente, existem dois tipos de conhecimento, pela classificação atribuída a um físico e químico de nome Michael Polanyi (1891-1976). O *Dicionário Michaelis* define "tácito" como: "1. poét. Calado, silencioso. 2. Não expresso; subentendido, implícito. 3. Que se apresenta sem ruído ou que se faz sem rumor. 4. Que, por não ser expresso, se deduz de alguma maneira. 5. Secreto." E o explícito como: "1. Claro, expresso. 2. Formulado em palavras".

- **Qualitativo:** conhecimento sobre realidades, fatos e acontecimentos transmitidos pelo agente que os detêm ao agente que os busca, em forma de sentenças gramaticais, dados verbais e dados visuais.
- **Quantitativo:** conhecimento sobre realidades, fatos e acontecimentos transmitidos pelo agente que os detêm ao agente que os busca, por meio de elementos matemáticos e estatísticos.

O tipo quantitativo é exato, enquanto o qualitativo é interpretativo e, por ter essa característica, pode sofrer influências psicológicas, comportamentais, culturais, educacionais, entre outras; o que requer que o tratamento e a interpretação dos dados sejam tratados com cuidado redobrado para que o conhecimento adquirido não seja distorcido entre sua transmissão, sua recepção e a análise deles. Já o conhecimento quantitativo é objetivo, embora também possa ser distorcido, uma vez que sua interpretação se dá por meio de sentenças gramaticais (conhecimento qualitativo).

Tomando por base essa divisão do conhecimento, podemos dividir a pesquisa em dois grandes grupos, cada um deles ligado a um tipo de método empregado para a sua realização.

Genericamente, conhecemos esses dois grupos como:

- **Pesquisas qualitativas:** têm por objetivo conhecer a essência do sujeito por meio da análise e do entendimento das suas diferentes perspectivas, usando o ferramental que melhor possa buscar e traduzir esse sujeito.
- **Pesquisas quantitativas:** têm por objetivo conhecer o sujeito por meio dos seus predicados numéricos, possibilitando contá-lo, medi-lo e pesá-lo.

A pesquisa quantitativa, quando interpretada, ganha qualificação, e está só pode ser adquirida por meio de sentenças verbais que expliquem o que os números coletados significam. Por isso, um tipo não pode prescindir do outro, caso contrário, a pesquisa qualitativa se torna vaga, e a quantitativa, inextricável.

Quanto à natureza de cada um dos dois tipos citados, podemos dividir cada um deles em:

- **Pesquisa experimental:** pode ser feita em laboratório, quando todas as condições de controle são atendidas e em campo, quando nem todas as condições de controle são atendidas.
- **Pesquisa não experimental:** nesse tipo, o objetivo principal da pesquisa não é o de interferir com o objeto pesquisado, mas de observar o comportamento desse objeto.

TIPOS DE DADOS NA PESQUISA QUALITATIVA

Ao iniciarmos a pesquisa qualitativa, devemos buscar entender a natureza dos dados com os quais vamos trabalhar, pois a partir desse entendimento podemos escolher o tipo de ferramenta que melhor sirva para coletar os dados e as informações.

Existem, ainda segundo Flick (2004), dois tipos de dados na pesquisa qualitativa:

- **Dado verbal:** nesse tipo estão enquadrados todos os dados e as informações oriundos de entrevistas, questionários, fontes bibliográficas, manuais, livros etc. Esse tipo de pesquisa é feito com base em entrevistas que podem ser semiestruturadas ou não, e o uso de equipamentos como gravadores é desaconselhado pela maioria dos especialistas. Acreditam que, além de inibir o entrevistado, faz com que ele omita dados e informações confidenciais ou comprometedoras. As entrevistas podem ser feitas em grupo ou individualmente, e tanto um quanto o outro tipo servem a variados propósitos na coleta de dados e informações. Eu, por exemplo, adoto a técnica de não entrevistar chefe e subordinado juntos.
- **Dado visual:** resultante de observações que se estendem das realizadas "em campo" ou no local de trabalho da fonte que possui os dados, as informações e os conhecimentos que queremos capturar, no contato com fotografias, filmes, desenhos, plantas etc., para esse tipo de dado as possibilidades são duas: a participante e a não participante. Muitas vezes, é preciso que o analista de processos "observe sem ser visto" a fonte da pesquisa.

A transformação dos dados verbais e visuais em texto é feita sob regras que variam de metodologia para metodologia. Entretanto, esse é um momento especial, pois quem transcreve dados e informações deve tomar todos os cuidados para não alterar seus significados por conta das próprias convicções, verdades e ou por qualquer outro motivo. Quanto mais objetiva for a transcrição das respostas, mais pura se manterá a pesquisa como um todo. A falta de uma metodologia nos coloca em risco de não sabermos ou termos o que fazer com tais dados e informações.

Flick (2004) resume muito bem o papel da pesquisa qualitativa, e sua abordagem serve aos propósitos da análise & modelagem de processos: "A pesquisa qualitativa é orientada para análise de casos concretos em sua particularidade temporal e local, partindo das expressões e atividades das pessoas em seus contextos locais."

Como nas teorias existentes sobre gerência do conhecimento, qualquer processo é composto de conhecimento tácito e de conhecimento explícito. O conhecimento explícito, se houver, estará nos repositórios não humanos.

Estejam os dados, as informações e o conhecimento nos repositórios humanos ou em qualquer dispositivo, interessa-nos discutir aqui as formas de buscá-los e capturá-los para podermos usá-los em nosso trabalho.

O analista de processos deve estar atento às ferramentas que ele precisa ter em mãos para coletar dados e informações sobre processos existentes, que estejam documentados formal ou informalmente.

Entre essas ferramentas, estão:

- **Folha de coleta**: ou caderno de anotações, para registrar tudo que for observado, coletado, ouvido, visto, lido. Jamais um analista de processos deve se apresentar a uma fonte mostrando-se despreparado para receber o que ela irá transmiti-lhe durante o contato entre os dois.
- **Formulários**: previamente criados, que além de serem objetivos ajudem ao analista de processos a abordar corretamente a problemática pesquisada.
- **Roteiro:** com perguntas criadas previamente e que, de preferência, tenham sido discutidas com o grupo de trabalho.

Acessar fontes buscando conhecer por meio delas uma realidade existente, embora não documentada, é cansativo, mas imprescindível. Sempre que iniciamos algum trabalho de análise & modelagem de processos de negócio, é comum passarmos um, dois, três dias fazendo os levantamentos iniciais, e isso deixa qualquer um exausto! Mesmo porque é comum ouvirmos as mesmas explicações várias vezes sem podermos, em nenhuma hipótese, dizer aos nossos interlocutores "não precisa repetir isto, eu já ouvi de 'fulano'", pois isso seria um erro, além de criar barreiras que podem se tornar intransponíveis, por inibir a livre expressão e a comunicação entre entrevistado e entrevistador, o que originalmente já é muito difícil.

TIPOS DE PESQUISA

Existem diversas abordagens e várias orientações sobre como o trabalho de pesquisa do analista de processos deve ser realizado, mas, para não nos perdermos no meio dessa profusão de ideias, vamos esquematizá-las de modo mais simples possível.

Existem dois tipos de pesquisa qualitativa (não vamos abordar as quantitativas).

- A qualitativa verbal.
- A qualitativa visual.

Vamos entender como são operacionalizadas, pois tanto uma como outra são realizadas pelo mesmo processo de pesquisa.

PESQUISA QUALITATIVA VERBAL

A pesquisa verbal busca conhecer uma realidade por meio de um contato dialético com as fontes dos dados e informações que o projeto necessita acessar. As fontes desse tipo de pesquisa têm a capacidade de se expressar e interagir verbalmente com o pesquisador. Em outras palavras, a pesquisa qualitativa verbal é feita entre seres humanos.

Em qualquer tipo de pesquisa, e muito mais na verbal, obrigatoriamente temos de buscar os dados e as informações nas fontes que os originaram (fontes primárias), pois somente elas serão capazes de contextualizá-los para o pesquisador, embora não possamos jamais, a *priori*, descartar o acesso a fontes complementares (secundárias).

Um exemplo típico de acesso a fontes primária e secundária é o do analista de processos que, em vez de buscar dados e informações com o funcionário que executa uma atividade (fonte ativa primária original), ele o faz acessando o superior hierárquico desse funcionário (fonte ativa secundária original). Esse tipo de comportamento deve ser evitado pelos analistas de processo a qualquer custo. Entretanto, tendo obtido os dados da fonte ativa primária original, o analista ou o grupo pode considerar necessário conhecer os mesmos dados com base em outras fontes ativas secundárias originais para poder confrontá-los e validá-los ou não com os obtidos da fonte ativa primária original.

As entrevistas devem ser cuidadosamente executadas para poderem ser corretamente entendidas, porque as pessoas podem influenciar (e muitos o fazem) os dados e as informações que estiverem passando aos analistas. É preciso separar dados de informações e informações de inferências, assim como evitar, sempre que possível, basear a coleta em juízos de valor, para que não haja contaminação, já na origem, do material que estivermos coletando. Essas influências advêm de fatores culturais, educacionais, sociais e religiosos, entre muitos outros.

PESQUISA QUALITATIVA VISUAL

A pesquisa visual busca conhecer uma realidade por meio da observação de uma fonte de dados e informações. Ela tem os mesmos tipos de fontes da pesquisa verbal. Para realizá-la, tanto podemos observar fontes primárias quanto secundárias, pois a escolha sobre qual fonte deverá ser observada vai depender do escopo, da profundidade e da seriedade da pesquisa. É possível, mesmo na pesquisa visual, que, tendo observado uma fonte primária, o analista de processos chegue à conclusão de que deverá confrontar seus dados com os de uma fonte secundária.

Lembre-se de que a pesquisa qualitativa visual tem como objeto de estudo não só observar as pessoas no seu ambiente de trabalho, mas obter dados e informações a partir de fontes como vídeos, filmes, livros, fotografias, mapas, plantas etc.

AS FONTES DE PESQUISA

O analista de processos deve escolher suas fontes de pesquisa a partir da necessidade de conhecimento que seu trabalho de pesquisador requer. Isto é, antes de qualquer coisa, ele deve saber o que precisa encontrar, para não acessar inutilmente uma fonte de conhecimento, o que certamente causará confusão na hora de trabalhar os dados e informações coletadas.

As fontes de dados para as pesquisas verbal e visual são divididas em primárias e secundárias. Por razões óbvias, devemos sempre buscar os dados, as informações e os conhecimentos que necessitamos capturar da fonte que os possua em estado original, ou seja, a fonte que os tenha gerado. Quando essa abordagem não for possível, o analista de processos precisa se certificar de que a fonte acessada tem credibilidade.

As fontes de pesquisa têm a classificação definida segundo alguns critérios, como acessibilidade; originalidade; interatividade, passividade e atividade:

- Fonte Ativa.
  - Primária.
    - Original.
    - Complementar.
  - Secundária.
    - Original.
    - Complementar.
- Fonte Passiva.
  - Primária.
    - Original.
    - Complementar.
  - Secundária.
    - Original.
    - Complementar.

As fontes ativas são as pessoas que detêm os dados, as informações e os conhecimentos. Acessá-las não é tarefa das mais fáceis, pois requer habilidades que, em geral, estão além da capacitação e da competência da média dos analistas de processos. Entretanto, não há outra forma para se conseguir o material que esse tipo de fonte possui a não ser interagindo com as pessoas e entrevistando-as.

Saiba mais sobre indicadores de desempenho em:
uqr.to/cb84

As fontes passivas são todos os dispositivos eletroeletrônicos, mecânicos e tradicionais (arquivos ativos e inativos – os antigos arquivos mortos) dos quais se podem obter dados, informações e conhecimentos. Podem ser bancos de dados, planilhas eletrônicas, dispositivos industriais, manuais, pastas, arquivos em geral. Ressalvo, entretanto, que algumas dessas fontes são ricas em dados quantitativos, como são os equipamentos industriais como controladores de processos, sensores de medição e analisadores industriais.

Por que as pessoas estão classificadas como fontes ativas enquanto as máquinas (e seus respectivos softwares) como fontes passivas?

Porque as máquinas, por melhores e mais evoluídas que sejam, foram programadas pelos seres humanos. Isso significa que se precisarmos coletar dados e informações de um equipamento qualquer e tivermos de dirimir qualquer dúvida, o faremos com os seres humanos responsáveis pela sua programação.

Devido à natureza dos seus dados e informações, as fontes podem ser:

- **Primárias:** são as que mais nos interessam acessar quando estamos levantando dados, informações e conhecimento em um projeto de análise & modelagem de processos de negócio. Exemplificando, as fontes primárias são as executoras do trabalho que está sendo objeto da pesquisa em curso. Devemos evitar a qualquer custo obter informações sobre uma atividade acessando outro tipo de fonte que não aquela que a executa, a não ser que esse tipo de acesso seja para validar dados obtidos com a fonte primária.
- **Secundárias:** fontes desse tipo pode nos interessar por vários motivos, entre eles para validar informações obtidas de outras fontes, para exemplificar um acontecimento que necessite ser esclarecido, para confrontar um dado que não possa ser obtido com precisão de uma única fonte.

Com base na natureza dos dados e informações, as fontes primárias e secundárias são subdivididas em:

- **Original:** é a fonte que está na atividade que executa o evento gerador do dado.
- **Complementar:** é a fonte da qual podemos obter dados que complementam e nos ajudam a entender aqueles obtidos em uma fonte original.

NECESSIDADE DA PESQUISA

Todo projeto de análise & modelagem de processos de negócio parte de uma ou mais necessidades que são as bases para a formulação de teorias que buscam entender as causas para propor medidas que possam solucioná-las.

As necessidades, para nós analistas de processos, podem ser:

- Necessidade de melhorar a **qualidade do processo**: em outras palavras, resolver problemas e melhorar o desempenho do processo. Isso significa que o trabalho terá de ser minucioso, pois essa melhoria só pode se dar por meio da melhoria de cada uma das partes do todo. A qualidade do processo pode ser melhorada por meio da melhoria dos tempos, dos custos e das condições ambientais, dos elementos envolvidos na produção, dos equipamentos etc.

- Necessidade de melhorar a **qualidade do produto**: essa melhoria pode ser realizada tanto no produto em si mesmo como sobre o conjunto de facilidades e ambientes envolvidos na produção dele. Entretanto, não são responsabilidades do analista de processo de negócio resolver problemas, melhorar o desempenho ou melhorar a qualidade do produto. Isso é de responsabilidade da engenharia do produto e do marketing, mas o analista de processo pode e deve ajudá-los, já que qualidade, problemas e desempenho do produto podem ter causas no processo.

Se um processo tem baixa qualidade, dificilmente o produto produzido por ele terá qualidade superior. Entretanto, se o produto tem baixa qualidade, isso não significa necessariamente que o processo é problemático. Um processo ruim, desestruturado, informal não pode produzir bens ou serviços de boa qualidade, porque as pessoas que neles trabalham não têm parâmetros para aferir se o que estão fazendo é bom ou não e se a maneira como produzem poderia ser melhorada ou não e como.

Por exemplo, muitas vezes encontramos empresas com tecnologia de ponta, máquinas e equipamentos modernos, softwares de última geração, e, assim mesmo, a qualidade do produto que entregam aos clientes é ruim ou péssima.

Um tipo de necessidade ocorre quando clientes reclamam do nosso produto. As causas das não conformidades podem estar tanto no processo quanto no produto em si. Para descobrirmos se elas estão em um ou em outro, ou em ambos, começamos por entrevistar formalmente os clientes, tanto os que reclamam como os que não reclamam, para formular teorias que têm por objetivo definir de forma clara por que a realização do projeto é necessária.

Mesmo quando somos chamados para ajudar uma organização na construção de um novo processo, o que podemos, seguramente, chamar de necessidade da organização, partimos de teorias para construir a forma e o conteúdo que esse processo deverá ter ao ser criado para que ele venha a produzir, com qualidade, um bem ou serviço.

As teorias buscam discutir a *priori* as relações de causa e efeito das não conformidades na melhoria dos processos ou as relações de todos os elementos que os compõem na criação de um novo processo. A definição de medidas que possam resolver problemas no processo e/ou no produto, ou que possam operacionalizar um novo processo nos leva a formular o que os teóricos da pesquisa chamam de hipótese – ou hipóteses. Esses mesmos teóricos nos alertam sobre como devemos construir hipóteses, para que o foco da pesquisa não seja desviado no transcurso dos trabalhos e isso possa comprometer o sucesso do projeto.

Segundo Richardson (1999): "As hipóteses podem ser definidas como soluções tentativas, previamente selecionadas, do problema de pesquisa. Permitirão orientar a análise dos dados no sentido de aceitar ou rejeitar soluções tentativas."

Lakatos e Marconi (2004) se referem a hipótese como:
Um enunciado geral de relações entre variáveis (fatos, fenômenos).

a. Formulado como solução provisória para determinado problema;
b. Apresentando caráter ou explicativo ou preditivo;
c. Compatível com o conhecimento científico (coerência externa) e revelando consistência lógica;
d. Sendo passível de verificação empírica em suas consequências.

As hipóteses nos ajudam a criar os objetivos da pesquisa ao estabelecermos possíveis causas para as não conformidades encontradas no processo e/ou no produto, e ao criarmos as bases para a construção de um novo processo.

A seguir, apresentamos alguns exemplos de como formular hipóteses:

Exemplo 1

O problema: índice de reclamações sobre o atendimento do suporte on-line aumentou em 50% nos últimos seis meses, passando o número de chamados resolvidos de forma insatisfatoriamente de 8% para 12% do total de chamados.

A necessidade: descobrir as causas do aumento do número de reclamações dos clientes quanto ao suporte on-line.

As hipóteses:

1. Liberação da nova versão do produto sem que a equipe de suporte estivesse preparada para atender aos chamados on-line.
2. As ferramentas que dão o suporte necessário aos atendentes on-line não foram atualizadas para suportar a nova versão do produto.
3. A nova versão do produto ainda não estava suficientemente testada para poder ser liberada aos clientes.
4. O processo de atendimento não foi melhorado nos últimos 12 meses.

Exemplo 2

O problema: os atrasos na produção do produto "x" vêm se mantendo, consistentemente, em 15 dias.

A necessidade: descobrir as causas do atraso na produção do produto "x".

As hipóteses:

1. O processo não foi melhorado desde a última análise & modelagem ocorrida há dois anos.
2. Os funcionários não foram reciclados nos últimos 12 meses.
3. Os equipamentos de transporte na linha não estão suportando o aumento do ritmo de produção.

4. Os fornecedores estão atrasando as entregas.
5. Outros fatores exógenos.

Temos, então, a definição do problema, a definição da necessidade e a formulação das hipóteses. Agora, podemos passar para a coleta dos dados e informações que podem comprovar e validar ou não as hipóteses levantadas como causas das não conformidades em ambos os processos.

DEFINIÇÃO DA COLETA DOS DADOS E DAS INFORMAÇÕES

Para os exemplos apresentados, teremos de definir:

- Os dados e as informações que vamos coletar.
- As fontes dos dados e das informações que teremos de acessar.
- As ferramentas que vamos usar para coletar os dados qualitativos e quantitativos.
- O tipo de entrevista que vamos fazer, se verbal ou visual.
- O tipo de questionário que teremos de usar nas entrevistas verbais.
- Como será feita a coleta dos dados quantitativos.

CONFIABILIDADE E VALIDADE

Embora não estejamos coletando dados e informações em um contexto de pesquisa científica, a confiabilidade deve ser levada em consideração, assim como a validade dos dados e das informações coletadas. Em resumo, o que estivermos coletando só terá validade (e, por conseguinte, serventia) se as fontes forem confiáveis, como nos lembra Richardson: "A relação entre validade e confiabilidade pode ser considerada contraste em termos de consistência que tem em conta critérios externos (validez) e critérios internos (confiabilidade)."

Os analistas de processos que executam pesquisas qualitativas, cujos dados e informações não podem ser mensurados como nas pesquisas quantitativas, precisam estar cientes de que tanto as fontes quanto os elementos da pesquisa propiciados por elas podem ser influenciados por diversos fatores, tanto endógenos (problemas pessoais, frustrações diversas, problemas gerados por variadas condições sociais, baixa autoestima etc.) quanto exógenos (condições socioambientais, problemas gerados pela hierarquia e por conflitos organizacionais).

As pesquisas que coletam dados e informações sobre comportamento humano, e aqui está o paralelo entre o nosso trabalho e o do pesquisador que atua em Ciências Sociais, são importantes e fundamentais para a análise & modelagem de processos de negócio.

Em um trabalho recente, ao entrevistarmos 12 pessoas com baixa escolaridade (alguns não tinham sequer concluído o ensino fundamental), baixa remuneração e visível baixa autoestima, tivemos de, além das entrevistas, realizar pesquisas qualitativas visuais para poder comprovar uma série de acontecimentos nas áreas onde aqueles profissionais trabalhavam. O alto índice de desemprego dos profissionais com baixa qualificação escolar e técnica assusta as pessoas ainda empregadas que preferem, no momento das entrevistas, dizer que "não há nenhum problema com a atividade delas", "está tudo bem", "a empresa é ótima", "todos que trabalham com elas são pessoas muito boas, principalmente a chefia".

USO DO MATERIAL COLETADO

Antes mesmo que a pesquisa seja inicializada, temos de definir de que forma e com quais ferramentas vamos tratar os dados, as informações e o conhecimento coletados no processo de pesquisa. Essa é uma tarefa que não podemos deixar para depois, sob pena de não podermos aproveitar o material coletado.

É nesse momento que a metodologia de pesquisa estará ligada com a metodologia de análise & modelagem de processos de negócio. Quanto mais detalhada for a metodologia de análise & modelagem de processos, melhor será o uso dos dados e informações coletados na pesquisa.

Por incrível que possa parecer – acredite! –, as pessoas esperam ver no resultado do trabalho do analista de processos todos os pontos levantados e discutidos em cada fase do trabalho de análise & modelagem de processos de negócio e, até mesmo, esperam reconhecerem-se a si próprias por meio das sugestões, ideias e soluções apresentadas.

Além do preenchimento de todos os formulários pertinentes à metodologia que você estiver usando, é conveniente fazer um relatório abordando, pelo menos, dois pontos relacionados com os trabalhos:

- Seu desenvolvimento, seus percalços, seus problemas encontrados, enfim, a visão da equipe do projeto sobre o ambiente organizacional.
- As conclusões e recomendações que a equipe do projeto ou o analista de processos faz com base na interação praticada com todos os envolvidos nos trabalhos.

Adotar essa prática reduz as chances de um projeto terminar sem um explícito "o fim"[2], mesmo tendo sido o processo implantado com sucesso. O relatório final deve discorrer sobre as condições em que decorreram os trabalhos, pontos que devem ser levados em consideração depois que o processo for implantado e recomendações quanto à condução das próximas fases da gerência de processo.

Richardson (1999), *appud* Schrader (1974, p. 257), elenca o que um relatório deve conter.

> O relatório inicia com a formulação do problema, expõe dados da literatura existente sobre ema, explicita a posição teórico-científica. Apresenta uma lista completa das hipóteses, descreve problemas da técnica de mensuração, fundamenta a escolha de um ou vários métodos, explica o procedimento mensurativo, as amostras e as técnicas de análise, compara os dados com as hipóteses e formula, a partir das hipóteses explicativas confirmadas, refutadas ou reformuladas, um ou mais enunciados teóricos com os quais se responde à pergunta inicial da investigação.

Evidentemente, não estamos sugerindo que você produza um documento científico cada vez que for encerrar um projeto de análise & modelagem de processos de negócio.

---

[2] Como nos filmes que nos avisam que acabaram, quando aparece *The End*.

Entretanto, muitas das orientações dadas por Schrader servem para os relatórios de conclusão dos nossos trabalhos.

NORMA PARA REFERÊNCIA E CITAÇÕES

Referência é um conjunto de elementos que identificam uma publicação no todo ou em parte e que foram citadas no texto. As referências têm de ser baseadas na norma ABNT NBR 6023 Informação e documentação – Referências – Elaboração.

A referência é constituída de elementos essenciais e, quando necessário, acrescidos de elementos complementares.

- **Elementos essenciais**: são informações indispensáveis à identificação do documento. Estão estritamente vinculados ao suporte documental e variam, portanto, conforme o tipo.
- **Elementos complementares**: são informações que, acrescentadas aos elementos essenciais, permitem melhor caracterizar o documento.

Sempre que for necessário fazer qualquer referência em qualquer trabalho ou livro, é preciso seguir as regras estabelecidas pela norma ABNT NBR 6023 Informação e documentação – Referências – Elaboração.

COMENTÁRIOS FINAIS

Estatística é um ramo da matemática imprescindível para o trabalho do assistente administrativo, do analista de processos e do gerente de processos.

O que vimos neste capítulo foi apenas uma pequena introdução à estatística, pois ela é um vasto conjunto de conhecimento que deverá ser aprofundado por todos aqueles que venham a se interessar pelo tema.

Outro conjunto importante de conhecimento visto neste capítulo diz respeito à execução de pesquisa. Como dito logo no início, decidimos contextualizar a pesquisa no âmbito dos trabalhos de mapeamento, análise e modelagem de processos.

EXERCÍCIOS

1. O que é Estatística?
   a. É a parte da matemática aplicada que se ocupa em obter conclusões a partir de dados observados.
   b. É a parte da matemática teórica que se ocupa em obter conclusões a partir de dados observados.
   c. É a parte da matemática que se ocupa dos cálculos de tendências.
   d. É a parte da matemática aplicada que se ocupa dos cálculos difusos.
   e. É a parte da matemática aplicada que se ocupa em obter conclusões a partir de cálculos organizados em séries.
2. Quais são os ramos da estatística?

a. Descritiva ou dedutiva. Preferencial. Probabilidade.
   b. Descritiva ou dedutiva. Inferencial ou indutiva. Probabilidade.
   c. Preferencial. Inferencial ou indutiva. Probabilidade.
   d. Descritiva ou dedutiva. Inferencial ou indutiva.
   e. Descritiva, Analítica. Inferencial, Indutiva. Probabilidade.
3. O que é uma amostragem?
   a. É a técnica para escolher amostras que garanta o acaso na escolha.
   b. É a técnica para escolher amostras que garantam representatividade da amostra.
   c. É a técnica que tem a mesma probabilidade de ser escolhida uma representatividade da amostra.
   d. Técnica para escolher amostras que garanta o acaso na escolha. Qualquer elemento da população tem a mesma probabilidade de ser escolhido. Uma boa técnica de amostragem garante representatividade da amostra.
   e. Técnica para escolher amostras que garante representatividade.
4. Quais são os tipos de amostragem?
   a. Amostragem casual ou aleatória. Amostragem sistemática.
   b. Amostragem proporcional estratificada. Amostragem sistemática.
   c. Amostragem casual ou aleatória. Amostragem estratificada.
   d. Amostragem casual ou aleatória. Amostragem proporcional estratificada. Amostragem sistemática.
   e. Amostragem casual e proporcional estratificada. Amostragem sistemática.
5. Variáveis. Conjunto de resultados possíveis de um fenômeno. Podem ser:
   a. Qualitativas e Quantitativas.
   b. Aleatórias e Quantitativas.
   c. Aleatórias e não aleatórias.
   d. Aleatórias e Qualitativas.
   e. Aleatórias, Qualitativas e Quantitativas.

CAPÍTULO 7

ROTINAS ADMINISTRATIVAS

O QUE FAZ UM ASSISTENTE ADMINISTRATIVO?

O assistente administrativo é um profissional imprescindível a toda e qualquer organização. Ele atua na gestão das empresas, com foco na administração financeira, nos processos operacionais e nos de logística. É o profissional responsável pelo controle de receitas e despesas, contas a pagar e contas a receber, e pelo gerenciamento das tarefas de rotina essenciais ao funcionamento de qualquer organização, tais como emissão de documentos, atualização de cadastro e atendimento a fornecedores e clientes.

A formação mínima exigida na maioria das empresas é o Ensino Médio completo. Entretanto, saem na frente aqueles candidatos com cursos técnicos, como o de Administração, e quem domina a língua inglesa e tem bons conhecimentos de informática.

PRINCIPAIS TAREFAS DO ASSISTENTE ADMINISTRATIVO

O assistente administrativo tem papel fundamental no acompanhamento e no controle das rotinas de trabalho das empresas e organizações. Atua muitas vezes como secretário, auxiliando gestores e líderes na condução dos processos organizacionais e na interface com demais setores da empresa, como o público externo. Sua especialidade é a gestão administrativa.

- Receber e enviar correspondências e documentos.
- Controlar contas a pagar e receitas.
- Emitir notas fiscais.
- Elaborar relatório financeiro.
- Acompanhar trabalho de logística da empresa.

- Manter arquivos e cadastros de informações atualizados.
- Assessorar gerentes e líderes em questões práticas da rotina de trabalho, como preparar documentos, prestar informações ao público, responder e-mails.

O cargo dá uma boa visão sobre as rotinas administrativas da empresa e pode ser a porta de entrada para uma carreira de sucesso em vários departamentos.

O assistente administrativo também pode seguir linhas de atuação profissional específicas, dependendo do perfil e da estrutura da empresa para a qual trabalha.

Alguns exemplos:

- Assistente de compras.
- Assistente comercial.
- Assistente de logística.
- Assistente de departamento pessoal.
- Assistente de atendimento.

PERFIL PROFISSIONAL DO ASSISTENTE ADMINISTRATIVO

Para o exercício da profissão, é importante que o assistente administrativo desenvolva as seguintes habilidades:

a. Capacidade de concentração.

b. Organização.

c. Autonomia.

d. Dinamismo.

e. Administração do tempo.

f. Comunicação.

Além disso, por lidar muitas vezes com documentos e informações sensíveis, é fundamental que esse profissional demonstre grande senso de responsabilidade e tenha postura ética.

A FORMAÇÃO DO ASSISTENTE ADMINISTRATIVO

A maioria das empresas que contrata assistentes administrativos exige o ensino médio completo. Muitas delas dão preferência a candidatos que tenham cursado ensino profissionalizante ou técnico, principalmente em Administração.

Segundo a Lei de Diretrizes e Bases da Educação Nacional (LDB), que regulamenta o sistema educacional no Brasil, os cursos profissionalizantes se dividem em três níveis: básico, técnico e tecnológico.

- **Nível básico:** voltado a estudantes em geral, sem exigência de nível mínimo de instrução. Pode ser oferecido por qualquer instituição de ensino.
- **Nível técnico:** voltado a estudantes que tenham concluído o ensino médio. Pode ser realizado por instituições de ensino autorizadas pelas secretarias estaduais de educação ou de ciência e tecnologia.

- **Nível tecnológico:** voltado a estudantes que queiram cursar ensino superior tecnológico. Pode ser realizado por instituições de ensino autorizadas pelo Ministério da Educação (MEC).

O QUE SÃO ROTINAS ADMINISTRATIVAS?

Rotinas administrativas são todas as rotinas ligadas às funções básicas de uma empresa. São elas: a comercial, a técnica, a financeira e a de contabilidade. Algumas técnicas administrativas são a construção de organogramas, que identifica os departamentos da empresa e os níveis de hierarquia. Outros documentos referentes às técnicas administrativas são o manual de rotina e regulamento interno.

Nos manuais de rotinas administrativas estão descritas as normas necessárias para execução de atividades específicas. Já o regulamento ou regimento interno é um documento com um conjunto de diretrizes que definem a estrutura organizacional e as políticas da empresa. Outros documentos que auxiliam as atividades administrativas são os relatórios que devem expor fatos e ocorrências para esclarecimento, dúvidas ou informação de problemas e outros documentos propostos para informações do interesse de um quadro de colaboradores são documentos como a circular interna (CI) e o ofício.

Muitos autores da área de administração chamam as rotinas administrativas de processos de suporte, ou processos administrativos.

Entendemos que processos administrativos e rotinas administrativas são coisas distintas. Veremos a definição de cada um desses elementos: processos e rotinas.

PROCESSO

É o conjunto de atividades (elementos) compostas por eventos que, por meio de instruções chamadas tarefas, tem por objetivo transformar entrada(s) agrupadas em um procedimento, em saída(s), que tanto podem ser bens como serviços a serem entregues a clientes internos e externos.

ROTINA

É um conjunto de atividades que serão executadas sempre da mesma forma por diversos processos ou subprocessos e muito raramente por outra rotina, embora possam existir pequenas variações de execução proporcionadas pelos dados de entrada que disparam a rotina e de conteúdo produzido.

Rotinas são criadas para serem chamadas por processos ou subprocessos sem qualquer alteração quanto a sua estrutura funcional. A rotina evita documentar muitas vezes um mesmo conjunto de atividades para cada processo ou subprocesso que necessite de um mesmo produto.

A figura da rotina é muito comum na área de TI, onde elas são criadas para serem executadas a partir de chamadas dentro de sistemas, subsistemas e/ou programas. Um exemplo clássico é a rotina para impressão de valores por extenso, muito comum na época áurea dos *mainframes*. Todos os programas que necessitavam imprimir valores por extenso chamavam essa rotina, passavam para ela um numeral e, como resultado, era gerado um valor por extenso que era usado em faturas, notas fiscais, notas promissórias etc.

Resumindo, processos podem chamar rotinas à execução sempre que necessitem produzir um mesmo produto.

O QUE É UM ARQUIVO?

Qualquer arquivo pode ser definido como um conjunto de documentos, organicamente acumulados, produzidos ou recebidos por pessoas físicas e instituições públicas ou privadas em decorrência do exercício de atividade específica, qualquer que seja o suporte da informação ou a natureza do documento.

As funções básicas de qualquer arquivo são:

- Guarda.
- Conservação.
- Acessibilidade.

CONSELHO NACIONAL DE ARQUIVOS (CONARQ)

Mesmo que você não seja um arquivologista ou um arquivista, é importante saber que existe a profissão estabelecida e regulamentada, pois o tratamento adequando de documentos de todos os tipos está sujeito às normas do Conarq. Não são apenas os documentos oficiais e os órgãos governamentais que estão obrigados a segui-las.

Saiba mais sobre o Conarq em:
uqr.to/cc1p

O Conarq é um órgão colegiado, vinculado ao Arquivo Nacional do Ministério da Justiça, que tem por finalidade definir a política nacional de arquivos públicos e privados, como órgão central de um Sistema Nacional de Arquivos, bem como exercer orientação normativa visando à gestão documental e à proteção especial aos documentos de arquivo.

A Constituição Federal de 1988 e particularmente a lei nº 8.159, de 8 de janeiro de 1991, que dispõe sobre a política nacional de arquivos públicos e privados, delegaram ao Poder Público essas responsabilidades, consubstanciadas pelo decreto nº 4.073, de 3 de janeiro de 2002, que consolidou os decretos anteriores – n°s 1.173, de 29 de junho de 1994; 1.461, de 25 de abril de 1995, 2.182, de 20 de março de 1997 e 2.942, de 18 de janeiro de 1999.

De acordo com esses dispositivos legais, as ações visando à consolidação da política nacional de arquivos deverão ser emanadas do Conarq.

Desde sua criação, o Conarq tem concentrado seus esforços no sentido de suprir o Brasil de um importante *corpus* de atos normativos que regulam matérias arquivísticas sobre diversos temas relativos à gestão, à preservação e ao acesso aos documentos públicos. O Conarq é responsável pela edição de decretos regulamentadores da lei nº 8.159, e de resoluções que tratam de temas diversos relativos à gestão de documentos convencionais e digitais, microfilmagem, digitalização, transferência e recolhimento de documentos de qualquer suporte, classificação, temporalidade e destinação de documentos, acesso aos documentos públicos, capacitação de recursos humanos, terceirização de serviços arquivísticos públicos, dentre outros.

O Conarq promove e desenvolve ainda importantes ações técnico-científicas, como seminários, oficinas, workshops, cursos, por intermédio de suas Câmaras Técnicas e Setoriais, e Comissões Especiais, constituídas não só por especialistas da área arquivística, como de outras áreas do conhecimento, tais como ciência da informação, biblioteconomia, tecnologia da informação, administração e direito.

Como uma das principais fontes de informação sobre arquivos, padrões e melhores práticas arquivísticas, vem produzindo e divulgando amplo e significativo repertório de publicações técnicas, com o objetivo de disseminar conhecimento arquivístico. Suas publicações são consideradas referência para a prática arquivística em instituições públicas e privadas em território nacional e na América Latina.

O Conarq disponibiliza para download a Coletânea da Legislação Arquivística Brasileira e correlata, atualizada em dezembro de 2017.

MÉTODOS E TÉCNICAS DE ARQUIVO E PROTOCOLO

Os documentos sempre representaram um importante papel na empresa e, por isso, devem ser tratados com funcionalidade e qualidade. No passado recente, toda a atividade de arquivamento era física, isto é, manuseava-se papel em abundância e tínhamos de arquivá-los em vários locais. Hoje, essas mesmas atividades já são feitas em ambiente digital. Antes de destruir qualquer documento, é preciso avaliar sua importância e seu valor para serem armazenados com segurança, precisão e simplicidade.

A seguir, algumas definições sobre arquivamento de documentos.

Arquivo é o conjunto de documentos que, independentemente da natureza ou do suporte, são reunidos por acumulação ao longo das atividades de pessoas físicas ou jurídicas, públicas ou privadas.

Os arquivos são classificados quanto à utilização como:

- **Arquivo ativo**: documentos que se encontram em fase de conclusão e, por esse motivo, estão em constante uso.
- **Arquivo intermediário**: documentos cuja frequência de uso é mediana.
- **Arquivo inativo**: documentos que possivelmente poderão ser utilizados no futuro e que, por isso, devem ser guardados.

Observação: jamais chame um arquivo inativo de arquivo morto, pois os arquivistas não reconhecem essa classificação.

MÉTODOS DE ARQUIVAMENTO

A escolha do método de arquivamento deve considerar as características dos documentos a serem arquivados e consequentemente classificados. Os métodos básicos de arquivamento mais utilizados são os seguintes:

- Alfabético.
- Geográfico.

- Numérico simples.
- Número composto.
- Ideográfico.

Esses métodos são válidos tanto para arquivamento físico quanto para arquivamento digital, mas há um conjunto de orientações, estabelecidas pelo Conarq, para que o arquivamento digital seja mais bem utilizado.

Qualquer documento existe em função de uma necessidade do processo organizacional ao qual ele pertence, ou seja, não existem documentos soltos em nenhum lugar. Eles estão ligados a atividades que, por sua vez, estão ligadas a processos.

Quando precisamos eliminar um documento, é preciso ir à fonte, isto é, ir à atividade que o tenha gerado. Não se pode eliminar nenhum documento em qualquer atividade que não tenha sido a atividade originária do documento.

O QUE É DIGITALIZAÇÃO?

Entendemos a digitalização como um processo de conversão dos documentos arquivísticos em formato digital.

De acordo com a natureza do documento arquivístico original, diversos dispositivos tecnológicos (hardware) e programas de computadores (software) serão utilizados para converter em dados binários o documento original para diferentes formatos digitais. No entanto, o produto dessa conversão não será igual ao original e não substitui o original que deve ser preservado. A digitalização, portanto, é dirigida ao acesso, difusão e preservação do acervo documental.

POR QUE DIGITALIZAR?

A seguir, listamos algumas razões pelas quais devemos digitalizar documentos:

- Contribuir para o amplo acesso e disseminação dos documentos arquivísticos por meio da Tecnologia da Informação e Comunicação.
- Permitir o intercâmbio de acervos documentais e de seus instrumentos de pesquisa por meio de redes informatizadas.
- Promover a difusão e reprodução dos acervos arquivísticos não digitais, em formatos e apresentações diferenciados do formato original.
- Incrementar a preservação e a segurança dos documentos arquivísticos originais que estão em outros suportes não digitais, por restringir seu manuseio.

CLASSIFICAÇÃO DE DOCUMENTOS

A seguir, apresentamos uma lista com os principais documentos utilizados em rotinas trabalhistas:

- **Ata**: utilizada por órgãos/entidades públicas e privadas para registrar, resumir e divulgar fatos e ocorrências verificadas e acordadas em reunião.

- **Aviso**: utilizado para mensagens em órgãos/entidades públicas e privadas.
- **Boletim**: utilizado para divulgar assuntos de interesse da organização.
- **Carta**: forma pela qual as organizações se dirigem aos particulares em geral.
- **Carta-circular**: forma pela qual os órgãos/entidades ou organizações se dirigem aos particulares em geral. Utilizada quando o mesmo conteúdo deve ser divulgado para vários destinatários.
- **Certidão**: utilizada para retratar atos ou fatos constantes de assentamentos públicos permanentes que se encontrem em poder de órgãos/entidades públicas.
- **Comunicação interna**: utilizada para comunicação, solicitação, determinação de assunto que deva ser comunicado com base em normas e políticas organizacionais.
- **Contrato**: utilizado pelos órgãos/entidades públicas e privadas para firmarem compromissos entre si, tendo em vista a aquisição de materiais e equipamentos ou a execução de obras e serviços diversos.
- **Convênio**: utilizado pelas organizações para firmarem, entre si, acordo de interesse comum.
- **Declaração**: utilizada para afirmar positiva ou negativamente a existência de fato ou estado de conhecimento de qualquer organização.
- **Decreto**: ato administrativo expedido pelo presidente da república e referendado por ministro de Estado, com finalidades gerais, específicas ou individuais.
- **Edital**: documento utilizado para o estabelecimento de condições sobre assuntos de interesses variados, tornando-se público por meio de anúncios na imprensa, no *Diário Oficial da União* ou com afixação em lugares públicos.
- **Exposição de Motivos**: expediente dirigido ao presidente da República para informá--lo sobre determinado assunto, para propor alguma medida ou para submeter à sua consideração projeto de ato normativo. Em regra, a exposição de motivos é dirigida ao Presidente da República por um Ministro de Estado ou secretário da presidência da república. Nos casos em que o assunto tratado envolver mais de um ministério, a exposição de motivos deverá ser assinada por todos os ministros envolvidos, sendo, por essa razão, denominada de "interministerial".
- **Instrução de Serviço**: utilizada pelo órgão/entidade, empresa, objetivando regulamentar e estabelecer procedimentos de caráter administrativo.
- **Instrução Normativa**: utilizada por órgãos centrais de sistemas objetivando a normatização e a coordenação central das atividades que lhes são inerentes.
- **Lei**: norma jurídica escrita, emanada do poder competente, com caráter de obrigatoriedade, que cria, extingue ou modifica direito.
- **Medida Provisória**: editada pelo Presidente da República para legislar, em caso de relevância e urgência, devendo ser submetida de imediato ao Congresso Nacional, nos termos do art. 62 da Constituição Federal.
- **Memorando**: documento utilizado internamente por dirigentes para o trato de assuntos administrativos de interesse da organização. Sua característica principal é a

agilidade. A tramitação do memorando em qualquer organização deve pautar-se pela rapidez e pela simplicidade de procedimentos burocráticos.

- **Memorando-circular**: como o memorando, serve para dirigentes compartilharem internamente assuntos administrativos de interesse da organização. Utilizado quando o mesmo conteúdo deve ser divulgado entre várias áreas.
- **Mensagem**: instrumento de comunicação oficial entre os chefes dos poderes públicos. Enviada pelo chefe do Poder Executivo ao Poder Legislativo para informar sobre fatos da Administração Pública, expor o plano de governo, submeter ao Poder Legislativo matérias que dependam de sua liberação, apresentar veto, comunicar sanção, enfim, fazer e agradecer comunicações de tudo quanto seja de interesse dos poderes públicos.
- **Nota**: correspondência trocada entre o Ministério das Relações Exteriores e as representações diplomáticas.
- **Ofício**: utilizado por chefes e dirigentes de órgãos/entidades públicas para a correspondência externa de assuntos oficiais.
- **Ofício-circular**: utilizado por chefes e dirigentes de órgãos/entidades públicas para a correspondência externa de assuntos oficiais. Utilizado quando o mesmo conteúdo deve ser divulgado entre vários destinatários.
- **Parecer**: utilizado por órgãos consultivos ou técnicos para opinarem e/ou se manifestarem a respeito de assuntos submetidos à sua consideração.
- **Parecer Normativo**: utilizado por órgãos consultivos superiores ou centrais de sistemas para fixar entendimento sobre normas legais ou regulamentares.
- **Portaria**: expedida por ministros de Estado e/ou dirigentes dos órgãos da Administração Pública Federal para a prática de atos necessários ao eficaz andamento dos serviços dentro da área específica de atuação do órgão.
- **Relatório**: utilizado para reunir informações, de forma sistemática e objetiva, de atividades desenvolvidas pela organização.
- **Representação**: utilizada para levar ao conhecimento de autoridades competentes ocorrências de fatos ou irregularidades detectadas na execução de serviços prestados por órgãos públicos.
- **Requerimento**: documento em que se faz pedido à autoridade competente.
- **Resolução**: utilizado por órgãos colegiados para o estabelecimento de normas sobre assuntos de sua competência.
- **Telegrama**: utilizado para a transmissão, pela ECT, de mensagem urgente e sucinta, em caráter oficial.
- **Termo Aditivo**: utilizado para alterar ou complementar, com base em disposição legal, as cláusulas de contratos ou convênios firmados pelos órgãos/entidades públicas e empresas de qualquer natureza.

RECEBIMENTO, DISTRIBUIÇÃO, TRAMITAÇÃO, EXPEDIÇÃO

O processo de recebimento, distribuição, tramitação, expedição depende da empresa. Em geral, no recebimento há uma atividade de protocolar todos os documentos recebidos para que fique registrada sua entrada na organização.

Feito o recebimento, os encarregados pelo protocolo selecionam e separam os documentos de acordo com os destinatários dentro da organização.

Depois de protocolados e separados os documentos, os encarregados pelo setor de protocolo distribuem os documentos na empresa.

O processo de expedição de documentos segue o caminho inverso. O colaborador que deseja enviar uma correspondência física encaminha esse documento para o setor de protocolo que, também, é responsável pela expedição dele.

TEMPORALIDADE E TIPOS DE ARQUIVO (FÍSICO E ELETRÔNICO)

Segundo o Conarq:[1]

> O código de classificação de documentos de arquivo é um instrumento de trabalho utilizado para classificar todo e qualquer documento produzido ou recebido por qualquer organização no exercício de suas funções e atividades. A classificação por assuntos é utilizada com o objetivo de agrupar os documentos sob um mesmo tema, como forma de agilizar sua recuperação e facilitar as tarefas arquivísticas relacionadas com a avaliação, seleção, eliminação, transferência, recolhimento e acesso a esses documentos, uma vez que o trabalho arquivístico é realizado com base no conteúdo do documento, o qual reflete a atividade que o gerou e determina o uso da informação nele contida. A classificação define, portanto, a organização física dos documentos arquivados, constituindo-se em referencial básico para sua recuperação.
>
> No código de classificação, funções, atividades, espécies e tipos documentais genericamente denominados assuntos, encontram-se hierarquicamente distribuídos de acordo com as funções e atividades desempenhadas pelo órgão. Em outras palavras, os assuntos recebem códigos numéricos, os quais refletem a hierarquia funcional do órgão, definida através de classes, subclasses, grupos e subgrupos, partindo-se sempre do geral para o particular.

A avaliação constitui-se em atividade essencial do ciclo de vida documental arquivístico, na medida em que define quais documentos serão preservados para fins administrativos ou de pesquisa e em que momento poderão ser eliminados ou destinados aos arquivos intermediário e permanente, segundo o valor e o potencial de uso que apresentam para a administração que os gerou e para a sociedade.

A essa avaliação dá-se o nome de Tabela de Temporalidade.

TABELA DE TEMPORALIDADE DOCUMENTAL (TTD)

A TTD, junto com o Plano de Classificação de Documentos, é uma ferramenta essencial na Gestão Documental, pois nela são determinados prazos para a manutenção ou a eliminação de documentos de forma racional, de acordo com os códigos estabelecidos no Plano de Classificação de Documentos.

---

[1] Conarq. Disponível em: <http://www.conarq.arquivonacional.gov.br/images/publicacoes_textos/Codigo_de_classificacao.pdf.>. Acesso em: 2 de maio de 2018.

Embora seja a primeira coisa que as pessoas pensam quando falamos de TTD, o descarte não é a ação mais importante que existe em termos de valores arquivísticos. É apenas um deles.

METODOLOGIA PARA CONSTRUÇÃO DE UMA TTD

Uma das primeiras providências a serem tomadas é uma análise sobre a situação documental da organização quanto aos seguintes pontos críticos.

- Excesso de papéis.
- Excesso de documentos digitais.
- Escassez de espaço físico.
- Escassez de espaço lógico.
- Dificuldade para localização de documentos, mesmo eletrônicos.
- Extravios de documentos, mesmo eletrônicos.
- Falta de padrão de procedimentos de armazenagem e recuperação de documentos.
- Falta de critérios para expurgo de documentação.

Todos sabemos que, por mais que tenhamos boas intenções, papel ainda é algo que prolifera em todas as organizações. Mais em umas, menos em outras, papel é o que não falta. Por isso precisamos pensar em uma solução planejada e metodizada para tratar documentos de qualquer espécie, sejam físicos ou lógicos.

A principal atividade em um processo de construção de uma TTD é a entrevista que obrigatoriamente teremos de fazer com cada usuário dentro de cada processo de negócio da organização. É essa entrevista que vai nos dar a exata dimensão da tabela e da temporalidade de cada documento.

Nome da Tabela:		Nome do Processo / Subprocesso / Rotina:			Metodologia DOMPTM Id TTD – V12			LOGO
Atividade – Papel Funcional e nome do Funcionário responsável pelas informações:			DATA ORIGINAL		DATA MODIFICAÇÃO 04/05/2018		Página 1 de 1	
Item Documental		Remissiva	Código do Formulário	Via	T.A. AA | AI | AI	Cópia	Rev.	Observações
Observações:								
Analista: Assinatura Data		Coordenador: Assinatura Data			Código do Documento:			

© 2012 TRCR KNOWLEDGE – Todos os direitos reservados

Figura 7.1 Exemplo de TTD.

Preenchimento dos campos:

- Nome da tabela: escolha um nome que possa identificar a atividade que está sendo documentada.
- Nome do processo/subprocesso/rotina: identifique onde a atividade está situada.
- Atividade – Papel Funcional e nome do Funcionário responsável pelas informações: nome da atividade que está sendo documentada. Nome do papel funcional responsável pela atividade e nome do funcionário (pelo menos um, se houver vários representando a mesma função).
- Logo: colocar o logotipo ou nome da organização.
- Data original de preenchimento do formulário.
- Data modificação ou atualização: será preenchida automaticamente pelo aplicativo.
- Página: será preenchida automaticamente pelo aplicativo.
- Item documental: nome genérico do documento ou da pasta no arquivo.
- Remissiva: nomes dos processos onde o item documental é usado.
- Código do Formulário: se o documental tiver um código. Se não tiver, deixar em branco.
- Via: identifica se o item documental é original ou uma cópia.
- T.A.: tempo de arquivamento ou retenção do item documental.
    - AA: tempo de arquivamento ou retenção do item documental no arquivo ativo.
    - AI: tempo de arquivamento ou retenção do item documental no arquivo intermediário.
    - AI: tempo de arquivamento ou retenção do item documental no arquivo inativo.
- Cópia: registrar se o item documental se apresenta em outro tipo de mídia.
- Rev.: quantidade de vezes que o item documental foi revisado.
- Observações.

PRESERVAÇÃO DE ARQUIVOS

Por que preservar? Porque em todos os suportes documentais, de qualquer tipo, estão contidos dados e informações que, muitas vezes, não podem ser perdidos. Preservando o suporte, preserva-se o dado e a informação. Preservar/conservar para não haver necessidade de restaurar. A restauração, além de ser um procedimento de alto custo financeiro, muitas vezes compromete a informação contida no documento.

Os fatores que podem provocar a destruição de documentos são os seguintes:

- De ordem biológica:
    - Insetos (baratas, traças, cupins etc.).
    - Microrganismos (fungos atuam decompondo a celulose e produzem também pigmentos que mancham o papel).
    - Roedores.

- O homem (deixando restos de comida no local do acervo, guardando inadequadamente os documentos e manuseando-os sem o devido cuidado).
- De ordem físico-química:
  - Temperatura e umidade: o papel se deteriora com o tempo, mesmo que as condições de conservação sejam boas. O papel perde sua cor original, tornando-se frágil, o que causa seu envelhecimento natural.
  - Quanto mais baixa a temperatura na qual ele for conservado, maior será a vida do papel. Como temperaturas muito baixas tornam-se desagradáveis para funcionários e usuários, a temperatura em torno de 22º C está dentro do limite recomendado.
  - O excesso de umidade também é prejudicial ao papel. As condições ideais estão em torno de 50% a 65%.
  - Luminosidade: a luz direta danifica os documentos. Deve-se evitar a incidência de luz direta, com o acondicionamento apropriado e controle de grau de intensidade de luz.
  - Poluição do ar (gases, poeira, elementos de contato – inseticidas, tintas etc.).
  - Falta de ventilação.
  - Acidentes (água, incêndios, guerras, terremotos etc.).

Para a adequada conservação preventiva de acervos físicos, quando se lida com documentos em arquivo corrente, deve-se atentar para as seguintes recomendações:

- Evite fazer anotações utilizando canetas (a tinta da caneta é antiestética e desfiguradora).
- Não use saliva no dedo para virar as folhas dos livros (a saliva provoca acidez no papel).
- Não faça dobras para marcar páginas (dobras nas folhas provocam rompimento das fibras do papel).
- Não faça refeições perto do acervo (as comidas e bebidas sujam, mancham e atraem insetos).
- Nunca tente remendar usando fitas adesivas (as fitas adesivas provocam manchas).
- Não use clipes, grampos e prendedores de metal (a ferrugem se desenvolve e migra para o papel).
- Mantenha sempre as mãos limpas (mãos sujas provocam manchas).
- Não coloque entre as páginas do documento: flores, recortes de jornais e papéis ácidos para evitar manchas e acidez.
- Evite exposição do acervo à luz solar (a luz danifica papéis e tintas).
- Mantenha o ambiente sempre limpo e livre de poeira (a poeira reage com a umidade, produzindo ácidos).
- Não exponha o acervo a altas temperaturas (acelera as reações químicas e favorece a proliferação de insetos e microrganismos).
- Adote as formas corretas de arquivamento e mobiliário: as estantes e os arquivos devem ser de aço, pois são mais leves, não entram em combustão e, principalmente, dificultam a proliferação de insetos.

- O uso de caixas-arquivo a partir do arquivo intermediário é o mais adequado, pois evita-se que os documentos fiquem expostos diretamente à poeira, à luminosidade etc.
- Organize um programa de prevenção de incêndios que seja funcional, eficaz e que, se possível, em caso de ocorrência de um incêndio, não cause outros danos à documentação.
- Tome medidas de higiene contra insetos, fazendo inspeções periódicas nos depósitos, e mantenha constante vigilância quanto à entrada de móveis e documentos acumulados. A maneira mais segura de evitar problemas com insetos é manter bons hábitos de limpeza no local do arquivo.
- Construa os arquivos segundo orientação técnica, evitando locais com muita poluição, ruídos em excesso e tráfego intenso de veículos.

TÉCNICAS DE REDAÇÃO EMPRESARIAL E OFICIAL

Textos empresariais demonstram o conhecimento, o comprometimento e o profissionalismo de quem os escreve. Além disso, fazem com que a credibilidade na empresa se apresente de forma clara a todos que com eles têm contato.

Embora nossas comunicações tenham ficado a cada dia mais e mais informais, no ambiente corporativo e nos órgãos oficiais os documentos devem ser formais e seguir alguns princípios que ainda regem às relações empresariais e governamentais.

Redação empresarial é uma das inúmeras formas de se praticar e vivenciar o ambiente corporativo de forma a transmitir uma imagem de comando e de liderança que valorize o profissional.

As seguintes orientações podem ajudá-lo a escrever textos empresariais e oficiais de forma correta e profissional.

1. **Planeje com cuidado**: em vez de sair escrevendo qualquer coisa que venha à cabeça, planeje com antecedência o que vai querer comunicar com o documento.
2. **Setorize o texto**: depois de estabelecer o objetivo, divida o texto em três grandes blocos: começo, meio e fim.
3. **Elabore frases curtas e claras**: seja simples e direto.
4. **Separe ideias por parágrafos**: desenvolva em cada parágrafo uma ideia apenas, preferencialmente.
5. **Elimine maneirismos e informalismos**: seja profissional, não use expressões que são comuns em contatos informais como WhatsApp, e-mails pessoais etc.
6. **Fuja do uso excessivo do estrangeirismo**: procure não utilizar termos em inglês de forma excessiva. Sempre que possível, use a palavra correspondente em português.
7. **Pesquise antes**: desde que você não saiba ou não tenha certeza da grafia de determinadas palavras, é conveniente que você pesquise antes para não escrevê-las de forma errada.
8. **Leia o texto em voz alta**: essa é uma regra de ouro da Redação Empresarial e que certamente será muito útil.

ESTRUTURA TEXTUAL

Cada tipo de redação técnica apresenta uma estrutura específica. No entanto, algumas características são comuns a todas elas.

- **Timbre**: as redações técnicas geralmente são produzidas em papel timbrado da empresa, da universidade, da escola etc. Além do timbre, elas podem conter carimbos com indicação da instituição que a emitiu.
- **Destinatário**: alguns textos técnicos exigem a indicação do receptor da mensagem. Além do nome, podem ser acrescidos o departamento e o cargo ocupado pelo destinatário.
- **Título**: algumas delas usam título, enquanto outras preenchem um campo denominado "assunto".
- **Tema**: antes de escrever, é importante estar atento ao tema (assunto) que será explorado no corpo do texto.
- **Corpo do texto**: os textos das redações técnicas geralmente seguem a estrutura padrão de introdução, desenvolvimento e conclusão.
- **Saudações finais**: alguns documentos admitem as saudações finais e sempre devem aparecer na linguagem formal: atenciosamente, saudações cordiais, cumprimentos etc.
- **Assinatura**: ao final do documento, muitas redações técnicas apresentam a assinatura do emissor, bem como o cargo que ocupa.

COESÃO E COERÊNCIA

Lembre-se de manter a coesão do texto, pois redação empresarial e oficial não é literatura, muito menos poesia, e têm de manter a coerência entre os assuntos tratados e as posições assumidas nele.

Outra preocupação: seja coerente entre aquilo que você escreve e aquilo que você fala.

O *Dicionário Eletrônico Aurélio*[2] classifica coesão como: "Aderência, força que une entre si as moléculas dos líquidos ou dos sólidos. União. Qualidade de uma coisa em que todas as partes estão ligadas umas às outras. Harmonia, associação íntima."

E coerência como: "Recíproca aderência que têm entre si todas as partes de um corpo. Conformidade entre fatos ou ideias. Nexo, conexão."

PRONOMES DE TRATAMENTO

Pronomes de tratamento (ou axiónimos) estão incluídos no grupo dos pronomes pessoais e são formas corteses que orientam como devemos nos dirigir à pessoa com quem estamos falando ou de quem estamos falando. São, maioritariamente, utilizados em tratamentos formais, quando o interlocutor ocupa cargos ou posições sociais elevadas e prestigiadas.

A seguir, listamos exemplos e uso dos pronomes de tratamento:

---

[2] *Dicionário Eletrônico Aurélio*. Disponível em: <https://dicionariodoaurelio.com/coesao>. Acesso em: 2 de maio de 2018.

- V. – você – Usado em tratamentos informais, íntimos e familiares. Este pronome, em algumas regiões do Brasil, é substituído pelo pronome tu.
- Sr., Sr.ª, Srta. – senhor, senhora, senhorita – Usados em tratamentos formais e respeitosos, quando existe distanciamento entre os locutores. Senhor é utilizado quando o tratamento se dirige a homens, senhora é utilizado quando o tratamento se dirige a mulheres casadas, e senhorita é utilizado quando o tratamento se dirige a mulheres solteiras.
- V. S.ª – Vossa Senhoria – Usado em tratamentos cerimoniosos e respeitosos a pessoas com grande prestígio, como vereadores, chefes, secretários e diretores de autarquias. Este pronome é também utilizado em textos escritos oficiais, como correspondência comercial, ofícios e requerimentos.
- V. Ex.ª – Vossa Excelência – Usado em tratamentos cerimoniosos e respeitosos a pessoas com alta autoridade, como presidente da república, ministros, senadores, deputados, embaixadores etc. No caso do Presidente da República, não deverá ser utilizada a forma abreviada do pronome de tratamento.
- V. Em.ª – Vossa Eminência – Usado em tratamentos cerimoniosos e respeitosos a cardeais, que são eclesiásticos do Sacro Colégio pontifício e participam no conclave para a eleição de um novo Papa.
- V. S. – Vossa Santidade – Usado em tratamentos cerimoniosos e respeitosos ao Papa. Este pronome de tratamento é também utilizado por ocidentais em tratamentos cerimoniosos e respeitosos ao Dalai Lama, embora não seja utilizado pelos tibetanos.
- V. Rev.mª – Vossa Reverendíssima – Usado em tratamentos cerimoniosos e respeitosos a sacerdotes, bispos e religiosos em geral.
- V. A. – Vossa Alteza – Usado em tratamentos cerimoniosos e respeitosos a príncipes, princesas, duques e duquesas.
- V. M. – Vossa Majestade – Usado em tratamentos cerimoniosos e respeitosos a reis e rainhas.
- V. Mag.ª – Vossa Magnificência – Usado em tratamentos cerimoniosos e respeitosos a reitores de universidades.
- V.P. – Vossa Paternidade – Usado em tratamentos cerimoniosos e respeitosos a superiores de ordens religiosas.
- V. M. I. – Vossa Majestade Imperial – Usado em tratamentos cerimoniosos e respeitosos a imperadores.
- Vossa Onipotência – Usado em tratamentos cerimoniosos e respeitosos a Deus. Não se utiliza a forma abreviada.

Exemplos:
- Vossa Excelência estará presente na cerimônia de encerramento?
- Vossa Eminência estará presente no conclave?
- Estou ansioso pela missa que Vossa Santidade rezará no Rio de Janeiro.

- Vossa Majestade cumpriu, na perfeição, o protocolo na missa de entronização do novo Papa.
- Vossa Reverendíssima irá ministrar algum sacramento da igreja hoje?
- Vossa Magnificência presidirá a cerimônia de encerramento do ano letivo?
- Senhorita, queira me desculpar. Suas vontades serão realizadas imediatamente.

CONCORDÂNCIA COM OS PRONOMES DE TRATAMENTO

Embora os pronomes de tratamento se dirijam à 2ª pessoa do singular ou do plural, a concordância verbal deverá ser feita sempre com a 3ª pessoa do singular ou do plural.
Exemplos:
- Todos os fiéis da sua paróquia acreditam em si e seguem seus ensinamentos, Vossa Reverendíssima.
- Vossa Magnificência, sua opinião e suas decisões são muito importantes para os estudantes desta universidade.

Além do uso de Vossa Senhoria, Vossa Alteza, Vossa Majestade, também é possível o uso de Sua Senhoria, Sua Alteza, Sua Majestade. A diferença no uso dessas duas formas é: usamos o pronome *Vossa* quando estamos falando diretamente com a pessoa e usamos o pronome *Sua* quando estamos falando sobre a pessoa.
Exemplos:
- Vossa Senhoria quer que eu lhe entregue os ofícios agora?
- Lamento informar que Sua Senhoria, o diretor da autarquia municipal, não pode estar presente hoje neste evento.

Conheça alguns exemplos de redação técnica em:
uqr.to/cc1q

Gênero Textual Memorando
Gênero Textual Relatório
Gênero Textual Requerimento
Gênero Textual Declaração
Gênero Textual ATA
Gênero Textual Procuração
Carta Comercial
Gênero Textual Atestado
Gênero Textual Circular
Gênero Textual Contrato
Como fazer um currículo

CASO

Uma autarquia médica situada na cidade de São Paulo enfrentava um grande problema: seu acervo documental deteriorava-se rapidamente, estava mal cuidado e mal guardado, além de estar espalhado por diversos locais da referida autarquia.

O acervo dessa autarquia era composto por um tipo especial de documento, prontuários médicos – que têm de ser guardados enquanto viver cada paciente.

A autarquia realizou uma licitação para a escolha de um fornecedor de tratamento, digitalização e guarda de todo o acervo documental. A empresa que ganhou a concorrência cometeu alguns erros graves na hora de estimar os custos e os lucros que ela teria com tal negócio: não realizou uma vistoria técnica ao acervo da autarquia, não levantou direito a quantidade (mais de 90 mil prontuários), as condições em que o acervo se encontrava, onde estava guardado etc. Só para se ter uma ideia do desastre que estaria por vir, uma parte considerável do acervo tinha sido perdida numa enchente ocorrida numa garagem, um dos locais que a autarquia usava para "guardar" tais documentos.

A empresa que ganhou a licitação cometeu muitos erros e por isso pagou caro por tal desleixo e despreparo. Resumidamente, essa empresa teve um prejuízo estimado em duas vezes o valor do contrato e, além disso, sofreu um processo por não ter conseguido recuperar os documentos que foram perdidos na garagem inundada, algo que não teria acontecido se, de antemão, tivesse verificado as condições de todo o acervo.

Questões para discussão
1. Quais erros foram cometidos neste projeto?
2. Como as empresas concorrentes deveriam ter se comportado?
3. Quais teriam sido suas preocupações para entrar num projeto como este?

EXERCÍCIOS

1. O que faz um assistente administrativo?
   a. O assistente administrativo é um profissional imprescindível a toda e qualquer organização. Ele atua como responsável pelo RH.
   b. O assistente administrativo é responsável por rotinas essenciais ao funcionamento de qualquer organização.
   c. O assistente administrativo é um profissional imprescindível a toda e qualquer organização. Ele atua na gestão das empresas, com foco na administração financeira, nos processos operacionais e nos de logística. É o profissional responsável pelo controle de receitas e despesas, contas a pagar e contas a receber, e pelo gerenciamento das tarefas de rotina essenciais ao funcionamento de qualquer organização, tais como: emissão de documentos, atualização de cadastro e atendimento a fornecedores e clientes.
   d. O assistente administrativo é o responsável pelo controle de receitas e despesas.

e. O assistente administrativo atua no gerenciamento das tarefas de rotinas essenciais ao funcionamento de qualquer organização.
2. Assessorar gerentes e líderes em questões práticas da rotina de trabalho, como preparar documentos, prestar informações ao público, responder e-mails, é tarefa de qual papel funcional na organização?
   a. Diretor de RH.
   b. Assessor da presidência.
   c. Assistente administrativo.
   d. Contador.
   e. Gerente de TI.
3. Algumas habilidades que um assistente administrativo deve ter são:
   a. Capacidade de Concentração. Organização. Autonomia. Dinamismo. Administração do Tempo. Comunicação.
   b. Capacidade de Concentração. Comunicação. Raciocínio Matemático.
   c. Raciocínio Matemático. Dinamismo. Administração do Tempo. Comunicação.
   d. Capacidade de Concentração. Capacidade de Raciocínio Lógico Comunicação.
   e. Capacidade de Comunicação. Organização. Autonomia. Dinamismo. Administração do Tempo. Capacidade de Análise Lógica.
4. O que são rotinas administrativas?
   a. Rotinas gerais de apoio à organização.
   b. Rotinas administrativas são todas as rotinas ligadas às funções básicas de uma empresa. São elas: a comercial, a técnica, a financeira e a de contabilidade.
   c. Rotinas comerciais.
   d. Rotinas administrativas são todas as rotinas ligadas ao departamento comercial.
   e. São todas as rotinas ligadas às funções básicas da contabilidade.
5. O que é a digitalização?
   a. É um processo de conversão dos documentos arquivísticos em formato digital.
   b. Entendemos a digitalização como um processo de conversão de dados.
   c. Digitalização é um processo de conversão dos documentos em papel em *bytes*.
   d. Entendemos a digitalização como a transformações de 0 (zero) e 1 (um), agrupadas em conjuntos de 8 bits (*binary digit*) formando um *byte*.
   e. Entendemos a digitalização como passar para o formato digital documentos escritos a tinta.

CAPÍTULO 8

ADMINISTRAÇÃO DE PESSOAL – CÁLCULOS E LEGISLAÇÃO TRABALHISTA

Todos os assuntos e todos os capítulos deste livro são igualmente importantes, mas o elemento mais importante em qualquer organização chama-se **gente**!

Ainda que hoje em dia se fale muito em robôs, por muito tempo as organizações vão ser operadas e administradas por gente. Então, este capítulo sobre administração de pessoal é mais importante que os demais.

O PAPEL DO RH

Importante ponto de atenção em qualquer organização, a administração de pessoal tem evoluído consideravelmente nos últimos tempos na maioria das empresas. Entretanto, muitas ainda praticam somente rotinas de departamento de pessoal em vez de terem uma política de administração de recursos humanos.

As rotinas de departamento de pessoal são compostas de tarefas bem específicas, tais como admissão e demissão de pessoal, controle de ponto, folha de pagamento. Já a política de administração de pessoal é muito mais ampla, inclui as rotinas de departamento de pessoal, mas vai além.

O papel do RH é extremamente importante, pois ele abrange, além das rotinas administrativas, a formulação e a execução da política de pessoal nas modernas organizações.

A primeira e, talvez, mais importante tarefa do RH é contratar pessoas, pois, para preencher vagas, o responsável pelo RH vai depender de uma série de elementos nem sempre disponíveis nas organizações.

PAPEL FUNCIONAL E CARGO

A maioria das organizações se baseia nas suas estruturas para contratar profissionais. Entretanto, estruturas organizacionais são representadas por cargos, enquanto atividades são representadas por papéis funcionais, e isso é, em grande parte, a causa dos desajustes funcionais.

Para sabermos com exatidão o perfil do profissional que necessitamos contratar, é preciso documentar atividades, pois elas é que serão operacionalizadas, e não as estruturas organizacionais.

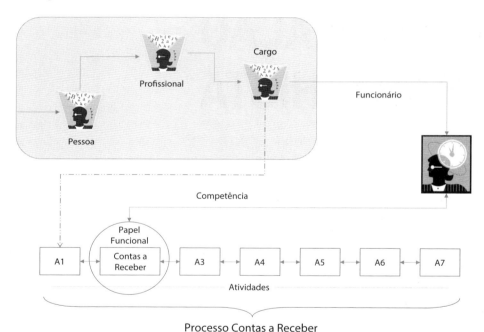

Figura 8.1 Dois tipos de contratações.

A Figura 8.1 mostra os dois tipos de contratações. No retângulo cinza está a abordagem baseada em cargos e o conjunto completo representa a abordagem baseada em cargos e papéis funcionais.

Na primeira abordagem, os profissionais de RH se baseiam somente nas descrições existentes nas estruturas de cargos e salários, enquanto na segunda abordagem esses mesmos profissionais se baseiam em dois conjuntos de dados e informações: estruturas de cargos e salários e documentação dos processos, de onde serão extraídas informações sobre cada papel funcional.

A contratação correta se baseia em ambos os conjuntos de informações para contratar um profissional. Entretanto, a maioria das empresas não têm seus processos organizacionais documentados, o que impossibilita que profissional de RH contrate a pessoa certa para o lugar certo.

O cargo descreve informações necessárias para que um profissional possa ser contratado para vir a representar um papel funcional. O plano de cargos & salários, na maioria das vezes, tem informações sobre (além do cargo e do salário):

- Plano de benefícios.
- Escolaridade requerida para o cargo.
- Tempo de experiência necessário.
- Faixa salarial.
- Plano de carreira.
- Plano médico-odontológico.

Entretanto, não existe nenhuma informação sobre:

- As responsabilidades do papel funcional que serão preenchidas com a contratação.
- As metas associadas à atividade e ao papel funcional.
- As métricas ou indicadores de desempenho com os quais o funcionário será aferido e com qual periodicidade, mensal, semestral, anual.

O livro *Descrição de cargos, salários e profissões regulamentadas*, de Aristeu de Oliveira (2017), traz extensa coleção de cargos com respectivos salários, além de profissões regulamentadas no Brasil. Você, como administrador, deve consultá-lo sempre que tiver alguma dúvida nesses quesitos.

Saiba mais sobre o Código Brasileiro de Ocupações em: uqr.to/cc5f

Uma dica: você pode "inventar" ou criar qualquer papel funcional na sua empresa, mas o cargo deve obrigatoriamente estar descrito no CBO.

Muitas empresas adotam o hábito de primeiro fazer um recrutamento interno quando há uma vaga a ser preenchida. O recrutamento interno tem uma série de vantagens, mas há riscos também. Vantagem porque poupa recursos financeiros e tempo, que seriam às vezes escassos, mas as desvantagens são muitas e sérias.

Por exemplo, há pouco tempo uma empresa precisava preencher uma vaga de subgerente e, para isso, recrutou um coordenador da mesma área da subgerência que, em princípio, teria todas as características e condições de assumir o cargo e o papel funcional.

Não se sabe ao certo o que aconteceu, mas seis meses depois o subgerente foi sumariamente demitido pela gerente geral da área. Assim, o que era um excelente profissional quando coordenador, não preencheu os requisitos do novo papel funcional, quer por razões técnicas, quer por razões pessoais. Resultado: a empresa perdeu um excelente profissional no cargo de coordenador.

SELEÇÃO

Desse modo, seja um recrutamento interno ou um recrutamento externo, a seleção deve ser cuidadosamente planejada e executada, e realizada sempre com base nas informações sobre o cargo e, principalmente, com base nas informações sobre o papel funcional.

Na entrevista de seleção, o profissional ainda não precisa levar todos os documentos necessários à contratação. Isso só será exigido para o candidato ou candidatos que tiverem sido aprovados na seleção.

Os documentos são:

- Carteira de Trabalho (CTPS).
- CPF.
- RG.
- Certificado de Reservista, se homem.
- Identificação do PIS/Pasep.
- Título de eleitor e comprovante de quitação eleitoral.
- CNH, se o cargo assim o exigir.
- Foto 3 × 4.
- Exame médico admissional.
- Certidão de casamento ou equivalente, se o candidato(a) for casado(a).
- Certidão de nascimento dos filhos, se houver.
- Caderneta de vacinação dos filhos, se houver.
- Comprovante de residência.

Em alguns casos, as seguintes certidões podem ser exigidas:

- Certidão Negativa Criminal da Justiça Estadual, incluindo Juizados Especiais Criminais (Distribuição e execução, onde houver);
- Certidão Negativa Criminal da Justiça Eleitoral (Não confundir com Certidão de Quitação Eleitoral);
- Certidão Negativa Criminal da Justiça Federal;
- Certidão Negativa Criminal da Justiça Militar (Duas certidões: Justiça Militar da União e Justiça Militar dos Estados).

CAPACITAÇÃO E DESENVOLVIMENTO

Como parte da política de desenvolvimento de pessoal, a empresa deve ter um plano de capacitação e desenvolvimento dos seus funcionários.

Nas empresas que têm avaliação anual de desempenho dos seus funcionários, esses planos são derivados dessas avaliações, como forma de desenvolver os colaboradores, pois de outra forma tais planos são feitos sem base funcional e muitas vezes de forma *ad hoc*.

O trinômio conhecimento/competência/habilidade é a base que a empresa deve procurar desenvolver nos seus colaboradores.

- **Conhecimento**: é a base para adquirir novos saberes e informações, mas para adquiri-lo é necessário que estejamos preparados, isto é, que tenhamos base. Aumentar conhecimento é um desenvolvimento constante.
- **Competência**: Rogério Valle et al. (2003) define competências como:

    A capacidade do trabalhador de ativar a cultura técnica de sua comunidade de trabalho para interpretar as inúmeras informações provenientes do contexto físico, social e subjetivo, sob a forma de sinais e signos, verbais (p. ex., frases, durante diálogos sobre questões técnicas ou gerenciais) ou não (p. ex., sinais provenientes de uma máquina).

    Para Zarifian, citado por Valle et al. (2003), um dos maiores estudiosos do tema:

    Por competência, compreendemos a inteligência individual e coletiva das situações trazidas pelos eventos, consideradas no conjunto de sua complexidade. Ao empregar a palavra "inteligência", desejamos significar a necessidade de superar a distinção clássica entre saber formalizado e experiência (ou entre saber e saber-fazer).

- **Habilidade**: é saber fazer, ou colocar o conhecimento, por meio das competências em ação.

AVALIAÇÃO DE DESEMPENHO

O QUE É E COMO DOCUMENTAR

A avaliação de desempenho organizacional tem como base várias metodologias, técnicas e variantes, mas todas buscam o mesmo objetivo: avaliar se a organização está se comportando da maneira como foi planejado, isto é, se seus colaboradores estão executando suas responsabilidades alinhadas com os planos estratégico, tático e operacional. Em resumo, é isso que tais métodos e técnicas buscam. E existem vários!

FORMAS DE AVALIAÇÃO DE DESEMPENHO

Existem diversos sistemas e/ou métodos para se avaliar o desempenho organizacional, incluindo-se nesses os de avaliação de desempenho dos funcionários em uma organização. Mas os instrumentos de avaliação de desempenho, na sua maioria, pecam pela falta de documentação ligando conhecimento, competência e habilidades. É preciso que o último elo da cadeia de planos faça parte dessa cadeia.

Nossa abordagem é muito simples e liga cada funcionário, por meio do papel funcional que representa, com processos e responsabilidades e esses ao planejamento estratégico. Mas antes vamos ver o que existe de métodos para a avaliação de desempenho.

A seguir, listamos os métodos mais conhecidos e utilizados de avaliação de desempenho organizacional:

- Autoavaliação.
- Avaliação 360 graus.
- Avaliação de competências e resultados.
- Avaliação por objetivos.
- Avaliação por resultados.

- Conhecimento, Habilidade e Atitude (CHA).
- Comparação de pares.
- Escalas gráficas de classificação.
- Escolha e distribuição forçada.
- Incidentes críticos.
- Padrões de desempenho.
- Pesquisa de campo.
- Relatório de desempenho.

Saiba mais sobre avaliação 360° em:
uqr.to/cc5j

MOBILIZAÇÃO DE EQUIPES

Mobilizar equipes é uma competência fundamental para qualquer líder, coordenador, gerente etc. buscando empreender ideias e projetos. Mas antes de mobilizar uma equipe, é necessário ter claramente o motivo para essa mobilização. A mobilização pode se dar pelos seguintes motivos:

- Para executar um projeto.
- Para atender a uma demanda extraordinária.
- Para criar um novo produto.
- Para abrir uma nova área.
- Para serviços comunitários.
- Para voluntariado.

Os motivos são vários, entretanto, o que importa é como criamos a equipe e como a motivamos para o sucesso do empreendimento. Algumas dicas são dadas por Amaury Razente,[1] que é vice-presidente de Operações da Furukawa.

1. Criar uma visão, alinhar os esforços e engajar.
2. Focar na produção de atitudes de valor.
3. Construir e gerenciar relacionamentos com base na confiança.
4. Produzir comprometimento com base no espírito de equipe.
5. Promover reuniões de análise.
6. Desafiar a quebra de paradigmas.
7. Gerenciar efetivamente os problemas.

Você pode ler o artigo todo no site relacionado a seguir.

---

[1] 7 dicas para construir equipes de alta performance. Disponível em: <http://cio.com.br/gestao/2015/01/20/sete-dicas-para-construir-uma-equipe-de-alta-performance/>. Acesso em: 5 de maio de 2018.

TÉCNICAS PARA MEDIAÇÃO DE CONFLITOS

Há especialistas em RH que dizem que conflitos são positivos, pois geram motivação e energia para executar melhor as tarefas, além de facilitar a inovação, a mudança e a adaptação das pessoas em ambientes organizacionais. Podem até ter razão em algumas colocações, mas um ambiente onde os conflitos eclodem com facilidade e frequência são prejudiciais ao desempenho das equipes em qualquer organização, dizem alguns outros especialistas.

O equilíbrio é sempre mais vantajoso, embora não seja tão fácil na prática como é na teoria: "A mediação é a arte de harmonizar conflitos. Ela parte de uma lógica que se opõe à disputa e procura encontrar soluções compartilhadas" (Malvina Muszkat, 2007).

No nosso caso, o conflito e consequente mediação, muitas vezes proveniente de disputas trabalhistas, dá-se por discordância de vários elementos, e para resolvê-los foram criadas as Juntas de Conciliação.

Na Constituição do Brasil, no artigo 116, está escrito:

> Art. 116. A Junta de Conciliação e Julgamento será composta de um juiz do trabalho, que a presidirá, e dois juízes classistas temporários, representantes dos empregados e dos empregadores.
>
> Parágrafo único. Os juízes classistas das Juntas de Conciliação e Julgamento serão nomeados pelo Presidente do Tribunal Regional do Trabalho, na forma da lei, permitida uma recondução.

A Justiça do Trabalho concilia e julga as ações judiciais entre trabalhadores e empregadores e outras controvérsias decorrentes da relação de trabalho, bem como as demandas que tenham origem no cumprimento de suas próprias sentenças, inclusive as coletivas.

Os órgãos da Justiça do Trabalho são o Tribunal Superior do Trabalho (TST), os Tribunais Regionais do Trabalho (TRTs) e os Juízes do Trabalho.

Os Juízes do Trabalho atuam nas Varas do Trabalho e formam a 1ª instância da Justiça do Trabalho.

Os vinte e quatro (24) Tribunais Regionais do Trabalho são compostos por Desembargadores e representam a 2ª Instância da Justiça do Trabalho.

Saiba mais sobre a Justiça do Trabalho em:
uqr.to/cc5l

ESTRATÉGIAS DE PERSUASÃO E MOTIVAÇÃO

A persuasão, que para muitos é uma arte, está na raiz das pessoas bem-sucedidas como instrumento de trabalho. Quanto mais persuasivo for o gerente, aquele que comanda, mais facilmente o grupo será conduzido ao sucesso. Você já deve ter se perguntado o que faz uma pessoa ser mais bem-sucedida que outras, ou uma empresa ser mais lucrativa que a sua concorrência, ou um empreendimento ter mais visibilidade que outros.

Na falta de uma explicação melhor, atribui-se à sorte, à posição, ao carisma, ao poder econômico o sucesso do outro, mas não é só isso, pois a psicologia também possui uma função significativamente importante dentro de qualquer realidade bem-sucedida, e uma das ferramentas mais poderosas para conseguir clientes, vendas, sucesso, reconhecimento chama-se persuasão.

Livros, como *A psicologia da persuasão*, de Robert Cialdini, nos mostram como podemos desenvolver nossas habilidades de comunicação a fim de exercer influência sobre as decisões das pessoas. Robert Cialdini é professor de Psicologia Social na Universidade do Estado do Arizona e realizou uma série de investigações sobre o funcionamento da persuasão na vida real.

Ele desenvolveu seis princípios da influência na ciência da persuasão. São eles:

1. Reciprocidade.
2. Coerência.
3. Prova social.
4. Simpatia.
5. Autoridade.
6. Escassez.

O objetivo principal na hora de aplicar esses princípios é conseguir mais vendas, mais assinaturas, mais visitas ao site da sua empresa. Isso significa que poderemos capturar e transformar uma maior quantidade de usuários em clientes!

DIVERSIDADE HUMANA

Diversidade humana é uma expressão que nos remete às diferenças culturais, étnicas, ideológicas, religiosas, sexuais, entre outras, existentes entre os seres humanos. A diversidade humana é muito grande, e, para vivermos em paz, devemos respeitar-nos uns aos outros.

O conceito de diversidade implica tanto variedade quanto diferença. Em outras palavras, diversidade é a abundância de coisas diferentes.

Para Reinaldo Bulgarelli,[2]

> Diversidade é o conjunto de diferenças e semelhanças que nos caracterizam, não apenas as diferenças. Diversos não são os outros que estão em situação de vulnerabilidade, desvantagem ou exclusão. Essa maneira de encarar a diversidade como uma característica de todos nós, e não de alguns de nós, faz toda a diferença quando trabalhamos o tema. Não se trata de incluir os que ficaram do lado de fora porque eles são os diversos. Eles ficaram do lado de fora porque estamos cometendo injustiças, e não porque eles são "desajustados" e os incluídos são os perfeitos.
>
> Portanto, aproximando essa reflexão de nossas vidas, de nossas organizações, é evidente que não estamos falando apenas de oportunidades iguais para todos. É isso e mais um pouco.

---

[2] O educador Reinaldo Bulgarelli é sócio-diretor da Txai Consultoria e Educação e especialista em diversidade.

Abrir espaços, incluir, buscar quem está do lado de fora, reconhecer identidades, compor equipes caracterizadas pela diversidade é um passo muito importante para sermos justos e reconhecermos na prática a dignidade de todas as pessoas.

Saiba mais sobre diversidade humana no Instituto Ethos em:
uqr.to/cc5m

LEGISLAÇÃO TRABALHISTA

A Consolidação das Leis do Trabalho (CLT) é uma lei brasileira que regula as relações trabalhistas e o direito do trabalhador. Ela foi criada por meio do Decreto-Lei nº 5.452, de 1º de maio de 1943, e sancionada pelo então presidente Getúlio Vargas durante o período do Estado Novo, entre 1937 e 1945, unificando toda legislação trabalhista então existente no Brasil.

Alguns analistas afirmam que ela foi fortemente inspirada na *Carta del Lavoro* do governo de Benito Mussolini, na Itália, entretanto, essa afirmação não é consensual.

A CLT é composta por oito capítulos que abrangem e especificam direitos de grande parte dos grupos trabalhistas brasileiros. Nos seus 922 artigos, são encontradas informações como: identificação profissional, duração (jornada) do trabalho, salário mínimo, férias anuais, segurança e medicina do trabalho, proteção ao trabalho da mulher e do menor, previdência social e regulamentações de sindicatos das classes trabalhadoras.

Oliveira (2017), em seu novíssimo livro sobre a reforma trabalhista, alerta no prefácio:

> Esta obra objetiva orientar o leitor quanto às alterações da reforma trabalhista trazidas pela lei nº 13.467, de 13 de julho de 2017, que modificou a Consolidação das Leis do Trabalho (CLT) e as leis relativas a trabalhos temporário e terceirizado, FGTS e custeio da seguridade social, a fim de adequar a legislação às novas relações do trabalho.

Assim, sugere-se que para maiores esclarecimentos e na medida em que precise de informações corretas e atualizadas você consulte esta obra.

CONSOLIDAÇÃO DAS LEIS DO TRABALHO
DECRETO-LEI 5.452, DE 1º DE MAIO DE 1943
Aprova a Consolidação das Leis do Trabalho.
DOU 09.08.1943

O Presidente da República, usando da atribuição que lhe confere o artigo 180 da Constituição, decreta:

Art. 1º Fica aprovada a Consolidação das Leis do Trabalho, que a este Decreto-Lei acompanha, com as alterações por ela introduzidas na legislação vigente.

Parágrafo único. Continuam em vigor as disposições legais transitórias ou de emergência, bem como as que não tenham aplicação em todo o território nacional.

Art. 2º O presente Decreto-Lei entrará em vigor em 10 de novembro de 1943.

Rio de Janeiro, 1º de maio de 1943; 122º da Independência e 55º da República.

PLANO DE CARGOS E SALÁRIOS

Toda organização, seja empresa, instituição governamental, entidade de qualquer espécie, deve ter um plano de cargos e salários para poder negociar com seus colaboradores em bases sólidas e estruturadas. Isso garante que as políticas de pessoal e de desenvolvimento organizacional não fiquem ao sabor de decisões *ad hoc*, pois isso provoca instabilidade nas relações contratado-contratante.

Lembre-se de que cargos estão ligados a estruturas organizacionais, organogramas, e, entre outras considerações, isso significa que papéis funcionais diferentes, mas relacionados a um mesmo cargo, podem ter remuneração diferente também. Além disso, as faixas salarias existem para promover mobilidade de funcionários dentro de determinada classe de cargo e salário. Geralmente, a faixa salarial tem uma amplitude de 50% entre o seu início e fim. A faixa salarial servirá para definir o salário de cada profissional conforme o seu desempenho no cargo.

O exemplo do Quadro 8.1 mostra uma faixa salarial com sete níveis de 7% cada, formando uma extensão ou amplitude de aproximadamente 50% entre o início e o fim da faixa.

Quadro 8.1 Exemplo de faixa salarial

CLASSE	FAIXA SALARIAL						
	A	B	C	D	E	F	G
2	600,00	642,00	686,93	735,03	786,48	841,53	900,44

A estrutura do plano de cargos e salários, entre outros benefícios, inclusive legais, cumpre uma função de segurança e satisfação a todos os colaboradores, que sabem ondem estão e aonde poderão chegar em termos salariais.

Não se esqueça de que cargo está ligado à estrutura e que papel funcional está ligado a processos organizacionais.

BENEFÍCIOS

Benefícios são considerados remuneração indireta e servem para recompensar os funcionários nas suas necessidades pessoais, e constituem-se numa política fundamental para aumentar e manter a produtividade da organização.

Oliveira (2017) cita o seguinte:

> Vejamos alguns itens que podem proporcionar redução do custo total da folha de pagamento, mas contemplando benefícios de grande importância para o trabalhador. São eles:
> - Programa de Participação nos Lucros ou Resultados (PPLR).
> - Aviso-prévio indenizado (incidência apenas do FGTS).
> - Parcela *in natura* recebida de acordo com os programas de alimentação do trabalhador aprovados pelo Ministério do Trabalho e da Previdência Social, nos termos da Lei nº 6.321, de 14-4-1976, com a nova regulamentação dada pelo Decreto nº 5, de 14-1-1991 – *DOU* de 14-1-1991.

- Valor correspondente à dobra da remuneração das férias de que trata o art. 137 da CLT.
- Conversão, pelo empregado, de 1/3 (um terço) do período de férias a que tiver direito em abono pecuniário, no valor da remuneração que lhe seria devida nos dias correspondentes, conforme arts. 143 e 144 da CLT.
- Valor relativo à assistência prestada por serviço médico ou odontológico, próprio da empresa ou por ela conveniado, inclusive reembolso de despesas de medicamentos, óculos, aparelhos ortopédicos, despesas médico-hospitalares e outras similares, desde que a cobertura abranja a totalidade dos empregados e dirigentes da empresa, art. 458, § 2º, inciso IV, da CLT e Lei nº 8.212, art. 28, § 9º, alínea q, da CLP.
- Pagamento de educação, em estabelecimento de ensino próprio ou de terceiros, compreendendo os valores relativos a matrícula, mensalidade, anuidade, livros e material didático, nos termos do art. 458, § 2º, inciso II, da CLT, redação dada pela Lei nº 10.243, de 19-6-2001.
- FGTS, PIS/Pasep e indenização por tempo de serviço, anterior a 5 de outubro de 1988, de empregado não optante pelo Fundo de Garantia do Tempo de Serviço (FGTS).
- Multa de 40% do montante do FGTS na dispensa do empregado sem justa causa pelo empregador, conforme preceitua o art. 10, inciso I, do Ato das Disposições Constitucionais Transitórias da Constituição Federal.
- Indenização de 50% (cinquenta por cento) recebida a título de rescisão antecipada do contrato a termo pelo empregador, nos termos do art. 479 da CLT.
- Valores recebidos a título de incentivo à demissão nos termos da Lei nº 8.212, art. 28, § 9º, alínea e, item 5.
- Indenização adicional ao empregado, prevista no art. 9º das Leis nºs 6.708/79 e 7.238/84.
- Recebimento do vale-transporte nos termos da Lei nº 7.418, de 16-12-1985, alterada pela Lei nº 7.619, de 30-9-1987.
- Importância paga ao empregado a título de complementação ao valor do auxílio-doença, desde que este direito seja extensivo à totalidade dos empregados da empresa.
- Contribuições efetivamente pagas pela pessoa jurídica relativamente a programa de previdência complementar, aberto ou fechado, desde que disponível à totalidade de seus empregados e dirigentes, observados, no que couberem, os arts. 9º e 468 da CLT.
- Valor da multa a favor do empregado em valor equivalente ao seu salário, previsto no art. 477, § 8º, da CLT.
- Seguros de vida e de acidentes pessoais, art. 458, § 2º, inciso V, da CLT.
- Valor correspondente ao vale-cultura, art. 458, § 2º, inciso VIII, da CLT.
- Outros casos previstos em lei.

TIPOS DE CONTRATO DE TRABALHO

Antes da reforma trabalhista, só existiam dois tipos de contrato de trabalho:

- **Prazo indeterminado**: quando tem data para início, mas sem previsão de término.
- **Prazo determinado**: quando tem data certa para início e término. Esse contrato só pode ser prorrogado uma única vez e não pode ultrapassar em dois anos o total do tempo de duração.

Entretanto, a lei nº 13.467/2017 criou novos modelos de contrato de trabalho, como o de teletrabalho ou *home office*, o de trabalho intermitente, o de profissional autônomo exclusivo e o contrato de trabalho de 12 × 36 horas.

Os artigos 75-A a 75-E da nova lei preveem o teletrabalho como aquela prestação de serviços preponderantemente fora das dependências do empregador, com a utilização de tecnologias de informação e de comunicação que não se constituam como trabalho externo.

O contrato de trabalho intermitente, artigo 452-A, deve ser celebrado por escrito contendo especificamente o valor da hora de trabalho, que não pode ser inferior ao valor horário do salário mínimo ou àquele devido aos demais empregados do estabelecimento que exerçam a mesma função em contrato intermitente ou não.

O profissional autônomo exclusivo é uma das novidades mais questionadas na nova CLT, pois é a forma de trabalho com mais semelhanças com a relação típica de emprego.

Com a legalização da jornada de 12 por 36 horas, com base no que dispõe o artigo 59-A, passou a ser facultado às partes, mediante acordo individual escrito, convenção coletiva ou acordo coletivo de trabalho, estabelecer horário de trabalho de 12 horas seguidas por 36 horas ininterruptas de descanso, observados ou indenizados os intervalos para repouso e alimentação.

Um dos objetivos da lei com as inovações introduzidas foi o de diminuir a informalidade no mercado de trabalho, permitindo que os prestadores de serviços, antes não regulados pela CLT, passem a ter acesso aos direitos trabalhistas e previdenciários.

CÁLCULOS NA ADMINISTRAÇÃO DE PESSOAL

Esse é um assunto vasto e importante. Os cálculos na administração de pessoal não são simples, até porque são regulados pela CLT, mas não são de difícil execução, basta que se tenha uma boa base bibliográfica para nos orientar.

Entre os mais comuns cálculos na administração de pessoal estão:

- Contribuição sindical.
- Décimo terceiro salário.
- Férias.
- Folha de pagamento.
- Rescisão do contrato de trabalho.
- Anexos e novos modelos do TRTC.
- Saques do FGTS.
- Vale-transporte.
- eSocial.

Só para se ter uma ideia da complexidade dos cálculos na administração de pessoal, o livro *Cálculos trabalhistas*, na 29ª edição, traz extensa coleção de cálculos nas suas 600 páginas. Se você se interessa por essa área na administração, consulte essa ou outras obras do seu interesse antes de qualquer prática.

CADASTRO GERAL DE EMPREGADOS E DESEMPREGADOS (CAGED)

O Caged foi criado como registro permanente de admissões e dispensa de empregados, sob o regime da Consolidação das Leis do Trabalho (CLT). É utilizado pelo Programa de Seguro-Desemprego, para conferir os dados referentes aos vínculos trabalhistas, além de outros programas sociais. Este Cadastro serve, ainda, como base para a elaboração de estudos, pesquisas, projetos e programas ligados ao mercado de trabalho, ao mesmo tempo em que subsidia a tomada de decisões para ações governamentais. O Ministério do Trabalho e Emprego deve controlar as admissões e demissões de empregados sob o regime da CLT que ocorrem no país. A lei nº 4.923/1965 instituiu essa obrigação criando o Caged.

O Caged deverá ser entregue por meio eletrônico, com a utilização do Aplicativo do Caged Informatizado – ACI ou outro aplicativo fornecido pelo Ministério do Trabalho e Emprego (MTE). O aplicativo poderá ser baixado no site do Ministério do Trabalho – www.mte.gov.br. O ACI deve ser utilizado para gerar e/ou analisar o arquivo do Caged pelas empresas nas quais tenha ocorrido movimentação de empregados regidos pela CLT.

O prazo de entrega do Caged diário e mensal é apresentado nas próximas seções.

CAGED DIÁRIO

A portaria nº 1.129/2014 dispõe sobre duas formas distintas no envio do Caged, em que o empregador deverá observar se, no ato da admissão, o empregado **está** ou **não** em gozo do benefício do seguro-desemprego ou se já deu entrada em seu requerimento. Essa nova regra vale desde de 1º de outubro de 2014.

CAGED MENSAL

Conforme dispõe o art. 5º da referida portaria, se o empregado **não** está em gozo do seguro-desemprego e **não** deu entrada no requerimento do benefício, o prazo para envio do Caged será o mesmo que vinha sendo adotado até então, ou seja, até o dia 7 (sete) do mês subsequente àquele em que ocorreu a movimentação de empregados.

MODELOS DE FORMULÁRIOS PARA ADMINISTRAÇÃO DE PESSOAL

A seguir, apresentamos na Figura 8.2 um formulário para acordo de horas extras:

ACORDO DE PRORROGAÇÃO DA JORNADA DE TRABALHO:
HORA EXTRA

Neste ato, representado pelo Sr.(a) ...., (quem autoriza)e o empregado Sr.(a) ...., (quem vai fazer a(s) hora(s) extra (portador da CTPS nº.........., série ...., fica acertado o acordo de prorrogação da jornada de trabalho, conforme preceitua o art. 59 da CLT.

Período da prorrogação: ..../..../.... a ..../..../.... Horário da prorrogação: das .... às ....

Diante do acordo expresso entre empregador e empregado, passa a vigorar o mesmo sob a égide da Consolidação das Leis do Trabalho.

Local e data
.... (empregado) .... (quem autoriza) .... (empregador)

Fonte: OLIVEIRA, Aristeu de. *Manual de procedimentos e modelos na gestão de recursos humanos.* 3. ed. São Paulo: Atlas, 2010.

Figura 8.2 Formulário para acordo de horas extras.

Oliveira (2010) ainda nos chama a atenção:

> Obs.: para facilitar, esse formulário ficará em poder do superior imediato, e cada setor irá preenchê-lo, autorizando o subordinado a fazer horas extras. Após o preenchimento, será enviado ao departamento de pessoal para o devido pagamento, por ocasião do fechamento da folha. Em seguida, será arquivado no prontuário de cada empregado, ficando à disposição da fiscalização.

ACORDO COLETIVO DE TRABALHO

Para preencher esse formulário, será necessária a participação de um advogado, pois, geralmente, quem negocia um acordo desses é o sindicato da categoria e por isso a participação de um advogado é fundamental.

Nesse formulário há cláusulas como:

> Cláusula 1ª A duração do trabalho dos empregados, de segunda a sexta-feira, nos meses de maio a janeiro, será de 8h48min (oito horas e quarenta e oito minutos) diárias: das 8h às 18h48min, com 1h30min para refeição, o que compreende regime de cinco dias por semana, não havendo expediente aos sábados na (empresa) e perfazendo um total de 44h (quarenta e quatro) horas semanais. Os deptos. de Contabilidade e de Produção cumprirão esses horários de abril a dezembro do mesmo ano, seguindo no restante o mesmo critério deste item.

Caso a empresa já tenha um modelo com base em negociações anteriores, poderá valer-se dele para novos acordos, modificando-o com as alterações de cada ano.

REGISTRO DE EMPREGADOS

Na Figura 8.3, apresentamos um exemplo de ficha de registro de empregado:

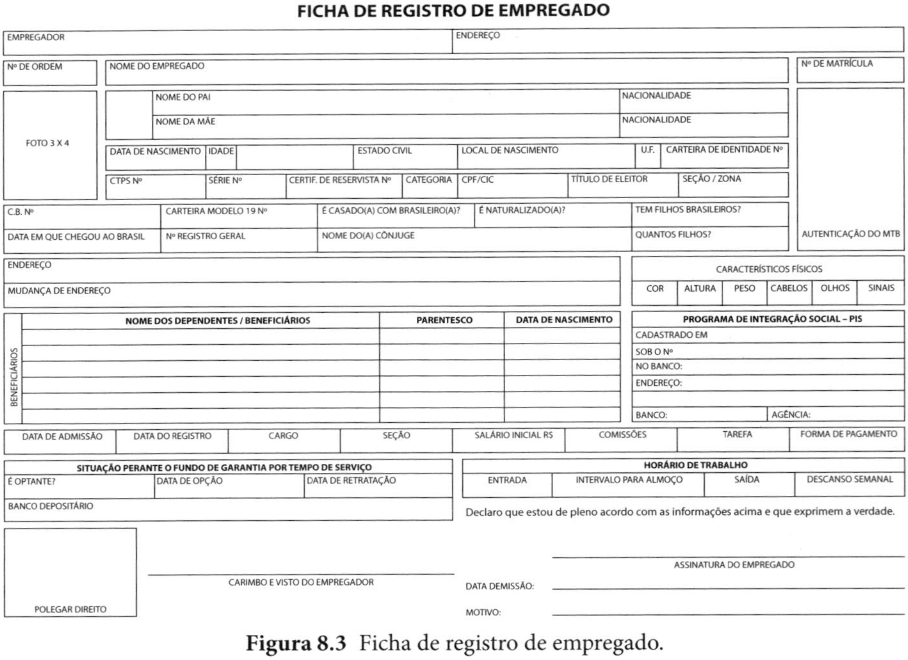
FICHA DE REGISTRO DE EMPREGADO

EMPREGADOR | ENDEREÇO

Nº DE ORDEM | NOME DO EMPREGADO | Nº DE MATRÍCULA

FOTO 3 X 4

NOME DO PAI | NACIONALIDADE

NOME DA MÃE | NACIONALIDADE

DATA DE NASCIMENTO | IDADE | ESTADO CIVIL | LOCAL DE NASCIMENTO | U.F. | CARTEIRA DE IDENTIDADE Nº

CTPS Nº | SÉRIE Nº | CERTIF. DE RESERVISTA Nº | CATEGORIA | CPF/CIC | TÍTULO DE ELEITOR | SEÇÃO / ZONA

C.B. Nº | CARTEIRA MODELO 19 Nº | É CASADO(A) COM BRASILEIRO(A)? | É NATURALIZADO(A)? | TEM FILHOS BRASILEIROS?

DATA EM QUE CHEGOU AO BRASIL | Nº REGISTRO GERAL | NOME DO(A) CÔNJUGE | QUANTOS FILHOS?

AUTENTICAÇÃO DO MTB

ENDEREÇO

MUDANÇA DE ENDEREÇO

CARACTERÍSTICOS FÍSICOS

COR | ALTURA | PESO | CABELOS | OLHOS | SINAIS

BENEFICIÁRIOS

NOME DOS DEPENDENTES / BENEFICIÁRIOS | PARENTESCO | DATA DE NASCIMENTO

PROGRAMA DE INTEGRAÇÃO SOCIAL – PIS

CADASTRADO EM

SOB O Nº

NO BANCO:

ENDEREÇO:

BANCO: | AGÊNCIA:

DATA DE ADMISSÃO | DATA DO REGISTRO | CARGO | SEÇÃO | SALÁRIO INICIAL R$ | COMISSÕES | TAREFA | FORMA DE PAGAMENTO

SITUAÇÃO PERANTE O FUNDO DE GARANTIA POR TEMPO DE SERVIÇO

É OPTANTE? | DATA DE OPÇÃO | DATA DE RETRATAÇÃO

BANCO DEPOSITÁRIO

HORÁRIO DE TRABALHO

ENTRADA | INTERVALO PARA ALMOÇO | SAÍDA | DESCANSO SEMANAL

Declaro que estou de pleno acordo com as informações acima e que exprimem a verdade.

POLEGAR DIREITO

CARIMBO E VISTO DO EMPREGADOR

ASSINATURA DO EMPREGADO

DATA DEMISSÃO:

MOTIVO:

Figura 8.3 Ficha de registro de empregado.

FOLHA DE PONTO

Embora hoje a maioria das empresas adote o ponto eletrônico, é importante conhecer um modelo de folha de ponto para o caso de empresas que ainda não o possuam.

Empregador
Nome: CPF: *Mês/Ano:*
Endereço:
Empregado
Nome: CPF:
Função: CTPS (nº e série)

Dia	Dia da semana	Entrada	Almoço	Saída	Hora extra	Assinatura empregador	Assinatura trabalhador
1							
2							
3							
4							
5							
6							
7							
8							
9							
10							
11							
12							
13							
14							
15							
16							
17							
18							
19							
20							
21							
22							
23							
24							
25							
26							
27							
28							
29							
30							
31							

Figura 8.4 Modelo de folha de ponto.

AVISO DE FÉRIAS COLETIVAS

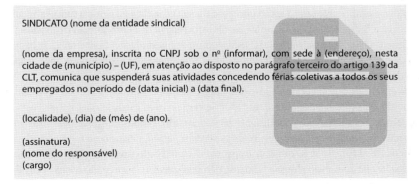

SINDICATO (nome da entidade sindical)

(nome da empresa), inscrita no CNPJ sob o nº (informar), com sede à (endereço), nesta cidade de (município) – (UF), em atenção ao disposto no parágrafo terceiro do artigo 139 da CLT, comunica que suspenderá suas atividades concedendo férias coletivas a todos os seus empregados no período de (data inicial) a (data final).

(localidade), (dia) de (mês) de (ano).

(assinatura)
(nome do responsável)
(cargo)

Figura 8.5 Exemplo de aviso de férias coletivas.

A seguir, apresentamos um exemplo de aviso de férias individuais:

COMUNICAÇÃO DE FÉRIAS

São Paulo, ___/_____/_____
Empregado: _____
Comunico a V.Sª que a partir do dia ____/____/____ entrará em gozo de férias pelo período de _____ dias, devendo retornar no dia ___/_____/_____. Estas férias referem-se ao período aquisitivo de ___/___/____ a ____/____/____.
Atenciosamente,

_____
Representante da empresa
Recebi em _____/_____/_____

_____
Assinatura do empregado

Figura 8.6 Exemplo de aviso de férias individuais.

CASO

Este caso verdadeiro aconteceu em uma empresa de desenvolvimento de software no Brasil e causou muito mal-estar entre os colaboradores.

Um coordenador de qualidade de software muito conceituado estava há mais de nove anos nesta empresa e tinha passado por vários departamentos até chegar à coordenação, que ocupou por cinco anos. Era formado em análise de sistemas de informações há mais de seis anos e possuía uma dezena de certificações e especializações.

Esse profissional era especializado em gestão de processos e qualidade de software e tinha as seguintes certificações: Certificação Brasileira em Teste de Software (CBTS), Certified Tester Foundation Level (CTFL), Gestão de Projetos, Coach, Pontos de Função, Requisitos da ISO 9000:2015 e Certificação de Scrum Master. Além dessa excelente formação, era um líder incontestável, pois todos os que trabalhavam sob sua responsabilidade gostavam muito dele, tanto como técnico quanto como pessoa.

Um dia, a empresa fez uma reestruturação da sua área técnica e criou duas subgerências. Uma delas, a Subgerência de Tecnologias da Informação, foi entregue ao profissional.

O funcionário ficou durante seis meses como subgerente de TI até ser demitido. Sim, isso mesmo. Ele foi sumariamente demitido. A justificativa? Disseram-lhe apenas que não estava desempenhando a contento o novo papel funcional.

Sem entender o que aconteceu, todos perguntavam como um excelente profissional é promovido e seis meses depois é demitido? Sem mais nem menos?

Em empresas sérias, isso dificilmente teria ocorrido. Nessas empresas, geralmente multinacionais, há um processo denominado *probation period*, período no qual o profissional é testado na nova função e, só depois de aprovado, é efetivado no novo cargo. Nessa etapa de teste, caso tenha cometido alguma falta que não seja grave, o empregado terá a oportunidade de provar que pode reverter sua falha.

Questões para discussão
1. Você teria promovido esse profissional sem um período de experiência?
2. O que você teria feito com este profissional?
3. Você o teria demitido da forma como ele foi?
4. Você teria colocado ele em "provação" por quanto tempo?
5. Como você classifica o comportamento dessa empresa?

EXERCÍCIOS

1. Qual é o papel do RH?
   a. Importante ponto de atenção em qualquer organização, a administração de pessoal tem evoluído consideravelmente nos últimos tempos na maioria das empresas. Entretanto, muitas ainda praticam somente rotinas de departamento de pessoal em vez de terem uma política de administração de recursos humanos.
   b. As rotinas de departamento de pessoal são compostas de tarefas bem específicas, tais como admissão e demissão de pessoal, controle de ponto, folha de pagamento. Já a política de administração de pessoal é muito mais ampla. Inclui as rotinas de departamento de pessoal, mas vai além.
   c. O papel do RH é extremamente importante, pois ele abrange além das rotinas administrativas a formulação e a execução da política de pessoal das modernas organizações.
   d. O papel do RH é o de aconselhar a presidência.
   e. O papel do RH é o de manter a ordem entre os funcionários.
2. A contratação correta se baseia em:
   a. Informações do cargo.
   b. Informações do papel funcional.
   c. Informações do cargo e do papel funcional.
   d. Informações do Código Brasileiro de Ocupações.
   e. Informações da CLT.
3. Como parte da política de desenvolvimento de pessoal, a empresa deve ter um plano de:
   a. Capacitação e desenvolvimento dos seus funcionários.
   b. Prevenção de riscos.
   c. Melhoria de saúde e segurança no trabalho.
   d. Combate a incêndio.
   e. Combate a enchentes.
4. O que é avaliação de desempenho?
   a. A avaliação de desempenho organizacional busca avaliar se a organização está se comportando da maneira como foi planejado, isto é, se seus colaboradores estão executando suas responsabilidades alinhadas com os planos estratégico, tático e operacional.
   b. A avaliação de desempenho organizacional tem como base várias metodologias, técnicas e variantes, mas todas buscam levar ao mesmo objetivo, avaliar se os funcionários estão se comportando dentro dos padrões estabelecidos.
   c. A avaliação de desempenho organizacional tem por finalidade medir resultados operacionais.
   d. A avaliação de desempenho organizacional tem por objetivo permitir que o RH cumpra seu papel.
   e. A avaliação de desempenho organizacional tem por finalidade permitir que a alta direção saiba como os funcionários estão se comportando.

5. Mobilizar equipes é uma competência fundamental para qualquer líder, coordenador, gerente etc., buscando empreender ideias e projetos, mas antes de mobilizar uma equipe é necessário ter claramente:

a. O motivo para reunir pessoas.
b. O motivo para essa mobilização.
c. O respaldo da alta direção.
d. A concordância dos funcionários.
e. O orçamento aprovado.

CAPÍTULO 9

GESTÃO DE MATERIAIS

CONCEITOS E PRINCÍPIOS

Seja grande, seja pequena, a empresa precisa ter uma gestão de materiais que funcione adequadamente. Essa gestão deve economizar muito dinheiro ao organizar e executar corretamente os processos de seleção de fornecedores, compras, recebimento e análise de compras efetuadas.

Para que a empresa tenha uma gestão de materiais eficiente, precisamos, antes de qualquer outra providência, disseminar na organização a "cultura da necessidade", para que os colaboradores evitem a todo custo desperdícios de materiais.

CULTURA DA NECESSIDADE

O que vem a ser a cultura da necessidade?

Todos sabemos da importância de preservarmos o planeta, o meio ambiente e recursos como água, energia, madeira etc. e então, temos de difundir a cultura da necessidade dentro das empresas, conscientizando a todos para a necessidade de poupar tais recursos e, consequentemente, os recursos financeiros da empresa na qual trabalhamos.

Há uma série de atitudes que todos podemos tomar para efetivar, praticar e zelar pela cultura da necessidade na empresa.

Com a cultura da necessidade implantada, espera-se uma administração de materiais mais racional, baseada, entre outras coisas, na metodologia 5S, que você já estudou no Capítulo 5.

No Quadro 9.1, vamos relembrar os 5S:

Quadro 9.1 Os 5S.

5S		SIGNIFICADO
Seiri	Senso de Utilização	Separar o que é útil do que não é. Melhorar o uso do que é útil.
Seiton	Senso de Ordenação	Um lugar para cada coisa. Cada coisa no seu lugar.
Seisou	Senso de Limpeza	Limpar e evitar sujar.
Seiketsu	Senso de Saúde	Padronizar as práticas saudáveis.
Shitsuke	Senso de Autodisciplina	Assumir a responsabilidade de seguir os padrões saudáveis.

RELAÇÃO COM FORNECEDORES

É preciso cautela no trato com fornecedores. Ciente de que o papel do fornecedor é sempre vender o mais possível, cabe ao comprador saber exatamente o que comprar, de quem comprar, como comprar, quando comprar e como controlar o processo de compras.

Vamos tomar como base o que preconiza a ISO 9001:2015 sobre fornecedores. O item 8.4, sobre controle de processos, produtos e serviços providos externamente, dispõe:

> A organização deve determinar e aplicar critérios para a avaliação, seleção, monitoramento de desempenho e reavaliação de provedores externos, baseados na sua capacidade de prover processos ou produtos e serviços de acordo com requisitos. A organização deve reter informação documentada dessas atividades e de quaisquer ações necessárias decorrentes das avaliações.

Com base nessa orientação, a empresa deve manter o registro da compra a partir da solicitação do "cliente interno" até que este cliente, o colaborador que solicitou a compra, receba o produto solicitado.

A Figura 9.1 apresenta um processo para avaliação de fornecedores:

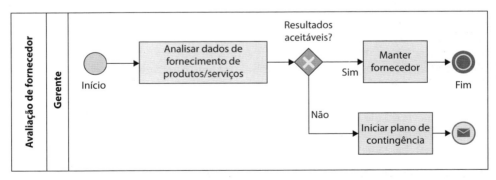

Figura 9.1 Avaliação de fornecedores.

Caso os resultados com um fornecedor não sejam aceitáveis, inicia-se o plano de contingência para troca, conforme vemos na Figura 9.2.

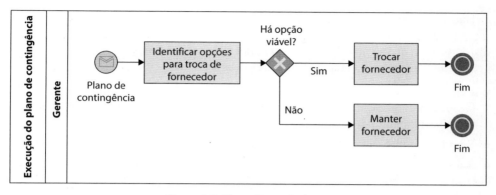

Figura 9.2 Plano de contingência.

Na Figura 9.3, temos um exemplo de formulário para registro e controle de fornecedores:

Nome do Fornecedor	Nome do Processo/Produto/Serviço:	Período de Atividade:	Metodologia DOMP™ Id Fornecedores - V11	
Responsável pelo Contrato	DATA ORIGINAL	DATA MODIFICAÇÃO 07/05/2018	Página: 1 de 1	

DESCRIÇÃO DO PROCESSO/PRODUTO/SERVIÇO	
DADOS DO FORNECEDOR	
Nome Fantasia	
Razão Social	
CNPJ	
Geo-Localizações	
Contatos	
Dados Regulatórios	

#	RESPONSABILIDADES DO FORNECEDOR
1	

HISTÓRICO DE AVALIAÇÃO			

CRITÉRIOS DE AVALIAÇÃO		
#	**Nome**	**Descrição**
1		
2		
3		
4		

Observações:

Analista Responsável: Assinatura:	Gerente do Projeto: Assinatura:	Código do Documento:

© 2012 TRCR KNOWLEDGE – Todos os direitos reservados

Figura 9.3 Modelo de formulário para registro e controle de fornecedores.

COTAÇÃO DE MATERIAIS, PRODUTOS E EQUIPAMENTOS PARA AQUISIÇÃO

Antes de cotar o material ou o serviço que se quer adquirir, é preciso que tenhamos os fornecedores identificados e qualificados, qualquer que seja o tamanho da empresa e da compra, pois isso é uma boa prática.

Não faremos distinção aqui entre compras para a indústria e compras em geral. A regra aceita por todas as empresas é que se façam três cotações com três fornecedores distintos, para que se possa comprar o melhor pelo menor preço.

Algumas regras para cotação de preços são as seguintes:

- **Regra 1**: nunca aceite o primeiro preço, negocie. Por isso é tão importante que se façam três cotações e que todos os participantes do processo de compras saibam que estão participando desse processo.
- **Regra 2**: sempre faça pelo menos três cotações. Essa regra precisa ser seguida sempre.
- **Regra 3**: não fique encurralado. Nenhum fornecedor, por melhor que sejam as relações com a sua empresa, vai fazer algo além do que ele possa, em termos econômicos. Por isso, não se engane e tenha sempre dois ou três fornecedores qualificados.
- **Regra 4**: negocie sempre.

PROCESSO DE COMPRAS

Embora haja variáveis importantes, tanto as compras para a indústria como as compras para serviços ou para a área de administração das empresas devem seguir os mesmos princípios de controle de ponta a ponta do processo de compras e de rastreabilidade.

No processo de compras, devem-se avaliar os fornecedores.

SISTEMAS DE INFORMAÇÃO

O sistema de informação que gerencie compras pode ser de dois tipos:

- Sistema independente de compras, que contenha os módulos de qualificação de fornecedores, avaliação de fornecedores, cotações, compras e recebimento.
- Módulo de compras integrado em um software de *Enterprise Resource Planning* (ERP).

FERRAMENTAS DE CONTROLE

Em se tratando de controle de estoques de matéria-prima, ou controle de estoque de material de escritório ou de consumo, devemos manter algumas monitorações para que a empresa não compre o que não precisa em detrimento do que realmente necessita. Para que não aconteça o mesmo quando vamos ao supermercado sem uma lista de compras e compramos o que temos em casa e não o que está faltando.

CURVA ABC

Na indústria, ou mesmo em qualquer empresa que tenha o processo de compras bem definido, organizado, controlado e gerenciado, é comum haver um controle sobre o que comprar, com que prioridade, em que ordem. Para isso, uma das metodologias é a Curva ABC.

A Curva ABC é um método de classificação e agrupamento de itens, com base em sua importância, para a geração de receita e lucratividade de uma empresa. Esse método de classificação foi criado com base na teoria de Vilfredo Pareto (sim, nosso já conhecido

Pareto), que no século XIX realizou uma análise na qual constatou que 80% da riqueza da população italiana estava nas mãos de apenas 20% de sua população.

Posteriormente, essa mesma análise foi aplicada por diversos administradores, como Joseph Moses Juran, da General Eletric, que, ao analisar problemas relacionados à qualidade dos produtos da empresa, descobriu que 80% dos problemas são ocasionados por 20% de fatores. Também foi possível constatar que 80% da riqueza das empresas são provenientes de apenas 20% de seus produtos ou clientes.

O ABC representa a classificação de determinado fator, por exemplo: os itens do estoque, os clientes. O nome **curva**, por sua vez, deve-se ao tipo de gráfico que esses percentuais representam, já que, ao colocar no eixo horizontal do gráfico o percentual desses fatores, e no eixo vertical seus respectivos percentuais de participação na receita, percebemos uma curva sendo formada. Existem inúmeras possibilidades em se aplicar a Curva ABC, como sempre que for possível agrupar itens, pessoas, elementos ou fatores que interfiram diretamente na receita ou lucratividade da empresa.

As aplicações mais comuns são:

- Classificação de produtos e materiais em estoque para definir quais devem receber maior priorização e atenção da gestão.
- Conhecimento do percentual de participação e peso de cada item nas vendas da empresa.
- Revisão e redefinição de tempos, padrões de operações e processos de atividades produtivas com base no percentual que representam para o sucesso da empresa.
- Identificação dos melhores clientes, inclusive para determinar tempos de atendimento ou personalização de serviços para aqueles que são classificados como A ou B.

Alguns exemplos de aplicação de Curva ABC são os seguintes:

- 80% das tarefas são executadas por 20% da equipe.
- 80% dos usuários de tecnologia usam só 20% dos recursos do software instalado.
- 80% da riqueza mundial é controlada por 20% da população total do planeta.
- 80% das reclamações advêm de 20% dados clientes.
- 80% das vendas vêm de 20% dos clientes.

EXEMPLO DE CURVA ABC

A Curva ABC é uma variação do princípio de Pareto, e seu uso abrange desde desenvolvimento de softwares até estratégias de vendas. Ela divide a relação 80/20 em 80/15/5, ou seja, os dois grupos de Pareto são transformados em três:

- Grupo A: 80%
- Grupo B: 15%
- Grupo C: 5%

Entretanto, esses números são aproximados e não podem ser considerados rigorosamente. Eles servem como uma referência estatística. Alguns casos se apresentarão como

70/20/10 ou 60/30/10. Esses dados, ao serem plotados em um gráfico, formam a Curva ABC dos produtos que se está analisando. Vejamos um exemplo na Figura 9.4:

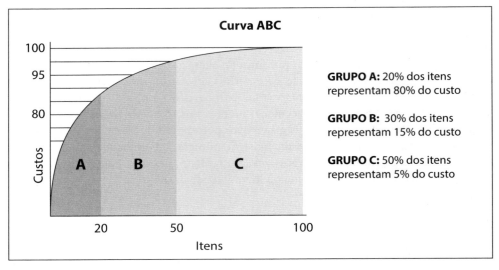

Figura 9.4 Exemplo de Curva ABC.

COMO CALCULAR A CURVA ABC PARA ESTOQUES

No gerenciamento de estoques, o conceito ABC classifica os produtos por importância. Mas importantes em relação a quê? Para responder a essa pergunta, é preciso estabelecer os critérios de importância para a empresa que se estiver trabalhando.

A montagem da Curva ABC processa-se em quatro passos, da seguinte forma:

1. Inicialmente, levantamos todos os itens que pertençam ao problema que queremos resolver, junto com o código do item, coletar os dados de suas quantidades, preços unitários e preços totais.
2. Depois, colocamos todos os itens em uma tabela em ordem decrescente de preços totais e sua somatória total. Essa tabela deve conter as seguintes colunas: item, nome ou código da peça, preço unitário, preço total do item, preço acumulado e porcentagem.
3. Em seguida, dividimos cada valor total de cada item pela somatória total de todos os itens e colocamos a porcentagem obtida em sua respectiva coluna.
4. Por fim, dividimos todos os itens em classes A, B e C, de acordo com nossa prioridade e tempo disponível para tomar decisão sobre como resolver o problema.

O consumo e os custos são importantes porque produtos estocados significam capital parado, e capital parado é prejuízo, por isso, necessitamos saber, em primeiro lugar, quais são os custos relativos de cada item que vamos controlar com a Curva ABC.

Este exemplo simples de classificação de produtos usa o Excel:

1. Monte uma planilha com dez produtos. Nela coloque o código, o consumo semestral, o valor unitário, o valor total, a participação de cada item no custo total, a participação acumulada e, por fim, a classificação ABC.
2. Cadastre os produtos e seu consumo no semestre.
3. Organize os itens do maior para o menor, em relação à participação.
4. Para a participação acumulada, copie o primeiro item, e para os demais faça a conta: soma-se o primeiro item (24,81%) com o segundo (19,85%) = (44,66%) e assim por diante.
5. Terminada as somas até 100%, a classificação fica assim: quatro dos produtos serão do grupo A e respondem por quase 70% dos lucros; três produtos respondem por 20% e serão do grupo B; e os outros produtos serão responsáveis por apenas 10% do lucro e fazem parte do grupo C.

Com essa classificação por meio da Curva ABC, concluímos que os produtos da classe A deverão receber maior atenção, direcionando para eles os esforços de vendas.

Pozo (2015) observa que:

> A utilização da Curva ABC é extremamente vantajosa, porque se podem reduzir as imobilizações em estoques sem prejudicar a segurança, pois ela controla mais rigidamente os itens de classe A e, mais superficialmente, os de classe C. A classificação ABC é usada em relação a várias unidades de medidas como peso, tempo, volume, custo unitário etc. Dentro da logística empresarial e mais especificamente na administração de materiais, a Curva ABC tem seu uso mais específico para estudos de estoques de acabado, vendas, prioridades de programação da produção, tomada de preços em suprimentos e dimensionamento de estoque. Toda a sua ação tem como fundamento primordial tomar uma decisão e ação rápida que possa levar seu resultado a um grande impacto positivo no resultado da empresa. A Curva ABC assim é chamada em razão de dividirmos os dados obtidos em três categorias distintas, denominadas classes A, B e C.

Segundo Pozo:

- **Itens da Classe A**: são os itens mais importantes e que devem receber toda a atenção no primeiro momento do estudo. É nos itens dessa classe que iremos tomar as primeiras decisões sobre os dados levantados e correlacionados em razão de sua importância monetária. Os dados aqui classificados correspondem, em média, a 80% do valor monetário total e no máximo 20% dos itens estudados (esses valores são orientativos e não são regra).
- **Itens da Classe B**: são os itens intermediários e que deverão ser tratados logo após as medidas tomadas sobre os itens da classe A; são os segundos em importância. Os dados aqui classificados correspondem, em média, a 15% do valor monetário total do estoque e no máximo 30% dos itens estudados (esses valores são orientativos, e não são regra).
- **Itens da Classe C**: são os itens de menor importância, embora volumosos em quantidades, mas com valor monetário reduzidíssimo, permitindo maior espaço de tempo para sua análise e tomada de ação. Deverão ser tratados somente após todos os itens das classes A e B terem sido avaliados. Em geral, somente 5% do valor monetário total representam esta classe, porém, mais de 50% dos itens formam sua estrutura (esses valores são orientativos, e não são regra).

PATRIMÔNIO

A definição de patrimônio empresarial é a seguinte:

> **Patrimônio** é o conjunto de bens, direitos e obrigações vinculados a uma pessoa ou a uma entidade. É também objeto de estudo da contabilidade e abrange tudo aquilo que a organização tem (bens e direitos) e tudo aquilo que a organização deve (obrigações).

Também pode ser definido como o conjunto de bens, direitos e obrigações avaliável em moeda e pertencente a uma pessoa física ou jurídica.

FORMAS DE CONTROLE DO PATRIMÔNIO

A vida econômica de um recurso patrimonial é o período de tempo em que esse recurso opera até atingir seu menor custo de operação. Esse custo operacional é denominado Custo Anual de Operação e é elaborado por meio da somatória do custo de aquisição do bem e do custo operacional acumulado dividido pelo período desejado.

Sua fórmula é:

$$CAO = \frac{COA + CAB}{P} \qquad \text{(Eq. 9.1)}$$

Onde:
CAO = Custo Anual de Operação
COA = Custo Operacional Acumulado
CAB = Custo de Aquisição do Bem
P = Período no qual se verifica seu custo

Exemplo (adaptado de Pozo, 2015)

Determinado equipamento custou R$ 100.000,00 a uma empresa a um custo anual de manutenção e de operação de R$ 10.000,00 no seu primeiro ano de operação e em cada ano subsequente esse valor foi acrescido de R$ 2.000,00 (a cada ano, o valor de 2.000 é somado ao acréscimo do ano anterior; no terceiro ano, 2.000 + 2.000 = 14.000; no quarto ano 2.000 + 4.000 anterior = 16.000 e assim por diante). Para calcular a vida econômica da máquina, considerar uma economia sem inflação.

A pergunta é: quando será a hora de trocar o equipamento?

Utilizando a fórmula, sabemos que, no primeiro ano, o Custo Anual de Operação foi de:

CAO1 = (100.000,00 + 10.000,00) : 1 = R$ 110.000,00

No segundo, terceiro, quarto anos, e assim sucessivamente até o 10º ano, o CAO foi:

CAO2 = (100.000,00 + 22.000,00) : 2 = R$ 61.000,00
CAO3 = (100.000,00 + 36.000,00) : 3 = R$ 45.333,33
CAO4 = (100.000,00 + 52.000,00) : 4 = R$ 38.666,67
CAO5 = (100.000,00 + 70.000,00) : 5 = R$ 34.000,00
CAO6 = (100.000,00 + 90.000,00) : 6 = R$ 31.666,66
CAO7 = (100.000,00 + 112.000,00) : 7 = R$ 30.285,71
CAO8 = (100.000,00 + 136.000,00) : 8 = R$ 29.500,00

CAO9 = (100.000,00 + 162.000,00) : 9 = R$ 29.111,11
CAO10 = (100.000,00 + 190.000,00) : 10 = R$ 29.000,00
CAO11 = (100.000,00 + 220.000,00) : 11 = R$ 29,090,90
CAO12 = (100.000,00 + 252.000,00) : 12 = R$ 29.333,33
CAO13 = (100.000,00 + 286.000,00) : 13 = R$ 29.692,30

Resultado: no 10º ano, terá chegado a hora de trocar o equipamento, pois a partir daí seus gastos operacionais começaram a aumentar.

IMPLANTAÇÃO DE CONTROLE PATRIMONIAL

É necessário atualizar os valores monetários do patrimônio da empresa para que, assim, haja um controle efetivo de todo o empreendimento.

Para tanto, faz-se a contabilização da depreciação de seus bens imobilizados como parte da gestão do patrimônio.

GESTÃO PATRIMONIAL

Nesta etapa, é imprescindível ter o auxílio da TI, pois será possível ter total controle gerencial de forma otimizada, principalmente com a agilidade de procedimentos de correção monetária e controle de ativo fixo, mantendo de forma organizada todos os dados relevantes e disponibilizando os relatórios de maneira específica, por período de relevância.

Em resumo, os softwares devem possibilitar a otimização dos processos, além de funcionar de maneira integrada à contabilidade, visando aos resultados nos seguintes itens:

- Balanço Patrimonial.
- Balancetes por Período.
- Análise de Receitas/Despesas/Resultados.
- Livro Razão e Caixa.
- Baixa do Ativo Imobilizado.
- Identificação de Ativos Imobilizados.
- Razão Auxiliar.
- Balanço das Depreciações.
- Imposto de Renda.
- Lista dos Bens por Grupo.

De forma análoga, é interessante que na implantação do controle patrimonial haja uma adequação à lei nº 11.638/2007, que "Altera e revoga dispositivos da lei nº 6.404, de 15 de dezembro de 1976, e da lei nº 6.385, de 7 de dezembro de 1976, e estende às sociedades de grande porte disposições relativas à elaboração e divulgação de demonstrações financeiras".

Com a introdução da lei nº 11.638/2007, a contabilidade no Brasil sofre ampla modificação, fazendo com que o contador torne-se mais que um responsável pela apuração e pagamento de impostos.

INVENTÁRIO

Inventário é um documento contabilístico. Consiste em uma listagem de bens que pertencem a uma pessoa, entidade ou comunidade. Em uma empresa, a realização de um inventário é feita para que seja possível obter-se um balanço real.

Ao final de cada exercício, as empresas devem inventariar seus estoques de materiais (matérias-primas, materiais de embalagem, peças de reposição etc.), produtos acabados e em elaboração, serviços em andamento e mercadorias para revenda. Tal inventário deve ser escriturado no Livro de Registro de Inventário, sendo que devem ser observadas as prescrições fiscais exigidas (ICMS, IPI e Imposto de Renda).

CRITÉRIOS DE AVALIAÇÃO

O custo das mercadorias revendidas e das matérias-primas utilizadas será determinado com base em registro permanente de estoque ou no valor dos estoques existentes, de acordo com o livro de inventário, no fim do período de apuração.

O valor dos bens existentes no encerramento do período-base poderá ser o custo médio ou dos bens adquiridos ou produzidos mais recentemente.

A empresa que mantiver sistema de custo integrado e coordenado com o restante da escrituração poderá utilizar os custos apurados para avaliação dos estoques de produtos em fabricação e acabados.

Saiba mais sobre o RIR/99 em:
uqr.to/cc5n

TIPOS DE INVENTÁRIOS

Os inventários podem ser:

- **Gerais:** incidem sobre todos os elementos que constituem um dado patrimônio. Dessa forma, aparecem no inventário todos os elementos patrimoniais.
- **Parciais:** abrangem apenas alguns elementos patrimoniais.
- **Simples:** os elementos aparecem dispostos sem atender a qualquer ordem, neste caso os elementos aparecem simplesmente em uma lista.
- **Classificados:** os elementos obedecem a diversas ordens, por exemplo: segundo a sua natureza, característica ou função.
- Os inventários podem também ser:
- **Ordinários:** se efetuados periodicamente, ou seja, são regulares, programados e previsíveis.
- **Extraordinários:** são elaborados em consequência de condições excepcionais e por isso são imprevisíveis (Exemplo: saída de um sócio, venda do capital a terceiros etc.).

Os inventários podem ser classificados de acordo com as razões que levaram à sua contagem:

- Estoque cíclico.
- Inventário de itens em trânsito.
- Estoque de segurança.
- Estoque especulativo.
- Estoque sazonal.
- Estoque morto.

ETAPAS DO INVENTÁRIO

São as seguintes as etapas do inventário:

- **Organização do processo de inventário**: o processo de inventário é algo caro, trabalhoso e que envolve considerável quantidade de pessoas contando itens na empresa. Por isso, ele precisa ser cuidadosamente planejado, quem faz o quê, onde, quando etc., até porque com qualquer descuido será necessário recomeçar o inventário do zero.
- **Contagem dos itens**: geralmente, as equipes têm uma listagem com os itens que vão inventariar, e além de todas as colunas com informações sobre cada item há mais uma em branco para que seja apontada a quantidade encontrada. Hoje, já se faz inventário com tecnologia de ponta, com equipamentos que chamamos de *handhelds*,[1] que coletam as informações de número do equipamento, descrição do equipamento, número de série, data de aquisição, vendedor ou locador, custo e valor estimado etc., apenas apontando-se um leitor de código de barras ou um leitor de QR Code. E se for algum item que tenha grande quantidade, o leitor pode contá-lo também.
- **Reposição do estoque**: entre inúmeros outros motivos para que a empresa realize o inventário, está também a necessidade de reposição de estoque, que poderá valer-se da metodologia Curva ABC para fazê-lo.

MODELOS DE DOCUMENTOS PARA INVENTÁRIO

Apresentamos nas Figuras 9.5 e 9.6 exemplos de lista de inventário e planilha de controle.

---

[1] Os *handhelds* são uma espécie de notebook em miniatura. Possuem apenas a tela de LCD e utilizam algum sistema de reconhecimento de escrita para entrada de dados. Podem, também, ser usados com leitores de código de barras e até de QR Code.

LISTA DE INVENTÁRIO DE EQUIPAMENTO							
Nº DO EQUIPAMENTO	DESCRIÇÃO DO EQUIPAMENTO	Nº DE SÉRIE	DATA DE AQUISIÇÃO	VENDEDOR OU LOCADOR	CUSTO (EM R$)	VALOR ESTIMADO (EM R$)	

Figura 9.5 Exemplo de lista de inventário de equipamento.

Figura 9.6 Exemplo de planilha de controle de inventário.

FICHAS DE PRODUTOS

Existem dezenas de fichas de produtos. Decidimos reproduzir aqui a Ficha de Informações de Segurança de Produtos Químicos (FISQP), para dar ao leitor uma visão sobre esse instrumento de produtos químicos.

A FISPQ é um documento normalizado pela Associação Brasileira de Normas Técnicas (ABNT) conforme norma ABNT-NBR 14725. Esse documento, denominado Ficha com Dados de Segurança, segundo o decreto nº 2.657, de 03/07/1998 (promulga a Convenção nº 170 da Organização Internacional do Trabalho – OIT), deve ser recebido pelos empregadores que utilizem produtos químicos, tornando-se um documento obrigatório para a comercialização desses produtos.

Fornece informações sobre vários aspectos dos produtos químicos (substâncias ou misturas) quanto à segurança, à saúde e ao meio ambiente; transmitindo, dessa maneira, conhecimentos sobre produtos químicos, recomendações sobre medidas de proteção e ações em situação de emergência. Esse documento é dividido em 16 seções.

A FISPQ é um instrumento de comunicação dos perigos e possíveis riscos levando em consideração o uso previsto dos produtos químicos; o documento não leva em conta todas as situações que possam ocorrer em um ambiente de trabalho, constituindo apenas parte da informação necessária para a elaboração de um programa de saúde, segurança e meio ambiente.

MSDS/SDS (Material Safety Data Sheet/Safety Data Sheet) são as siglas mundialmente conhecidas referentes a esse documento, que é apresentado por diversos modelos pertinentes a cada país.

A FISPQ é obrigatória para a obtenção da certificação SASSMAQ, Sistema de Avaliação de Saúde, Segurança, Meio Ambiente e Qualidade, imprescindível para empresas de transporte e armazenagem de produtos químicos. Na Figura 9.7, apresentamos um exemplo de FISPQ:

FICHA DE INFORMAÇÃO DE SEGURANÇA DE PRODUTO QUÍMICO
FISPQ

Produto: Sulfato de Cromo   1/4 Página:

1. IDENTIFICAÇÃO DO PRODUTO E DA EMPRESA
Nome do produto: Sulfato de Cromo
Nome da Empresa: XPTO
Endereço: Rua A.
Tel.:
Site:

2. COMPOSIÇÃO/INFORMAÇÃO SOBRE OS COMPONENTES
Nome Químico: Sal misto, contendo de Cr_2O_2 e Na_2SO_4.
Sinônimos: Hidróxido Sulfato de Cromo
C.A S. Nº Cr_2O_2: 12336-95-7/Na_2SO_4: 7757-82-6
Ingredientes ou impurezas que contribuam para o perigo: Cr_2O_2 26% / Na_2SO_4 24%

3. IDENTIFICAÇÃO DOS PERIGOS
PERIGOS MAI S IMPORTANTES
Perigos específicos: Em base as características toxicológicas são conhecidas para os dois produtos, o sal é caracterizado de baixa toxicidade por ingestão.
EFEITOS DO PRODUTO
Principais sintomas: Pode provocar leve irritação na mucosa ocular.

4. PRIMEIROS SOCORROS
Inalação: Afastar do ambiente contaminado e manter a ventilação do local. Se persistirem os sintomas devido a inalação do pó, consultar um médico.
Contato com os olhos: Lavar imediatamente com água em abundância, mantendo as pálpebras bem abertas. Se persistirem os sintomas, procurar um médico.
Contato com a pele: Remover as roupas contaminadas. Lavar com água em abundância a parte afetada.
Ingestão: Enxaguar a boca com água. Dar água para beber e provocar vômito. Consultar um médico se necessário.

Figura 9.7   Exemplo de FISPQ.

A FISPQ completa tem cinco páginas, mas aqui colocamos as informações mais importantes, que vêm em primeiro na ficha.

CASO

Neste capítulo, vimos como uma administração de materiais bem definida, organizada, implantada e gerenciada é extremamente importante para a saúde financeira da empresa e para um relacionamento excelente com seus clientes.

Este caso é real e aconteceu em uma rede de supermercados de pequeno porte, mas voltada a uma clientela de alto poder aquisitivo. A rede em questão era composta de quatro lojas e todas ficavam em bairros nobres de uma capital brasileira com uma população de 600 mil habitantes. Por motivos óbvios, não mencionaremos o nome da capital e vamos chamá-la de Rede X.

Tudo o que se pensasse em comprar, de bebidas a comidas, de produtos importados e utensílios de cozinha exclusivos, as lojas tinham. Tudo. Condimentos, bebidas das mais variadas procedências e tipos. Só para se ter uma ideia da clientela da loja, o açougue não vendia carne de segunda, apenas cortes nobres, carnes de primeira. Tinha vinhos de todas as partes do mundo, incluindo o Brasil. Tinha produtos para a culinária japonesa. Tinha doces, geleias, especialidades de vários países.

Para quem gostava e podia pagar por coisas finas, a rede era um paraíso!

Os preços praticados pela rede eram, sem exceção, de 50% a 70% maiores que em qualquer outra rede de supermercados.

No entanto, a administração de estoques era precária por conta de um sistema definido na compra. Por isso mesmo, foi mal implantado. A rede, embora pequena, não tinha conhecimento real sobre seus estoques, quais produtos saíam mais, quais ficavam por longos períodos nas gôndolas e por isso causavam prejuízo por terem os prazos de validade vencidos e precisarem ser descartados. Os clientes reclamavam no caixa que não encontravam produtos que procuravam, mas nada era feito com tais reclamações.

Devido à enorme bagunça na administração de compras e estoques, o dono, que sabia que estava perdendo dinheiro, mas não sabia nem onde nem como, contratou uma consultoria especializada em supermercados para que fizesse um diagnóstico preciso da real situação das quatro lojas.

Ao longo de seis meses de trabalho, a consultoria fez uma série de mudanças nas quatro lojas da rede. Mudou leiaute, trocou equipamentos que, por serem antigos, tinham alto consumo de energia e, principalmente, sugeriu duas coisas: a criação de um programa de fidelização e a contratação de profissionais competentes para gerenciar as compras e o estoque, que eram gerenciados pelos dois filhos do empresário. Essas áreas eram claramente divergentes, por conta do antagonismo entre os dois filhos.

Com as mudanças propostas e realizadas, a rede passou a dar um lucro líquido mensal de 25% em média.

Questões para discussão

1. O que você faria, se fosse o dono da pequena rede de supermercados, para estancar a desorganização?
2. Você concordaria com as orientações da consultoria?
3. Você contrataria os dois gerentes como a consultora tinha pedido?

4. Você demitiria seus dois filhos?
5. De que forma, após estudar o Capítulo 9, você passaria a gerenciar sua rede de supermercado?

EXERCÍCIOS

1. Com a cultura da necessidade implantada, espera-se uma administração de materiais mais racional, baseada, entre outras coisas, na metodologia:
   a. Kaizen.
   b. Kanban
   c. ISO 9001:2015.
   d. 5S.
   e. MPS.BR.
2. 5S significam:
   a. Senso de Utilização. Senso de Ordenação. Senso de Limpeza. Senso de Saúde. Senso de Responsabilidade.
   b. Senso de Utilização. Senso de Prioridade. Senso de Limpeza. Senso de Saúde. Senso de Autodisciplina.
   c. Senso de Utilização. Senso de Ordenação. Senso de Limpeza. Senso de Saúde. Senso de Autodisciplina.
   d. Senso de Oportunidade. Senso de Ordenação. Senso de Limpeza. Senso de Saúde. Senso de Autodisciplina.
   e. Senso de Utilidade. Senso de Rapidez. Senso de Limpeza. Senso de Saúde. Senso de Autodisciplina.
3. Vamos tomar como base o que preconiza a ISO 9001:2015 sobre fornecedores. O item 8.4 sobre Controle de processos, produtos e serviços providos externamente, onde está escrito:
   a. "A organização deve determinar e aplicar critérios para a avaliação, seleção, monitoramento de desempenho e reavaliação de provedores externos, baseados na sua capacidade de prover processos ou produtos e serviços de acordo com requisitos. A organização deve reter informação documentada dessas atividades e de quaisquer ações necessárias decorrentes das avaliações."
   b. "A organização deve determinar e aplicar critérios para a avaliação e seleção de fornecedores."
   c. "A organização deve determinar e aplicar critérios para a avaliação de provedores externos."
   d. "A organização deve escolher seus provedores externos, baseados na sua capacidade de prover processos ou produtos e serviços de acordo com requisitos."
   e. "A organização deve reter informação documentada dessas atividades e de quaisquer ações necessárias decorrentes das avaliações."
4. Antes de cotar o material ou serviço que se quer adquirir, é preciso que tenhamos:
   a. A lista de materiais.
   b. Os fornecedores identificados e qualificados, qualquer que seja o tamanho da empresa e da compra, pois isso é uma boa prática.
   c. A autorização da alta direção.
   d. O número do pedido de compra.
   e. As alternativas para a falta de materiais.
5. A Curva ABC é um método de classificação e agrupamento de itens:
   a. Com base na possibilidade de virem a faltar na linha de produção.
   b. Com base no custo unitário de cada um.
   c. Com base em sua importância para a geração de receita e lucratividade de uma empresa.
   d. Com base na quantidade de fornecedores.
   e. Qual em várias alternativas.

CAPÍTULO 10

PROCESSOS FINANCEIROS

NOÇÕES DE CONTABILIDADE

De acordo com pesquisas arqueológicas, a contabilidade surgiu durante a pré-história, mais precisamente no período mesolítico, quando a humanidade começou a usar registros em fichas de barro que continham, por exemplo, símbolos de animais, materiais têxteis, recipientes, metais, entre outros, por meios de sinais pictográficos.

A palavra **contabilidade** deriva do latim, *computare*, que significa contar, computar, calcular.

A contabilidade é um instrumento que auxilia a tomada de decisão, pois sua dinâmica capta, registra, planeja, acompanha, resume, analisa, interpreta e controla todas as situações que afetam o patrimônio de vários grupos, conforme listado a seguir.

- **Pessoas físicas**: utilizam a contabilidade para controlar seus patrimônios e as finanças pessoais.
- **Governo**: faz uso das informações contábeis para tributar e cobrar impostos, taxas e contribuições das pessoas físicas e jurídicas, bem como para projetar cenários econômicos por meio da coleta e geração de dados estatísticos.
- **Bancos**: requerem informações sobre questões financeiras que possam afetar a lucratividade, a rentabilidade e a segurança de seus investimentos e de seus clientes.
- **Sócios e acionistas**: usam, principalmente, os relatórios contábeis para obterem informações sobre lucratividade, rentabilidade e segurança dos seus investimentos.
- **Administradores**: utilizam para auxiliá-los na tomada de decisão por meio das informações contábeis sobre o passado, o presente e a projeção futura da empresa.

São ramos da contabilidade:
- Contabilidade de Custos.
- Contabilidade Imobiliária.
- Contabilidade Rural.
- Contabilidade Bancária.
- Auditoria.
- Análise de Balanços.
- Teoria da Contabilidade.
- Contabilidade Gerencial.
- Contabilidade Pública.

AS LEIS DA CONTABILIDADE

Segundo Marion (2015):

"A lei nº 11.638/2007 abriu nossa contabilidade para o cenário internacional. Quando pensávamos que a legislação societária, no que tange aos aspectos contábeis, estava consolidada, surge a lei nº 11.941/2009, concluindo, cremos, o ciclo das mudanças por força de lei. Com o advento da lei nº 12.973/2014, a Receita Federal reconhece as Normas Internacionais de Contabilidade (International Financial Reporting Standards, IFRS, na sigla em inglês) como uma prática contábil válida para fins tributários. A lei complementar nº 147/2014 promoveu mudanças no Simples Nacional no regime tributário que recolhe de forma unificada diversos impostos. Além dessas leis, encontramos avanços constantes no SPED (Sistema Público de Escrituração Digital) que afetam a escrituração contábil em relação a suas formas tradicionais."

PRINCÍPIOS CONTÁBEIS

A contabilidade foi conceituada pelo I Congresso de Contabilistas, realizado no Rio de Janeiro, em 1924, como "a ciência que estuda e pratica as funções de orientação, controle e registro relativas à administração econômica". Tem como principais objetivos o planejamento, o controle e a análise que servirão de base para a tomada de decisões.

Os princípios contábeis definem as diretrizes essenciais sobre atos e fatos agraciados pela contabilidade. O Conselho Federal de Contabilidade (CFC) define, na Resolução nº 750/1993, recentemente alterada em 2010, que os Princípios de Contabilidade surgiram do entendimento científico e profissional e são categorizados todos como Princípios, cujos tópicos relevantes são apresentados no Quadro 10.1.

Quadro 10.1 Princípios contábeis segundo o CFC.

Entidade	Reconhece a autonomia patrimonial da entidade, diferenciando o Patrimônio particular do da entidade.
Continuidade	Pressupõe que a Entidade continuará em operação no futuro e, portanto, a mensuração e a apresentação dos Componentes do Patrimônio levam em conta esta circunstância.
Oportunidade	Refere-se ao processo de mensuração e à apresentação dos Componentes patrimoniais para produzir informações íntegras e tempestivas.
Registro pelo valor original	Determina que os Componentes do Patrimônio devem ser inicialmente registrados pelos valores originais das transações, expressos em moeda nacional.
Competência	As Receitas e as Despesas devem ser incluídas na Apuração do Resultado do Período em que ocorreram, sempre simultaneamente, quando se relacionarem, independentemente de recebimento e pagamento.
Prudência	Pressupõe o emprego de certo grau de precaução no exercício quanto às estimativas em certas condições de incerteza, para que Ativos e Receitas não sejam superestimados e que Passivos e Despesas não sejam subestimados.

CONCEITOS CONTÁBEIS E FINANCEIROS

O patrimônio de uma pessoa física ou jurídica é composto pelo conjunto de bens, direitos e obrigações, passíveis de mensuração, de sua propriedade.

O patrimônio é composto por elementos positivos e negativos.

- **Positivos**: são os bens e direitos que representam o aspecto positivo patrimonial, que é denominado Ativo.

- **Negativos**: são as obrigações que representam o aspecto negativo patrimonial, que é denominado Passivo.

A seguir, listamos alguns tipos de patrimônio:

- **Patrimônio bens**: são todos os elementos corpóreos ou incorpóreos que integram o patrimônio. Para fins contábeis, esses elementos devem ser passíveis de mensuração. Os bens corpóreos, também conhecidos como materiais ou tangíveis, compreendem os bens que possuem "existência física", como dinheiro, terrenos, veículos, salas comerciais, móveis e utensílios, máquinas e equipamentos, estoques, entre outros.

- **Patrimônio bens incorpóreos**: também conhecidos como imateriais ou intangíveis compreendem os bens que não existem fisicamente, como software, marcas, patentes, propriedade científica, ponto comercial, entre outros.

- **Patrimônio direitos**: são todos os créditos (haveres) de uma pessoa física ou jurídica contra terceiros.

- **Patrimônio obrigações:** são representadas por todas as dívidas com terceiros, como:
  - Duplicatas a pagar.
  - Promissórias a pagar.
  - Salários e ordenados.
  - Impostos e contribuições a recolher.
  - Financiamentos.
  - Empréstimos.
  - Provisões para férias.
  - 13º salário.
  - Etc.
- **Patrimônio** líquido: pode ser representado por uma das seguintes fórmulas:
  PL = Bens + Direitos − Obrigações
  PL = Ativo − Passivo

  Considere uma empresa que possui 15.000,00 em bens, R$ 3.000,00 em direitos e R$ 25.000,00 em obrigações. Essa empresa terá o Patrimônio Líquido:
  PL = Bens + Direitos − Obrigações
  PL = 15.000 + 3.000 − 25.000
  PL = − 7.000

  A situação da empresa é complicada, pois mesmo que o ativo fosse transformado em dinheiro, não seria suficiente para cobrir as obrigações contraídas pela empresa.
  A seguir, alguns conceitos financeiros:

- **Capital:** é o valor principal de uma aplicação financeira. Sobre o capital incidem juros e outros aplicativos.
- **Juros:** é o rendimento que se obtém quando se empresta dinheiro por determinado período. Os juros são para o credor (aquele que tem algo a receber) uma compensação pelo tempo que ficará sem utilizar o dinheiro emprestado. Juros têm dois lados a considerar: o do investidor, ou aquele que emprestou o capital, e o do tomador, aquele que pegou emprestado o capital. Claro, são dois lados antagônicos: um quer ganhar o máximo possível de juros (quem emprestou); o outro quer pagar o mínimo possível de juros (quem tomou). Por isso, existem regras e taxas que regulam essas relações.
- **Prazo:** é o tempo que o capital fica disponibilizado em uma operação financeira.
- **Taxa de juros:** é o percentual aplicado ao capital emprestado, por prazo determinado, contado em 100 unidades.
- **Montante:** é a soma do capital emprestado mais os juros produzidos ao final de um período (prazo) determinado.
- **Valor atual:** é o valor, em determinada data, de um montante a ser produzido em um prazo futuro.
- **Capitalização:** é o mecanismo financeiro capaz de produzir um novo montante a cada período com aplicação de uma taxa de juros.

- **Amortização**: é a parcela de um valor com a finalidade de abater do montante (capital emprestado + juros) visando diminuir uma dívida.

CLASSIFICAÇÃO E REGISTRO DE CONTAS PATRIMONIAIS

Toda operação realizada pela empresa, tais como compras, vendas, despesas, receitas etc., tem reflexo imediato na contabilidade onde são registradas de acordo com a sua natureza da operação e respectivos valores.

O ato de contabilizar essas operações chama-se **classificação**.

Classificar uma conta significa debitar ou creditar essa conta de acordo com a operação realizada, e é dessa classificação que nascem os registros nos diversos livros que compõem a contabilidade, Diário, Razão, Caixa etc., que, por sua vez, dão origem aos balanços e balancetes.

Para classificar determinada operação, temos de saber inicialmente quais alterações essa operação vai provocar nos elementos patrimoniais.

Existem contas patrimoniais de:

- Ativo;
- Passivo;
- Patrimônio Líquido.

A primeira tarefa para determinar o débito ou o crédito de uma conta é saber sua origem, se é um direito (Ativo), uma obrigação (Passivo) ou representa um elemento do Patrimônio Líquido. Lembre-se de que o Ativo é composto das contas de saldo devedor e o Passivo das contas com saldo credor.

Por exemplo:

- Conta Caixa terá de fazer a débito, pois se trata de um bem, portanto, Ativo.
- Conta Fornecedores terá de creditar, pois representa uma obrigação, portanto, Passivo.

RECEITA E DESPESA

As receitas são os recursos provenientes da venda de mercadorias ou de uma prestação de serviços.

As despesas, por sua vez, são todos os gastos que a empresa precisa ter para obter uma receita. Alguns exemplos de despesas são os salários, a conta de água, luz, telefone, os impostos, entre outros mais.

Em contabilidade, existe o chamado Método das Partidas Dobradas, em que cada transação financeira é registrada na forma de entradas em pelo menos duas contas, nas quais o total de débitos deve ser igual ao total de créditos. Esse método foi registrado por Luca Pacioli, em 1494, mas até hoje continua sendo o sistema padrão usado no mundo todo por empresas e outras organizações para registrar transações financeiras.

Por exemplo, ao realizar a compra de matéria-prima, uma conta do ativo deve ser debitada, já que a conta de estoque do ativo tem natureza devedora. Porém uma conta do caixa deverá ser creditada, pois a empresa teve um desembolso para pagar o fornecedor, então deverá ocorrer uma saída de recursos, já que a conta do caixa também é de natureza devedora.

PLANO DE CONTAS CONTÁBEIS

Plano de contas é o conjunto de contas, previamente estabelecido, que organiza os trabalhos contábeis de registro de fatos e atos inerentes à empresa. O plano de contas também serve de parâmetro para a elaboração das demonstrações contábeis. O plano de contas deve ser criado de forma personalizada por empresa, pois deve representar a realidade de cada uma.

OBJETIVOS DO PLANO DE CONTAS

O principal objetivo de um plano de contas é o de estabelecer normas de conduta para o registro das operações da empresa, por isso devem, quando da sua criação, ser levados em conta três objetivos fundamentais:

- Atender às necessidades de informação da administração da empresa.
- Observar formato compatível com os princípios de contabilidade e com a norma legal de elaboração do balanço patrimonial e das demais demonstrações contábeis (lei nº 6.404/1976, a chamada Lei das S/As).
- Adaptar-se tanto quanto possível às exigências dos agentes externos, principalmente às da legislação do Imposto de Renda.

O plano de contas, que a maioria entende ser um simples elenco de contas, constitui, na verdade, um conjunto de normas do qual deve fazer parte, ainda, a descrição do funcionamento de cada conta – o chamado Manual de Contas, que deve conter comentários e indicações gerais sobre a aplicação e o uso de cada uma das contas do plano de contas, informações sobre para que serve cada conta, o que deve conter e outras informações sobre critérios gerais de contabilização.

Saiba mais sobre como criar um plano de contas em:
uqr.to/cc5o

O Assistente Administrativo, que executa tarefas de Contas a Pagar e Receber, é o profissional responsável por atuar com a baixa de títulos, a cobrança de clientes e com rotinas de contas a pagar e receber. Um Assistente de Contas a Pagar e Receber efetua o lançamento de notas fiscais de entrada e saída em sistema informatizado.

CONTAS A PAGAR

O processo de pagamento deve seguir padrões bem definidos quanto a solicitação e aprovação de qualquer pagamento devido. Os instrumentos para pagamento são:

- **Ordens de pagamento eletrônicas ou físicas**: veja como é feito nos bancos Itaú, Banco do Brasil, Bradesco e na Caixa Econômica. Uma das melhores formas de pagamento, a Ordem de Pagamento, traz praticidade, segurança e rapidez, especialmente na questão de transferências em dinheiro para contas, incluindo transferências internacionais. A maioria das ordens de pagamento é realizada de forma on-line. Por ser um método rápido de transação, vale muito a pena conferir essa ferramenta. É claro que em cada agência bancária o serviço da Ordem de Pagamento possui certo diferencial, e, por isso, vamos falar um pouco sobre o funcionamento desta ferramenta nas principais agências bancárias do país.

Banco do Brasil: o valor da transferência da Ordem de Pagamento fica disponível para o beneficiário retirar no mesmo dia, em qualquer agência. Vá para: http://www.bb.com.br/pbb/pagina-inicial/voce/produtos-e-servicos/contas/todos-os-servicos/ordem-de-pagamento#/.

Bradesco: aos residentes ou brasileiros em trânsito no exterior que precisam enviar ordens de pagamento a favor de beneficiários que estão no Brasil, o banco disponibiliza um formulário modelo, em que os dados são solicitados pelos bancos nas transferências internacionais. Vá para: https://cambio.bradesco/Conteudo/produtos/pro_trf.aspx.

Itaú: o banco foi um dos pioneiros a oferecer esse tipo de serviço aos consumidores brasileiros. Para ter acesso ao serviço, basta acessar o site da agência bancária. Além de poder realizar consultas, o site possibilita o rastreio de ordem de pagamento. Vá para: https://www.itau.com.br/empresas/pagamentos/.

CEF: o Pagamento a Fornecedor possibilita que gestores de empresas públicas e privadas agendem pagamentos de forma ágil e sem burocracia, simplificando a gestão. Para que sua empresa possa fazer uso desse serviço, é necessário ser correntista da Caixa e firmar convênio em uma das unidades, onde serão negociadas as condições do serviço. Vá para:
http://www.caixa.gov.br/empresa/pagamentos-recebimentos/pagamentos/fornecedor/Paginas/default.aspx.

- **Cheque**: segundo o Conselho Monetário Nacional (CMN), os cheques correspondem atualmente a 15% do volume de pagamentos feitos no país. Um número alto, em especial se considerarmos a facilidade que o cartão de débito trouxe para a nossa vida. Veja aqui os tipos de cheque:

Ao portador: quando não consta o nome a quem o cheque é destinado, ou seja, qualquer pessoa pode sacar o valor ou depositá-lo. Esse tipo só vale para valores até R$ 100, segundo as regras da Federação Brasileira de Bancos (Febraban).

Nominal: trata-se do cheque que cita o nome do seu destinatário. Somente essa pessoa poderá descontar o cheque (a não ser que o endosse a outro).

Endossado: é quando o portador (o destinatário de um cheque nominal) coloca no verso da folha o nome do novo favorecido, assinando – endossando – tal transferência.

Cruzado: sabe aqueles dois traços paralelos, na diagonal, que se vê no canto de um cheque? Pois bem, significa que aquele valor não pode ser sacado, apenas depositado em uma conta. Vale lembrar que os traços podem ser feitos em qualquer lugar, mas normalmente se usa no canto superior esquerdo da folha.

Administrativo: é um cheque emitido pelo banco, a pedido do proprietário da conta, em favor de um terceiro. Nesse caso, o destinatário tem a certeza de que o cheque tem fundos (usado em transações com valores muito altos).

Pré-datado: neste tipo, negocia-se quando será o depósito, podendo ser em uma data futura. Vale destacar, no entanto, que, legalmente, um cheque é pagável no instante em que é apresentado ao banco, mesmo que tenha sido emitido com data posterior. Ou seja, caso quem recebeu o pagamento decida descontar o valor antes da data combinada e não houver dinheiro na conta para compensá-lo, a instituição pode devolvê-lo e você, se prejudicar.

A transferência entre contas pode ser feita via DOC ou TED:

- **Documento de Crédito (DOC):** é uma transferência bancária limitada a R$ 4.999,99. Só pode ser feita por instituições autorizadas pelo Banco Central. O valor é creditado na conta do beneficiado no dia útil seguinte, para transações feitas até as 21h59 (horário de Brasília). Após esse horário, o dinheiro será transferido no segundo dia útil. Por exemplo, se você programar um DOC às 23h (horário de Brasília) de uma segunda-feira, ele só será creditado na conta na quarta-feira. Mas se você agendar para 21h de segunda-feira (horário de Brasília), o valor estará na conta na terça-feira. Se você quiser agendar um DOC em feriados ou fins de semana, só conseguirá programar a transação para o primeiro útil seguinte. E só depois de confirmado é que o prazo de crédito começará a valer.

- **Transferência Eletrônica Disponível (TED):** foi criada pelo Banco Central em 2002. Antes havia limite mínimo de transferência, mas desde janeiro de 2016 o cliente pode enviar qualquer valor. O valor é creditado na conta do beneficiário poucos minutos após a sua autorização, desde que feita até as 17h (horário de Brasília). Se você agendar um TED depois desse horário, o valor só aparecerá na conta do beneficiado no dia seguinte.

Saiba mais sobre operações bancárias no site do Banco Central do Brasil:

uqr.to/cc5q

Saiba mais sobre controle de contas a receber no site do Sebrae:

uqr.to/cc5r

NEGOCIAÇÃO

Existem várias formas de negociação. Todas devem ser levadas em consideração quando surge algum litígio, algum conflito ou quando há necessidade de negociar débitos ou créditos. Para algumas pessoas, a negociação é um conjunto de técnicas dolorosas que tentam conseguir a rendição de uma das partes envolvidas em uma transação comercial, como se alguma parte precisasse perder para a outra ganhar. A boa negociação é aquela em que se dá o ganha-ganha. Negociar vem do latim, *negotiatus*, que é o passado de *negotiare*, e os meios para exercer sua atividade.

A seguir, demonstramos orientações de como negociar:

1. Sempre inicie as negociações, ou seja, se você prevê um litígio, antecipe-se na negociação. Isso, na maioria das vezes, dá vantagem para a parte que toma a iniciativa de negociar.
2. Negocie sempre por escrito. Embora se possa negociar boca a boca, pessoalmente, verbalmente, todos os passos da negociação e o acordo devem ser registrados.
3. Mantenha-se calmo, frio, no controle da situação. Ficar nervoso, gritar, esmurrar a mesa ou mesmo partir para agressões verbais e/ou físicas não nos conduz a um bom termo em nenhuma negociação.
4. Esteja no seu terreno. A melhor maneira de estar mais confortável na negociação é fazê-la dentro da sua empresa. Se isso não for possível, escolha um campo neutro, para não dar a vantagem à outra parte.
5. Lembre-se: a negociação não é uma guerra. Ela é justamente a busca para acabar com qualquer litígio.

TESOURARIA

São muitos os processos existentes nas empresas, e todos têm de garantir a sua eficiência e a respectiva competitividade. A gestão de tesouraria é um desses processos vitais. Até pouco tempo, a gestão do numerário não era vista como um processo que permitisse melhoria dos negócios das empresas. Antigamente, era apenas o pagamento em numerário que fazia parte do quotidiano da tesouraria nas empresas. Entretanto, hoje são inúmeros os meios de pagamento existentes – cartões de débito, cartões de crédito, pagamentos on-line, transferências de diversos tipos e moeda eletrônica. Com essas novas formas de pagamento, as empresas conseguem mais facilmente controlar o custo de disponibilização desses meios.

PROVISÃO DE PAGAMENTO E RECEBIMENTOS

Para não perdermos o controle dos pagamentos das despesas e os recebimentos futuros, devemos trabalhar com provisões. Elas são necessárias principalmente quando falamos das contas que a empresa terá de pagar, mas não se sabe o valor exato. Para garantir que não haja furo no caixa, devemos trabalhar com provisões.

- **Provisão de despesas**: o principal objetivo é efetuar os lançamentos das despesas futuras com objetivo de garantir que nenhuma despesa será esquecida. Dessa maneira, a provisão irá marcar um gasto estimado ou com grandes chances de acontecer.
- **Provisão de receitas**: é necessária para controlar o processo de contas a receber da empresa. O profissional responsável pela tesouraria deve fazer o lançamento dos valores estimados para que aconteça o procedimento da provisão. Com as informações dessas provisões, a empresa pode tomar decisões e fazer planejamentos relacionados com as entradas de recursos.

EXTRATOS BANCÁRIOS (EMISSÃO E CONTROLE)

Vários autores nos chamam a atenção para a importância dos extratos bancários, pois ainda existem empresas que pensam ser dispensável a entrega da documentação para comprovar sua movimentação bancária (extratos), o que é um grande erro. Toda a documentação bancária deve ser mandada para a contabilidade mensalmente.

> "Depósitos sem a devida comprovação da receita (emissão de NF, duplicatas etc.) são considerados pela legislação como receita omitida, sujeitando-se às severas penalidades para a empresa e para os sócios. Para evitar problemas com o fisco, toda empresa deve manter sua conta bancária exclusivamente com os movimentos da Pessoa Jurídica, sem misturar, seja qual for o motivo, com o movimento particular dos sócios. Portal Tributário."[1]

CONCILIAÇÃO BANCÁRIA

Conciliação bancária é a simples conferência das contas bancárias com o controle financeiro interno. A conciliação bancária tem como objetivo verificar se está tudo correto no controle interno ou se há inconsistências de dados.

Outros tipos de conciliações são os seguintes:

- Conciliação de cartões de crédito.
- Conciliação de cartões de débito.
- Conciliação de pagamentos.
- Conciliação de vendas.

SISTEMAS PARA CONTROLE DE PAGAMENTOS E DE RECEBIMENTOS

Existem diversos tipos de sistemas para controle de pagamentos e de recebimentos. Alguns são integrados, outros são simples programas compostos de planilhas eletrônicas. Existem softwares gratuitos e alguns permitem que você os teste por alguns dias.

Eu sugiro que você, caro leitor, coloque no Google a seguinte expressão para pesquisar por um software grátis: "Sistemas grátis para controle de pagamentos e de recebimentos."

OPERAÇÕES MATEMÁTICAS

PORCENTAGEM OU PERCENTAGEM

É usada para calcular descontos, acréscimos de preço, quantidade, números, lucros, dívidas etc.

O cálculo é: ao número $p^\%$ associamos a razão $\frac{p}{100}$. Isso significa que tomamos partes de um todo que foi dividido em 100 partes iguais.

Exemplo: 20% de 500. É o mesmo que escrever $\frac{20}{100}$

---

[1] Portal Tributário. Disponível em: <http://www.portaltributario.com.br/artigos/declaracoesfiscais.htm>. Acesso em: 23 jun. 2018.

20% de 500 teria a seguinte equação: $\frac{20}{100} \times 500$ e resolvendo $\frac{20 \times 500}{100} = 100$

Exemplo: 70% de forma unitária. Então, 70% $= \frac{70}{100} = 0{,}7$

REGRA DE TRÊS SIMPLES

A regra de três simples envolve duas grandezas direta ou inversamente proporcionais e tem solução simples.

Problema: uma máquina fabrica 300 parafusos por hora. Quantos parafusos ela fabricará em 4 horas?

Para solucionar esse problema, vamos considerar duas grandezas: tempo e peças fabricadas. E vamos indicar por X a quantidade de peças que serão fabricadas em 3 horas. Para isso, vamos colocar as grandezas de mesma espécie em uma mesma coluna e as grandezas de espécie diferentes em outra linha. Assim temos:

Tempo   Peças
1 hora   1.750 peças
3 horas   x peças

Armando a proporção, teremos: $\frac{1}{3} = \frac{1.750}{x}$, então $x = 1.750 \times 3$ que é igual a 5.250 peças. Em 3 horas, a máquina fabricará 5.250 peças.

As grandezas são diretamente proporcionais, e o aumento de uma delas acarreta o aumento da outra grandeza; ou a diminuição de uma grandeza provoca a diminuição da outra.

JUROS SIMPLES

Os juros simples são também chamados de lineares. Juros são o rendimento do capital emprestado.

Por exemplo, em um empréstimo de R$ 7.000,00 (sete mil reais) pelo qual haverá juros simples de 3% ao mês, que deverão ser pagos ao final de um mês, devemos calcular:

3% de R$ 7.000,00 = R$ 7.000,00 · 0,03 = R$ 210,00

Os juros simples podem ser calculados a partir da seguinte fórmula: $J = C \cdot i \cdot n$.
Onde:
J = Juros.
C = capital.
i = taxa de juros, produzida em fração, decimal ou porcentagem.
m = montante.
n = prazo ou tempo.
a.m. = ao mês.
a.a. = ao ano.

Evidentemente, i e n, isto é, a taxa e o prazo, devem ser calculados levando-se em consideração as mesmas unidades. Quer dizer que se a taxa for diária, o tempo deverá ser também considerado em dia; se a taxa for mensal, o tempo deve ser mensal e o mesmo se for ano.

Exemplo:
Qual é o juro simples produzido por um capital de R$ 3.000,00 aplicado durante 4 meses a uma taxa de 2.5% ao mês?
$J = C \cdot i \cdot n$
J = R$ 3.000,00 · 0,025 · 4
J = R$ 300,00
E se a esse mesmo capital fosse aplicada a mesma taxa, mas com um prazo de 24 dias? Como a taxa e o prazo devem ser calculados nas mesmas unidades, teremos:
$J = C \cdot i \cdot n$
J = R$ 3.000,00 · 0,025 · $\frac{24}{30}$
J = R$ 3.000,00 · 0,025 · 0,8
J = R$ 60,00

JUROS COMPOSTOS

Os juros compostos são também chamados capitalizados. Juros compostos consistem na formação de novo capital a cada período a que a taxa se referir até o final do tempo desejado. O produto final será o montante. Para conhecer os juros, basta subtrair destes o capital original.

Vamos tomar como exemplo um capital de R$ 7.000,00, sendo emprestado a juros de 5% a.m. por um prazo de 7 meses capitalizados.

A fórmula para calcular juros compostos é: $C(1 + i)^n$
Teríamos então:
R$ 7.000,00 · $(1 + 0,05)^7$
R$ 7.000,00 · $(1,05)^7$
R$ 7.000,00 · 1,40710 = 9.849,70

Dessa forma, teríamos um montante de R$ 9.849,70 para um capital inicial R$ 7.000,00, o que significa R$ 2.849,70 de juros produzidos no período. A isso chamamos de capitalização.

ADMINISTRAÇÃO FISCAL

A lista é muito grande, mas aqui estão os mais comuns e frequentes tipos de tributos.
Os impostos federais são os seguintes:
- Imposto sobre a importação de produtos estrangeiros (II).
- Imposto sobre a exportação de produtos nacionais ou nacionalizados (IE).
- Imposto sobre a renda e proventos de qualquer natureza (IR).
- Imposto sobre Produtos Industrializados (IPI).
- Imposto sobre Operações de Crédito, Câmbio e Seguro ou relativas a Títulos ou Valores Mobiliários (IOF).
- Imposto Territorial Rural (ITR).

A seguir, listamos os impostos estaduais:
- Imposto sobre operações relativas à Circulação de Mercadorias e prestação de Serviços de transporte interestadual, intermunicipal e de comunicação (ICMS).
- Imposto sobre Propriedade de Veículos Automotores (IPVA).
- Imposto sobre Transmissões Causa Mortis e Doações de Qualquer Bem ou Direito (ITCMd).

Os impostos municipais são os seguintes:
- Imposto sobre a Propriedade predial e Territorial Urbana (IPTU).
- Imposto sobre Transmissão *inter vivos* de Bens e Imóveis e de direitos reais a eles relativos (ITBI) – De acordo com o artigo 156 da Constituição Brasileira: só a transmissão onerosa de bens imóveis, como Compra e Venda, por aquisição e incorporação, e ainda a transmissão real de direito sobre imóvel pertencem aos Municípios.
- Impostos sobre Serviços de Qualquer Natureza (ISS ou ISSQN).

Saiba mais sobre os tributos no Brasil em:
uqr.to/cc5s

CLASSIFICAÇÃO NO CÓDIGO FISCAL DE OPERAÇÕES E PRESTAÇÕES (CFOP)

O CFOP, Código Fiscal de Operações e Prestações, das entradas e saídas de mercadorias, intermunicipal e interestadual é um código numérico que identifica a natureza de circulação da mercadoria ou a prestação de serviço de transportes. É com base no CFOP que é definido se a operação fiscal terá ou não de recolher impostos.

O código deve obrigatoriamente ser indicado em todos os documentos fiscais da empresa, como notas fiscais, conhecimentos de transportes, livros fiscais, arquivos magnéticos e outros exigidos por lei, quando das entradas e saídas de mercadorias e bens e da aquisição de serviços. Cada código é composto por quatro dígitos, sendo que por meio do primeiro dígito é possível identificar qual o tipo de operação, se entrada ou saída de mercadorias.

Entradas
1.000 – Entrada e/ou Aquisições de Serviços do Estado.
2.000 – Entrada e/ou Aquisições de Serviços de outros Estados.
3.000 – Entrada e/ou Aquisições de Serviços do Exterior.
Saídas
5.000 – Saídas ou Prestações de Serviços para o Estado.
6.000 – Saídas ou Prestações de Serviços para outros Estados.
7.000 – Saídas ou Prestações de Serviços para o Exterior.

Alguns dos CFOPs mais utilizados pelos contribuintes são os seguintes:

Código 1.102 – Compra de produto para posterior comercialização;
Código 1.556 – Compra de material especificamente para uso ou consumo próprio;

Código 1.904 – Retorno de remessa de mercadoria para venda fora do estabelecimento comercial;
Código 1.916 – Retorno de mercadoria ao estabelecimento para conserto ou reparo;
Código 2.410 – Devolução de produto vendido (sujeito à devolução do valor pago);
Código 5.915 – Remessa de mercadoria para reparo/conserto;
Código 6.124 – Industrialização realizada para outra empresa;
Código 6.603 – Ressarcimento de ICMS retido por ocasião de substituição tributária;
Código 7.358 – Prestação de serviço de transporte.

Saiba mais sobre a tabela CFOP e suas regras em:
uqr.to/cc5t

SISTEMA FINANCEIRO NACIONAL (SFN)

O SFN teve início com o art. 192 do Código Civil e com a lei nº 4.595, que trata da criação do Banco Central do Brasil (Bacen), que vem substituir a Superintendência da Moeda e do Crédito (Sumoc). Já a lei nº 6.385 trata da criação da Comissão de Valores Mobiliários (CVM), que passa a ser responsável pelo mercado de capitais.

O SFN é dividido em três subsistemas, o normativo, o supervisor e o operacional.

O Subsistema Normativo é composto pelo Conselho Monetário Nacional (CMN), que é o órgão máximo do sistema financeiro nacional e estritamente normativo. Responsável pelo desenvolvimento da política econômica e diretrizes do funcionamento do sistema financeiro normatizando por meio de deliberações e resoluções, sendo o Bacen o órgão responsável pela execução e divulgação.

O Subsistema Supervisor, onde estão os órgãos executivos do sistema financeiro, hierarquicamente estão localizados abaixo do CMN e são os responsáveis pela execução e fiscalização das normas do sistema financeiro. São os seguintes:

- **Banco Central do Brasil (Bacen)**: responsável pela autorização, fiscalização e execução das instituições financeiras e também de emitir papel moeda. É uma autarquia ligada diretamente ao Ministério da Fazenda.
- **Comissão de Valores Mobiliários (CVM)**: também é uma autarquia ligada ao ministério da fazenda, porém com a função de zelar pela manutenção e o melhor funcionamento do Mercado de Capitais, fiscalizando, autorizando e executando as instituições ligadas ao mercado de capitais.
- **Superintendência de Seguros Privados (Susep)**: assim como o Bacen e a CVM, a Susep também é uma autarquia ligada ao ministério da fazenda com o intuito de fiscalizar, autorizar e executar o mercado de seguros e títulos de capitalização assim como habilitar os corretores de seguros.
- **Anbima**: Associação de Bancos e Corretoras de Valores que representa os participantes do mercado de capitais brasileiro com o intuito de fortalecer esses mercados por meio do desenvolvimento econômico e social do país.

No Subsistema Operacional estão as instituições financeiras:
- Bancos Comerciais.
- Cooperativas de Crédito.
- Caixas Econômicas.
- Bancos de Desenvolvimento.
- Bancos de Investimento.
- Sociedades de Crédito, Financiamento e Investimento.
- Sociedades de Crédito Imobiliário.
- Associações de Poupança e Empréstimo.
- Sociedades Distribuidoras de Títulos e Valores Mobiliários.
- Sociedades Corretoras de Títulos e Valores Mobiliários.
- Sociedades de Arrendamento Mercantil.
- Bancos Múltiplos.

TÍTULOS DE CRÉDITO

Chamamos de títulos de crédito os papéis que representam uma obrigação financeira e que são emitidos de acordo com a legislação específica de cada tipo ou espécie.
- **Duplicata**: é o título de crédito que representa o instrumento de prova do contrato de compra e venda. A duplicata mercantil é um título de crédito, criado pelo direito brasileiro, que vem sendo alterado ao longo do tempo, em função dos interesses do Fisco sobre a atividade comercial. Encontra-se disciplinado pela lei nº 5.474/1968. A duplicata mercantil é obrigatória para vendas mercantis a prazo e pode ser protestada se não for paga na data do vencimento. Já a duplicata de prestação de serviços é emitida por profissionais ou empresas prestadoras de serviço, para cobrança por serviços prestados.
- **Triplicata**: segunda via ou reprodução de duplicata por motivo de extravio ou não aceitação da mesma.
- **Nota promissória**: é um título de crédito emitido pelo devedor, sob a forma de promessa de pagamento, a determinada pessoa, de certa quantia, em data que está especificada no título. A nota promissória é uma promessa direta e unilateral de pagamento, à vista ou a prazo, efetuada, em caráter solene, pelo promitente-devedor ao promissário-credor.
- **Letra de câmbio**: ordem de pagamento à vista e a prazo. É um título de crédito formal, consistindo-se em uma ordem escrita de pagamento; de um emitente ou sacador a outrem, chamado aceitante ou sacado, para que pague a um terceiro, denominado tomador, determinada importância em local e data determinados do título.

DOCUMENTOS FISCAIS

Os principais documentos ficais são os seguintes:
- **Nota de débito**: é utilizada para se efetuar a cobrança de valores para os quais não seja compatível a emissão de nota fiscal, mas, obrigatoriamente, deve existir uma nota fiscal referente ao pagamento que originou a nota de débito. De acordo com a legislação fiscal,

os documentos hábeis para comprovar operações de venda de mercadorias, prestação de serviços, operações de alienação de bens móveis, locação de bens móveis e imóveis ou quaisquer outras transações realizadas com bens ou serviços, é a nota fiscal, recibo ou documento equivalente (lei nº 8.846/1994, art. 2º, e RIR/1999, art. 283). Nota de débito é um documento muito utilizado pelas empresas para se efetuar, por exemplo, cobrança de valores para os quais não seja compatível a emissão de nota fiscal. A nota de débito diz que seu sacado é devedor do sacador. Uma de suas utilizações práticas é para a cobrança de encargos referentes a duplicatas e outros títulos que tenham sido pagos em cartório, bem como para recuperação de despesas, quando não cabível a emissão de nota fiscal.

- **Recibo**: é um documento escrito para registrar e certificar que alguém pagou aquilo que devia ou tinha de pagar. Normalmente, o recibo é duplicado e, nos casos em que é exigido, até triplicado. O original será entregue à pessoa que firma um pagamento como prova confiável de que foi pago, enquanto a cópia do mesmo ficará em mãos de quem emite para também ter um registro de que tal conta ou dívida foi paga dentro do combinado e no prazo estabelecido.

- **Nota fiscal**: é um documento que tem por objetivo o registro de uma transferência de propriedade de um bem ou uma atividade comercial prestada por uma empresa a uma pessoa física ou a outra empresa. Nas situações em que a nota fiscal registra transferência de valor monetário entre as partes, a nota fiscal também se destina ao recolhimento de impostos, e a não utilização de uma NF caracteriza sonegação fiscal. As notas fiscais podem também ser utilizadas em contextos mais amplos como na regularização de doações, transporte de bens, empréstimos de bens, ou prestação de serviços sem benefício financeiro à empresa emissora. A NF também pode cancelar a validade de outra nota fiscal, como na devolução de produtos industrializados, outros cancelamentos ou cancelamento de contratos de serviços e produtos. A NF pode ser cancelada desde que seja feito o cancelamento dentro do mês em que ela tenha sido emitida, mas esse prazo varia de estado para estado no Brasil.

- **Cupom fiscal**: é um documento que equivale à nota fiscal, porém é destinado ao consumidor final do varejo. Ele substituiu a antiga nota fiscal de venda ao cliente, servindo para formalizar a compra legalmente. Para operar com segurança e evitar multas e outros inconvenientes, é importante manter atenção em relação a particularidades legais e possíveis novas exigências do governo, que podem ocorrer a qualquer tempo. Em 2012, o governo federal sancionou a lei nº 12.741/2012, que obriga a discriminação de tributos tanto na nota quanto no cupom fiscal. Isso significa que o consumidor saberá o quanto está contribuindo em cada produto em impostos como ICMS, PIS e Confins. A complexidade da nossa legislação e alguns regimes especiais de tributação dificultam uma conta precisa, por isso o valor publicado pode ser aproximado, mas não pode deixar de constar no documento. É possível saber mais detalhes sobre o cálculo no site do Sebrae, se tiver paixão por cálculos ou receio de que seu sistema não o faça corretamente.

Acesse no Sebrae a planilha para Cálculo de Tributos na Nota Fiscal:

uqr.to/cc5u

Impossível reproduzir aqui um glossário de termos técnicos relacionados aos processos financeiro e contábil. Um dos que consultei na internet tem mais de 300 páginas. Por isso, aqui está o endereço eletrônico do Sebrae, onde você consulta on-line um bom dicionário.

Conheça um glossário de termos técnicos relacionados aos processos financeiro e contábil em:
uqr.to/cc5v

EXERCÍCIOS

1. A contabilidade é um instrumento que auxilia a tomada de decisão, pois sua dinâmica capta, registra, planeja, acompanha, resume, analisa, interpreta e controla todas as situações que afetam o patrimônio de vários grupos listados abaixo:
    a. Pessoas físicas. Governo. Bancos. Sócios e acionistas. Administradores.
    b. Governo. Bancos. Sócios e acionistas. Administradores.
    c. Pessoas físicas. Governo. Administradores.
    d. Pessoas físicas. Sócios e acionistas. Administradores.
    e. Pessoas jurídicas. Governo. Bancos. Sócios e acionistas.

2. A contabilidade foi conceituada pelo I Congresso de Contabilistas, realizado no Rio de Janeiro em 1924 como:
    a. "A ciência que estuda as funções de orientação econômica".
    b. "A prática das funções de orientação, controle e registro relativas à administração econômica".
    c. "A ciência que estuda a prática econômica das organizações".
    d. "A ciência que estuda e pratica as funções de orientação, controle e registro relativas à administração econômica".
    e. "A ciência de controle e registro relativas à administração econômica".

3. O patrimônio de uma pessoa física ou jurídica é composto:
    a. Pelo conjunto de bens de sua propriedade.
    b. Pelo conjunto de bens, direitos e obrigações, passíveis de mensuração, de sua propriedade.
    c. Pelo patrimônio líquido e pelo patrimônio bruto de uma pessoa física ou jurídica.
    d. Pelo conjunto de obrigações legais de uma pessoa física ou jurídica.
    e. Pelo passivo e ativo de uma pessoa física.

4. Capital é o valor:
    a. Principal de uma aplicação financeira.
    b. Emprestado pelo tomador.
    c. Garantido pelos bancos.
    d. Reservado para empréstimos.
    e. Que pode ser liberado pelo governo para empréstimos.

5. Toda operação realizada pela empresa, tais como compras, vendas, despesas, receitas etc., tem reflexo imediato na contabilidade onde são registradas de acordo com a sua natureza da operação e respectivos valores. O ato de contabilizar essas operações chama-se:
    a. Contabilização.
    b. Classificação.
    c. Separação.
    d. Intercalação.
    e. Legalização.

CAPÍTULO 11

QUALIDADE DE VIDA, SAÚDE E SEGURANÇA NOS AMBIENTES DE TRABALHO

O tema qualidade de vida está presente em todos os setores de produção e em nossa vida pessoal hoje em dia. Os sistemas de avaliação da saúde, do meio ambiente e da qualidade de vida fazem parte das preocupações da maioria das organizações e por isso deve, também, fazer parte das boas práticas do assistente administrativo.

Este capítulo traz amplo resumo dos pontos mais importantes dessas preocupações e aborda como todos nós, profissionais de qualquer área, podemos fazer a nossa parte, seja na empresa, na comunidade onde a empresa atua e, até, na nossa vida pessoal.

SUSTENTABILIDADE E RESPONSABILIDADE SOCIOAMBIENTAL

O consumidor já não aceita o descaso no tratamento dos recursos naturais e está interessado em produtos "limpos", aqueles que não agridem a natureza. Claro, essa consciência varia de país para país. Nos países mais desenvolvidos, a atitude da sociedade é mais organizada, e as pressões são mais fortes.

Saiba mais sobre sustentabilidade e responsabilidade socioambiental em:
uqr.to/cc5w

Já no item responsabilidade social, a sociedade está muito mais atenta à inclusão de portadores de necessidades especiais no mercado de trabalho.

O resultado de todas essas ações e pressões é óbvio: a legislação tornou-se mais rígida, obrigando as empresas a encarar com muita seriedade a questão ambiental e a responsabilidade social no seu planejamento estratégico e operacional.

Conheça 20 empresas-modelo em responsabilidade socioambiental em:

uqr.to/cc5x

QUALIDADE DE VIDA NO TRABALHO (QVT)

Qualidade de vida no trabalho (QVT) diz respeito às condições de vida dentro do ambiente corporativo. A QVT é o grau de satisfação das necessidades pessoais que o funcionário consegue obter enquanto exerce sua função em qualquer empresa, seja ela pública, privada, industrial ou serviço.

O objetivo principal da QVT é encontrar o ponto de equilíbrio entre o bem-estar do trabalhador e a eficácia e a eficiência da empresa. A qualidade de vida no trabalho é um dos indicadores da saúde organizacional. Por isso, as melhorias de condições do ambiente e da qualidade de vida do trabalho nas empresas passam necessariamente por melhoria na infraestrutura, na higiene e na segurança do ambiente, assim como nos aspectos psicológicos e sociais.

Exemplos de fatores que afetam a qualidade de vida no trabalho:

- Ambiente psicológico e físico de trabalho.
- Satisfação com a função executada.
- Motivação para o exercício da atividade.
- Oportunidade de crescimento.
- Desenvolvimento pessoal.
- Clima organizacional.
- Remuneração justa e adequada.
- Benefícios concedidos.
- Segurança na função.
- Reconhecimento pelo trabalho.
- *Feedback* das atividades.
- Relacionamento com colegas e superiores.
- Liberdade de decisão e participação.
- Igualdade de oportunidades.

A seguir, listamos normas regulamentadoras relativas à segurança e qualidade de vida no trabalho:[1]

---

[1] Apenas listamos a introdução de cada Norma Regulamentadora, pois elas são muito extensas. Entretanto, convido você a acessar o site do Ministério do Trabalho para conhecer melhor cada

NR 01 – Disposições Gerais

1.1 As Normas Regulamentadoras (NR) relativas à segurança e medicina do trabalho são de observância obrigatória pelas empresas privadas e públicas e pelos órgãos públicos da administração direta e indireta, bem como pelos órgãos dos Poderes Legislativo e Judiciário, que possuam empregados regidos pela Consolidação das Leis do Trabalho – CLT. (Alteração dada pela Portaria nº 06, de 09/03/83).

1.1.1 As disposições contidas nas Normas Regulamentadoras – NR aplicam-se, no que couber, aos trabalhadores avulsos, às entidades ou empresas que lhes tomem o serviço e aos sindicatos representativos das respectivas categorias profissionais. (Alteração dada pela Portaria nº 06, de 09/03/83).

1.2 A observância das Normas Regulamentadoras – NR não desobriga as empresas do cumprimento de outras disposições que, com relação à matéria, sejam incluídas em códigos de obras ou regulamentos sanitários dos Estados ou Municípios, e outras, oriundas de convenções e acordos coletivos de trabalho. (Alteração dada pela Portaria nº 06, de 09/03/83).

NR 05 – Comissão Interna de Prevenção de Acidentes (Cipa)

(Texto dado pela Portaria SSST nº 08, de 23 de fevereiro de 1999).

DO OBJETIVO

5.1 A Comissão Interna de Prevenção de Acidentes – CIPA – tem como objetivo a prevenção de acidentes e doenças decorrentes do trabalho, de modo a tornar compatível permanentemente o trabalho com a preservação da vida e a promoção da saúde do trabalhador.

DA CONSTITUIÇÃO

5.2 Devem constituir CIPA, por estabelecimento, e mantê-la em regular funcionamento as empresas privadas, públicas, sociedades de economia mista, órgãos da administração direta e indireta, instituições beneficentes, associações recreativas, cooperativas, bem como outras instituições que admitam trabalhadores como empregados.

5.3 As disposições contidas nesta NR aplicam-se, no que couber, aos trabalhadores avulsos e às entidades que lhes tomem serviços, observadas as disposições estabelecidas em Normas Regulamentadoras de setores econômicos específicos.

5.4 (Revogado pela Portaria SIT nº 247, de 12 de julho de 2011)

5.5 As empresas instaladas em centro comercial ou industrial estabelecerão, através de membros de CIPA ou designados, mecanismos de integração com objetivo de promover o desenvolvimento de ações de prevenção de acidentes e doenças decorrentes do ambiente e instalações de uso coletivo, podendo contar com a participação da administração do mesmo.

NR 06 – Equipamento de Proteção Individual (EPI) e Coletiva (EPC)

(Texto dado pela Portaria SIT nº 25, de 15 de outubro de 2001)

6.1 Para os fins de aplicação desta Norma Regulamentadora – NR, considera-se Equipamento de Proteção Individual – EPI, todo dispositivo ou produto, de uso

---

uma delas. Acesse: http://trabalho.gov.br/index.php/seguranca-e-saude-no-trabalho/normatizacao/normas-regulamentadoras

individual utilizado pelo trabalhador, destinado à proteção de riscos suscetíveis de ameaçar a segurança e a saúde no trabalho.

6.1.1 Entende-se como Equipamento Conjugado de Proteção Individual, todo aquele composto por vários dispositivos, que o fabricante tenha associado contra um ou mais riscos que possam ocorrer simultaneamente e que sejam suscetíveis de ameaçar a segurança e a saúde no trabalho.

6.2 O equipamento de proteção individual, de fabricação nacional ou importado, só poderá ser posto à venda ou utilizado com a indicação do Certificado de Aprovação – CA, expedido pelo órgão nacional competente em matéria de segurança e saúde no trabalho do Ministério do Trabalho e Emprego.

6.3 A empresa é obrigada a fornecer aos empregados, gratuitamente, EPI adequado ao risco, em perfeito estado de conservação e funcionamento, nas seguintes circunstâncias:

a) sempre que as medidas de ordem geral não ofereçam completa proteção contra os riscos de acidentes do trabalho ou de doenças profissionais e do trabalho;

b) enquanto as medidas de proteção coletiva estiverem sendo implantadas; e,

c) para atender a situações de emergência.

NR 07 – Programa de Controle Médico de Saúde Ocupacional

(Texto dado pela Portaria SSST nº 24, de 29 de dezembro de 1994)

7.1 DO OBJETO

7.1.1 Esta Norma Regulamentadora – NR estabelece a obrigatoriedade de elaboração e implementação, por parte de todos os empregadores e instituições que admitam trabalhadores como empregados, do Programa de Controle Médico de Saúde Ocupacional – PCMSO, com o objetivo de promoção e preservação da saúde do conjunto dos seus trabalhadores.

7.1.2 Esta NR estabelece os parâmetros mínimos e diretrizes gerais a serem observados na execução do PCMSO, podendo os mesmos ser ampliados mediante negociação coletiva de trabalho.

7.1.3 Caberá à empresa contratante de mão-de-obra prestadora de serviços informar a empresa contratada dos riscos existentes e auxiliar na elaboração e implementação do PCMSO nos locais de trabalho onde os serviços estão sendo prestados. (Alterado pela Portaria n.º 8, de 05 de maio de 1996)

NR 17 – Ergonomia

(Redação dada pela Portaria MTPS nº 3.751, de 23 de novembro de 1990)

17.1. Esta Norma Regulamentadora visa a estabelecer parâmetros que permitam a adaptação das condições de trabalho às características psicofisiológicas dos trabalhadores, de modo a proporcionar um máximo de conforto, segurança e desempenho eficiente.

17.1.1. As condições de trabalho incluem aspectos relacionados ao levantamento, transporte e descarga de materiais, ao mobiliário, aos equipamentos e às condições ambientais do posto de trabalho e à própria organização do trabalho.

17.1.2. Para avaliar a adaptação das condições de trabalho às características psicofisiológicas dos trabalhadores, cabe ao empregador realizar a análise ergonômica do trabalho, devendo a mesma abordar, no mínimo, as condições de trabalho, conforme estabelecido nesta Norma Regulamentadora.

NR 24 – Condição Sanitária em Locais de Trabalho
24.1 Instalações sanitárias.
24.1.1 Denomina-se, para fins de aplicação da presente NR, a expressão:
a) aparelho sanitário: o equipamento ou as peças destinadas ao uso de água para fins higiênicos ou a receber águas servidas (banheira, mictório, bebedouro, lavatório, vaso sanitário e outros);
b) gabinete sanitário: também denominado de latrina, retrete, patente, cafoto, sentina, privada, WC, o local destinado a fins higiênicos e dejeções;
c) banheiro: o conjunto de peças ou equipamentos que compõem determinada unidade e destinado ao asseio corporal.
24.1.2 As áreas destinadas aos sanitários deverão atender às dimensões mínimas essenciais. O órgão regional competente em Segurança e Medicina do Trabalho poderá, à vista de perícia local, exigir alterações de metragem que atendam ao mínimo de conforto exigível. É considerada satisfatória a metragem de 1 metro quadrado, para cada sanitário, por 20 operários em atividade.

MEDICINA E SEGURANÇA DO TRABALHO

Para atender às exigências da legislação e da norma Ohsas 18001 relacionadas aos requisitos legais, as empresas precisam identificar a legislação de saúde ocupacional e segurança do trabalho aplicável ao seu setor, pois ela varia conforme o tipo de produto que produzem, acessar seu respectivo texto atualizado e avaliar periodicamente o atendimento às obrigações decorrentes dessa legislação, de forma documentada.

A Ohsas 18001,[2] assim como outras normas de gestão (ISO 14001, SA 8000, ISO 22000, ISO 50001), prescreve o que deve ser gerenciado, mas não indica a forma pela qual esse gerenciamento deve ser promovido, deixando a cargo das empresas definirem a melhor metodologia e estratégia.

Toda metodologia nos diz o que precisamos fazer, mas não diz como fazê-lo. Isso cabe a cada empresa, cada instituição, definir os procedimentos para medicina e segurança do trabalho.

Quais são os benefícios da Ohsas 18001?

- Criação das melhores condições de trabalho possíveis na organização.
- Identificação de perigos e definição de controles para gerenciá-los.
- Redução de acidentes e doenças de trabalho, reduzindo custos e inatividade.
- Engajamento e motivação dos funcionários com condições de trabalho melhores e mais seguras.
- Demonstração de conformidade para clientes e fornecedores.

---

[2] Ohsas é uma sigla em inglês para Occupational Health and Safety Assessment Series, cuja melhor tradução é Série de Avaliação de Segurança e Saúde Ocupacional.

A POLÍTICA DE GESTÃO DE RISCOS

Tem por objetivo estabelecer diretrizes a serem observadas no processo de gestão de riscos da empresa, de forma a possibilitar a identificação, a avaliação, a priorização e o tratamento dos riscos do negócio.

O QUE É RISCO?

> **Risco** é uma possibilidade real ou potencial capaz de causar lesão ou morte, danos ou perdas patrimoniais, interrupção de processo de negócio ou de afetar a comunidade ou o meio ambiente.

O risco não pode ser eliminado, mas mitigado.[3]

Segundo a Norma ISO 31000: "Organizações de todos os tipos e tamanhos enfrentam influências e fatores internos e externos que tornam incerto se e quando elas atingirão seus objetivos. O efeito que essa incerteza tem sobre os objetivos da organização é chamado 'risco.'"

Todas as atividades de uma organização envolvem risco. As organizações gerenciam o risco, identificando-o, analisando-o e, em seguida, avaliando se o risco deve ser modificado por seu tratamento, a fim de atender a seus critérios de risco. Ao longo de todo esse processo, elas comunicam e consultam as partes interessadas e monitoram e analisam criticamente o risco e os controles que o modificam, a fim de assegurar que nenhum tratamento de risco adicional seja requerido. A NBR ISO 3100:2018 descreve o processo em detalhes.

A ISO 31000 define risco como: "Efeito da incerteza nos objetivos".

E gestão de risco como: "Atividades coordenadas para dirigir e controlar uma organização no que se refere a riscos."

E sobre gerenciamento de riscos como sendo: "A cultura, os processos e as estruturas que são direcionados para realizar possíveis oportunidades enquanto administram os efeitos adversos."

Peter Drucker dizia: "Já que é inútil tentar eliminar os riscos e questionável tentar minimizá-los, o essencial é que os riscos considerados sejam certos."

Riscos estão presentes em tudo que fazemos. Em processos de negócio, os riscos estão ligados às metas e, consequentemente, às atividades, aos processos e aos produtos produzidos por estes, sejam bens ou serviços.

Risco normalmente envolve duas características:

- **Incerteza:** o risco pode ou não acontecer.
- **Perda**: se o risco de tornar real, consequências indesejadas ou perdas ocorrerão.

É importante quantificar o nível de incerteza e o grau de perda associados com cada risco para podermos mitigá-los.

---

[3] Segundo o *Dicionário Eletrônico Michaelis*, mitigar, tornar(-se) menos severo, penoso ou intenso; abrandar(-se), aliviar(-se), diminuir(-se): mitigar a indignação, a ira, o furor. Mitigar a saudade.

Os riscos podem ser:
- Previsíveis (nós podemos calcular com certeza as ocorrências).
- Imprevisíveis.

Por tudo isso é importante que as organizações definam uma política de gestão de risco.

MAPA DE RISCOS

O mapa de riscos tem por objetivo identificar e evitar a possibilidade de acidentes para garantir a segurança de todos durante a realização do trabalho.

O mapa de riscos é uma representação gráfica baseada no layout da organização e identifica cada risco presente no local. Por meio de círculos de diferentes tamanhos e cores, o mapa de risco informa os funcionários das ameaças presentes, sendo uma ferramenta essencial para a segurança e saúde do trabalho.

IDENTIFICAÇÃO DOS RISCOS

No gráfico, cada risco é representado por uma cor e classificado por:
- Grupo 1 – Verde. Riscos físicos. Tais como ruídos, vibrações, radiações ionizantes, frio, calor, pressões anormais e umidade.

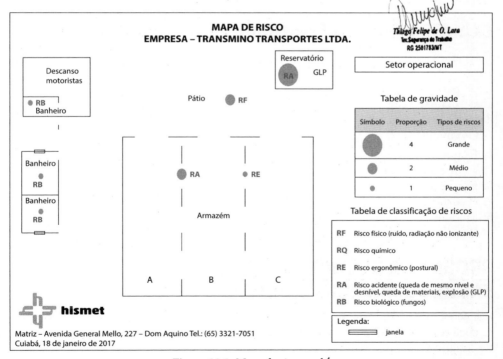

Figura 11.1 Mapa de risco real.[4]

---

[4] Reproduzido com permissão do RH, pela consultoria para a Certificação SASSMAQ.

- Grupo 2 – Vermelho. Riscos químicos como poeiras, fumos, névoas, neblinas, gases, vapores e substâncias compostas ou produtos químicos que podem prejudicar a saúde do trabalhador.
- Grupo 3 – Marrom. Riscos biológicos. São eles: vírus, bactérias, protozoários, fungos, parasitas e bacilos.
- Grupo 4 – Amarelo. Riscos ergonômicos, tais como esforço físico intenso, levantamento e transporte manual de peso, exigência de postura inadequada, controle rígido de produtividade, imposição de ritmos excessivos, trabalho noturno, jornadas de trabalho prolongadas, monotonia e repetitividade, entre outras situações causadoras de estresse físico ou psicológico.
- Grupo 5 – Azul. Riscos de acidentes causados por arranjo físico inadequado, máquinas e equipamentos sem proteção, ferramentas inadequadas ou defeituosas, iluminação inadequada, eletricidade, probabilidade de incêndio ou explosão, armazenamento inadequado, animais peçonhentos, além de outras situações de risco que poderão contribuir para ocorrência de acidentes.

Além das cores, os círculos podem ser pequenos, médios ou grandes, dependendo do risco identificado. Quanto maior o círculo, maior é a ameaça existente no local de trabalho. Dessa forma, além de qualificar o risco, é possível quantificá-lo de forma simples e objetiva.

EXAMES MÉDICOS PERIÓDICOS OBRIGATÓRIOS

Os exames admissionais, demissionais e periódicos são estabelecidos por lei, no artigo 168 da Consolidação das Leis do Trabalho (CLT). Funcionam como uma proteção legal tanto para os empregadores quanto para os empregados, verificando se a pessoa está apta a ocupar o cargo e garantindo que, ao longo do tempo, ela não adquira uma doença decorrente de suas funções.

Os cinco exames obrigatórios são:

1. Exame admissional.
2. Exame demissional.
3. Exame periódico.
4. Retorno ao trabalho.
5. Mudança de função.

O controle e regulamentação dos exames periódicos está no artigo 168 da CLT.[5]

PROGRAMA DE CONTROLE MÉDICO DE SAÚDE OCUPACIONAL (PCMSO)

A sigla PCMSO significa Programa de Controle Médico de Saúde Ocupacional, conforme estabelece o subitem 7.2.1 da norma regulamentadora nº 07. O PCMSO é parte integrante do conjunto mais amplo de iniciativas da empresa no campo da saúde dos trabalhadores, devendo estar articulado com o disposto nas demais normas regulamentadoras.

---

[5] Você pode baixar uma CLT grátis no site do Senado federal. Acesse: <http://www2.senado.leg.br/bdsf/bitstream/handle/id/535468/clt_e_normas_correlatas_1ed.pdf>

O PCMSO é regulamentado pela norma regulamentadora nº 07 do Ministério do Trabalho e Emprego, que estabelece a obrigatoriedade de elaboração e implementação por parte de todos os empregadores e instituições que admitam trabalhadores como empregados, do PCMSO, com o objetivo de promoção e preservação da saúde do conjunto dos seus trabalhadores.

Embora o Técnico em Segurança do Trabalho não seja o responsável legal pelo PCMSO, ele vive cuidando dele e do cronograma de ações. Muitas vezes, o Técnico em Segurança do Trabalho faz para o médico do trabalho assinar, legalmente falando, isso não é o correto. O dever legal de cuidar do PCMSO é do médico do trabalho, é isso o que dita o item 7.3.1 da NR 7.

PROGRAMA DE PREVENÇÃO DE RISCOS AMBIENTAIS (PPRA)

PPRA é o programa de prevenção previsto pela Norma Regulamentadora 9 (NR 9), sigla de Programa de Prevenção de Riscos Ambientais. O PPRA consiste na tomada de ações para promover a segurança, saúde e integridade das pessoas que trabalham em ambientes com a existência de riscos ambientais – e ambientes em que é possível prever que haverá estes riscos. O PPRA foi implantado pela Secretaria de Segurança e Saúde do Trabalho, do Ministério do Trabalho e Emprego (MTE), por meio da norma regulamentadora 9 (NR 9) da portaria nº 3.214/1978.

Consideram-se riscos ambientais para os efeitos da NR 9 os agentes químicos, físicos e biológicos apenas. Dessa forma, o programa não engloba risco de acidentes ou riscos ergonômicos.

Entre os agentes de riscos químicos possíveis, estão os gases e poeiras diversos e, entre os agentes de riscos físicos, as radiações ionizantes e não ionizantes, o ultrassom e infrassom, as altas ou baixas temperaturas, o quase sempre presente ruído, as vibrações e as pressões anormais. Nos agentes biológicos, é importante citar vírus e bactérias, fungos, bacilos, parasitas, dentre outros.

COMUNICAÇÃO DE ACIDENTE DE TRABALHO (CAT)

Comunicação de Acidente de Trabalho (CAT), segundo orientações do site do INSS, publicado em 8 de janeiro de 2018, última modificação em 5 de fevereiro de 2018.

A CAT é um documento emitido para reconhecer tanto um acidente de trabalho ou de trajeto como uma doença ocupacional.

Acidente de trabalho ou de trajeto: é o acidente ocorrido no exercício da atividade profissional a serviço da empresa ou no deslocamento residência/trabalho/residência, e que provoque lesão corporal ou perturbação funcional que cause a perda ou redução – permanente ou temporária – da capacidade para o trabalho ou, em último caso, a morte.

Doença ocupacional: é aquela produzida ou desencadeada pelo exercício do trabalho peculiar a determinada atividade e constante da respectiva relação elaborada pelo Ministério do Trabalho e da Previdência Social.

Quando fazer a CAT?

A empresa é obrigada a informar à Previdência Social todos os acidentes de trabalho ocorridos com seus empregados, mesmo que não haja afastamento das atividades, até o primeiro dia útil seguinte ao da ocorrência.

Em caso de morte, a comunicação deverá ser imediata.

A empresa que não informar o acidente de trabalho dentro do prazo legal estará sujeita à aplicação de multa, conforme disposto nos artigos 286 e 336 do decreto nº 3.048/1999.

Se a empresa não fizer o registro da CAT, o próprio trabalhador, o dependente, a entidade sindical, o médico ou a autoridade pública (magistrados, membros do Ministério Público e dos serviços jurídicos da União e dos Estados ou do Distrito Federal e comandantes de unidades do Exército, da Marinha, da Aeronáutica, do Corpo de Bombeiros e da Polícia Militar) poderão efetivar a qualquer tempo o registro desse instrumento junto à Previdência Social, o que não exclui a possibilidade da aplicação da multa à empresa.

Saiba como fazer o registro da CAT on-line em:
uqr.to/cc5y

FICHA MÉDICA

A ficha médica é o cadastro das informações médicas dos pacientes atendidos pelo ambulatório da empresa. Os pacientes compreendem: colaboradores, terceiros, parceiros, dependentes, candidatos e visitantes.

A ficha médica compreende não somente o registro da anamnese[6] do paciente, mas todo o conjunto de documentos e informações referentes aos cuidados médicos prestados em favor de um paciente.

Segundo Genival Veloso de França:[7]

> "Entende-se por prontuário médico não apenas o registro da anamnese do paciente, mas todo acervo documental padronizado, ordenado e conciso, referente ao registro dos cuidados médicos prestados e aos documentos anexos. Constituem um verdadeiro dossiê que tanto serve para análise da evolução da doença como para fins estatísticos que alimentam a memória do serviço e como defesa do profissional caso ele venha a ser responsabilizado por algum resultado atípico ou indesejado."

Segundo a definição do Ministério da Saúde, o prontuário médico seria: "Um conjunto de documentos ordenados e padronizados destinados aos registros dos cuidados médicos prestados pelos médicos e outros profissionais da saúde nos serviços de saúde pública ou privada."

Já o Conselho Federal de Medicina define o prontuário como:

> "Documento único constituído de um conjunto de informações, sinais e imagens registradas, geradas a partir de fatos, acontecimentos e situações sobre a saúde do paciente e a assistência a ele prestada, de caráter legal, sigiloso e científico, que possibilita a comunicação entre membros da equipe multiprofissional e a continuidade da assistência prestada ao indivíduo."

---

[6] Anamnese, segundo o *Dicionário Eletrônico Aurélio*, é o conjunto das informações recolhidas pelo médico a respeito de um doente e de sua doença.

[7] Médico e Bacharel em Direito. Foi professor titular de Medicina Legal nos cursos de Medicina e Direito da Universidade Federal da Paraíba. Autor da área de direito do GEN | Atlas.

CASO

Desde 2006, foi regulamentado pelo Ministério do Trabalho que empresas precisam ter uma brigada de incêndio preparada para emergências. A norma, determinada pela NBR 14.276/2006, vale para lojas, escolas e até mesmo condomínios, que devem escolher e indicar funcionários voluntários para compor a brigada, que agiria em situações de emergência até a chegada dos bombeiros.

Uma empresa especializada em dar treinamento para brigada de incêndio foi a protagonista deste caso.

A empresa em questão era muito conceituada na região em que atuava, pois além de possuir uma excelente infraestrutura para o treinamento de combate a incêndio, contava com profissionais muito experientes, vários deles militares do corpo de bombeiros, tanto na ativa como aposentados.

As instalações da empresa eram de primeiro mundo. Contava com casa de fumaça, tanque de óleo, tanque de combustível, piras de todos os tipos e tamanhos e com variados materiais combustíveis.

A casa de fumaça era uma instalação inacreditável. Tinha 30 metros de cumprimento por 3 de largura. O local tem portas de entrada e saída, mas não janelas, embora tenha algumas saídas de emergência. Seu interior é escuro, e, simulando um imóvel em chamas, há muita fumaça. O objetivo é entrar por um lado e sair pelo outro, rastejando, pois a fumaça sobe. O problema é que, no meio, há um labirinto, com curvas à direita e à esquerda, degraus, túneis. O desespero é real, e o treinamento, necessário. A empresa, além de ter sido credenciada pelo Corpo de Bombeiros para poder prestar serviços de Brigada de Incêndio básica, intermediária e avançada, contava com vários profissionais para realizar os treinamentos. A casa da fumaça também é destinada à capacitação no resgate de vítimas e paralisação de focos de incêndio, com uso correto de EPIs e outros equipamentos, dentro das determinações do Corpo de Bombeiros.

Em um desses treinamentos, o instrutor esqueceu-se de verificar se havia algum animal peçonhento dentro da casa, pois ela ficava em um campo com matagal em volta. Acenderam o fogo, encheram a casa de fumaça e deram o sinal para que os alunos entrassem. Não demorou muito, depois que a porta de entrada foi fechada, para alguém gritar. Um grito alto, forte, como de muita dor. De repente, todos estavam gritando e tossindo. O treinamento foi imediatamente interrompido, todas as portas foram abertas, e todos puderam ser resgatados pela equipe de salvamento da escola.

O empregado que gritou primeiro tinha sido picado por uma aranha caranguejeira!

Depois do susto e do aluno que fora picado pela aranha ter sido encaminhado ao pronto-socorro, todos ficaram bem, pois não tinham inalado muita fumaça.

O mais interessante é que até viram a aranha, mas, na correria, ninguém prestou atenção nela, que, muito esperta, aproveitando a confusão, fugiu!

Questões para discussão
1. Você entraria em uma casa de fumaça nas condições expostas nesse caso?
2. Você concordaria em participar de uma brigada de incêndio na empresa em que trabalha?
3. O que você teria perguntado para o instrutor antes de entrar na casa de fumaça?
4. Se tivesse acontecido com você, o que teria feito?

EXERCÍCIOS

1. Qualidade de vida no trabalho (QVT) diz respeito:
   a. Às condições de vida dentro do ambiente corporativo.
   b. Às condições de vida dentro dos ecossistemas.
   c. Às condições de vida dentro das reservas florestais.
   d. Às condições de vida dentro das fábricas.
   e. Às condições de vida dentro das cidades

2. O que são Normas Regulamentadoras (NR), relativas à segurança e medicina do trabalho?
   a. São normas de observância opcional pelas empresas privadas e públicas e pelos órgãos públicos da administração direta e indireta, bem como pelos órgãos dos Poderes Legislativo e Judiciário, que possuam empregados regidos pela Consolidação das Leis do Trabalho (CLT).
   b. São normas de observância pelas empresas de manufatura que possuam empregados regidos pela Consolidação das Leis do Trabalho (CLT).
   c. São normas de observância obrigatória pelas empresas privadas e públicas e pelos órgãos públicos da administração direta e indireta, bem como pelos órgãos dos Poderes Legislativo e Judiciário, que possuam empregados regidos pela Consolidação das Leis do Trabalho (CLT).
   d. São normas de observância pelos órgãos públicos da administração direta e indireta, bem como pelos órgãos dos Poderes Legislativo e Judiciário, que possuam empregados regidos pela Consolidação das Leis do Trabalho (CLT).
   e. São normas de observância obrigatória pelas empresas públicas que possuam empregados regidos pela Consolidação das Leis do Trabalho (CLT)

3. Qual o objetivo da Comissão Interna de Prevenção de Acidentes (Cipa)?
   a. Tem como objetivo a prevenção de acidentes e incêndios na empresa.
   b. Tem como objetivo a prevenção de acidentes e doenças decorrentes do trabalho, de modo a tornar compatível permanentemente o trabalho com a preservação da vida e a promoção da saúde do trabalhador.
   c. Tem como objetivo a preservação da vida e a promoção da saúde do trabalhador.
   d. Tem como objetivo a prevenção de acidentes e doenças e a preservação da vida e a promoção da saúde do trabalhador.
   e. Tem como objetivo tornar compatível permanentemente o trabalho com a preservação da vida do trabalhador.

4. Qual o objetivo da Política de Gestão de Riscos?
   a. Criar os processos de gestão de riscos da empresa, de forma a possibilitar a identificação, avaliação, priorização e tratamento dos riscos do negócio.
   b. Estabelecer a forma de identificar, avaliar, priorizar e tratar os riscos do negócio.
   c. Estabelecer diretrizes a serem observadas no processo de gestão de riscos da empresa, de forma a possibilitar a identificação, avaliação, priorização e tratamento dos riscos do negócio.
   d. Estabelecer diretrizes a serem observadas na identificação, avaliação, priorização e tratamento dos riscos do negócio.
   e. Identificar e avaliar os riscos do negócio.

5. Os riscos podem ser de dois tipos.
   a. Previsíveis e Imprevisíveis.
   b. Controláveis e Incontroláveis.
   c. Graves e Leves.
   d. Extensos e Reduzidos.
   e. Previsíveis e Controláveis.

CAPÍTULO 12

NOÇÕES DE MARKETING

FUNDAMENTOS DE MARKETING

Há algum tempo, vender era muito mais fácil que atualmente. Até porque a concorrência não era tão grande como é hoje. Mesmo assim existia marketing – de forma mais incipiente, claro, menos agressivo e, muitas vezes, até mesmo ingênuo, se comparado com as campanhas que vemos algumas vezes.

Hoje não. Hoje a guerra é muito grande e, por isso, o marketing assumiu outra dimensão, outra postura, mais agressiva, mais refinada, mais trabalhada. Aliás, de tão agressivo, algumas vezes o marketing de determinada empresa tem de retirar uma campanha do ar por ter extrapolado nas suas colocações. A tecnologia também ajudou nessa evolução do marketing, possibilitando campanhas antes inimagináveis.

O marketing é exatamente o que definiu a American Marketing Association (AMA), "um processo que deve ser executado para criar, comunicar, entregar e trocar produtos que tenham valor para clientes, parceiros e sociedade em geral".

Nesta pequena introdução ao capítulo, quero chamar sua atenção para dois importantes elementos dentro do contexto marketing-vendas: a Lei do Consumidor, da qual falarei mais adiante, e o comércio eletrônico. Ambos introduziram novas preocupações para as empresas.

DEFINIÇÕES DE MARKETING

A definição de marketing por Kotler, uma das maiores autoridades mundiais no assunto, é a seguinte: "Marketing é um processo social por meio do qual pessoas e grupos de pessoas obtêm aquilo de que necessitam e o que desejam com a criação, oferta e livre negociação de produtos e serviços de valor com outros."

Em 2006, Kotler simplificou essa definição e, ao mesmo tempo, tornou-a mais abrangente. Kotler escreveu o seguinte: "O marketing envolve a identificação e a satisfação das necessidades humanas e social".

Para a AMA:[1] "Marketing é um processo que deve ser executado para criar, comunicar, entregar e trocar produtos que tenham valor para clientes, parceiros e sociedade em geral".

A Associação Brasileira de Marketing e Negócios (ABMN[2]) considera profissional de marketing:

> "Qualquer pessoa – trabalhando como autônoma ou empregada – independente de cargo, profissão ou função, cuja atividade profissional compreenda com caráter preponderante a participação permanente e/ou poder de decisão em áreas estratégicas de marketing, assim consideradas a criação e o desenvolvimento de estratégias de preço, distribuição, comunicação e promoção de quaisquer produtos ou serviços."

Saiba mais sobre a Associação Brasileira de Marketing e Negócios em:
uqr.to/cfdr

O marketing está sempre evoluindo com o tempo, adaptando-se às exigências de mercado específico de cada sociedade, em determinado momento. No entanto, existem alguns conceitos que são básicos e imutáveis:

- **Necessidades**: parte básica do ser humano. Consiste na procura de produtos que satisfaçam nossos desejos e interesses.
- **Desejos**: são necessidades humanas moldadas pela cultura e pelas características individuais. Os desejos evoluem no tempo com base em várias características sociais.
- **Procura**: o ser humano tem desejos infinitos, mas recursos limitados. É necessário escolher um produto. Ao optar por uma decisão de compra, os desejos tornam-se necessidades.
- **Produtos**: um produto é algo que pode ser oferecido a um mercado para satisfazer determinada necessidade ou desejo. Pode ser bens e serviços.
- **Troca**: é o conceito central do marketing. É o ato de se obter um objeto desejado dando algo em troca.
- **Transações**: é a unidade de medida no marketing. É a troca de valores entre duas partes.
- **Mercados**: um conjunto de pessoas com recursos e com vontade de gastar.

---

[1] American Marketing Association. Disponível em: <https://www.ama.org/Pages/default.aspx>. Acesso em: 10 de maio de 2018. Na página da AMA há também um ótimo dicionário, mas em inglês. Disponível em: <https://www.ama.org/resources/Pages/Dictionary.aspx>. Acesso em: 10 de maio de 2018.

[2] A ABMN também tem um *site* com a definição de alguns verbetes. Disponível em: <http://www.abmn.com.br/Acoes_e_Projetos/VERBETES/index.php>. Acesso em 10 de maio de 2018.

MIX DE MARKETING

O conceito do mix de marketing foi criado pelo professor Jerome McCarthy em seu livro *Basic marketing*, lançado em 1960. O método ganhou propagação nos anos seguintes com Philip Kotler. Como o nome já diz, trata-se das definições de marketing fundamentais que uma empresa deve utilizar para atingir determinado público-alvo com base no posicionamento escolhido.

Os 4 Ps do marketing são os seguintes:

- **Produto**: basicamente, o produto seria aquilo que sua empresa tem a oferecer e que está relacionado com o bem ou serviço produzido.
- **Preço**: o preço envolve o valor que seu cliente está disposto a pagar pelo seu produto. Esse pode ser considerado um dos Ps mais importantes do mix de marketing, já que é o responsável pelo retorno financeiro daquilo que sua empresa produz.
- **Praça** ou **ponto de venda**: também conhecido como canal de distribuição, é o local em que a empresa coloca à venda aquilo que tem a oferecer. É o local no qual o consumidor entrará em contato com o produto que está sendo ofertado. A praça hoje não se resume a um único local físico. O produto pode ser vendido pela internet, no site ou página do Facebook da empresa.
- **Promoção**: envolve todas as ações relacionadas com a divulgação e a comunicação do produto para o público-alvo.

Las Casas (2017) coloca:

> Hoje em dia, alguns autores procuram modificar os 4 Ps para 6 Ps, 8 Ps, 4 Cs e assim por diante, alegando que a forma de comercialização mudou. Uma destas propostas de mudança foi apresentada por Robert Lauterborn. Este autor sugeriu os 4 Cs em vez de 4 Ps, tendo, nesse caso, uma visão do cliente, e não da empresa, ao elaborar as suas ideias. As novas variáveis agregadas foram:
>
> 1. Consumidor: esse é o principal elemento no processo e, por isso, não é o produto que determina a oferta comercial, mas sim o próprio consumidor.
> 2. Custos: os preços são pressionados pelos concorrentes no mercado. Portanto, em vez de estabelecerem preços, devem as empresas tornar-se eficientes em custos. Isso garante uma vantagem competitiva mais significativa.
> 3. Conveniência: os clientes desejam comprar de forma conveniente. Esse atributo é o que deve orientar as empresas na comercialização. Não se trata de uma rede de lojas e intermediários, mas sim da conveniência proporcionada pelos diferentes intermediários.
> 4. Comunicação: a comunicação passa a ser uma forma mais ampla de promover o produto. Em vez de considerar aspectos diferenciados para atingir o consumidor, a integração de todos os aspectos e a comunicação integrada passam a ser fundamentais.
>
> Portanto, de acordo com a proposta de Lauterborn, os 4 Ps ficariam alinhados aos 4 Cs da seguinte maneira:

4 CS	4 PS
Consumidor	Produto
Custo	Preço
Conveniência	Praça
Comunicação	Promoção"

COMPOSTO DE MARKETING

A definição do composto de marketing é essencial para que a empresa implante o posicionamento estratégico do seu produto e, com isso, possa impactar o público certo. Embora a ideia seja simples, para muita gente ainda é um conceito abstrato. Portanto, vamos mostrar um exemplo prático com um produto bem conhecido de todos nós: água em garrafinha.

1º Composto de marketing: água mineral de qualquer marca, em garrafa de 500 ml.

- **Mercado-alvo**: clientes que estão mortos de sede em engarrafamentos ou estádios de futebol, em cinemas, na rua.
- **Produto**: água mineral em garrafas de 500 ml.
- **Preço**: entre R$ 2,00 e R$ 3,00 (dependendo da concorrência entre os ambulantes) a garrafa de 500 ml.
- **Praça**: os maiores engarrafamentos e filas para estabelecimentos, como estádios de futebol, cinema etc.
- **Promoção**: ignora-se a marca da água, a promoção é feita pelo próprio ambulante gritando ou segurando as garrafinhas ou cartazes.

2º Composto de marketing: água mineral da marca Perrier, em garrafa de 330 ml.

- **Mercado-alvo**: segmento de clientes de alto padrão, consumidores com elevado poder aquisitivo.
- **Produto**: a água mais gaseificada naturalmente do mundo. A marca Perrier é reconhecida no mundo todo como marca de sofisticação.
- **Preço**: entre R$ 20,00 e R$ 25,00 (dependendo da praça) a garrafa de 330 ml.
- **Praça**: restaurantes finos, mercados em bairros nobres e boates de luxo.
- **Promoção**: propagandas com modelos internacionais.

TIPOS DE MARKETING

A seguir, listamos alguns tipos de marketing:

- ***Data driven* marketing**: é o tipo de marketing voltado a dados. De acordo com o Gartner Group e o IDC, a quantidade de dados no mundo está dobrando a cada dois anos, ou seja, atingirá 40 trilhões de gigabytes em 2020. Com isso, utilizar-se de dados e deixar de lado os achismos será o novo desafio dos profissionais de marketing do futuro.

- **Marketing direto**: empresas que possuem poucos recursos financeiros e querem atingir o seu público de forma direta usam o marketing direto para alavancar suas vendas e também fidelizá-lo.
- **Marketing indireto**: o marketing indireto ou invisível procura driblar as formas mais convencionais de expor produtos, de forma que o público não consiga ignorá-los.
- **Marketing social**: o objetivo é vender uma causa social, um problema que exista na sociedade e, mediante os esforços de marketing e comunicação, fazer com que esses problemas sejam erradicados ou diminuídos. Exemplo: Médicos sem Fronteiras – Médecins Sans Frontières (MSF).[3]
- **Endomarketing**: voltado para dentro da companhia, o endomarketing procura atender às necessidades do cliente interno, ou seja, o colaborador.
- **Marketing de exclusividade**: o marketing de exclusividade procura se comunicar com um público restrito, como o mercado de luxo, em que a exclusividade e a escassez são essenciais para caracterizar um produto.
- **Marketing de nicho**: estratégias voltadas para nichos de mercado procuram atender a públicos pouco ou mal atendidos, tendo como objetivo sair do marketing de massa e se especializar em determinado tipo de consumidor.
- **Marketing de fidelização**: fidelizar clientes é uma das funções do marketing de fidelização. Por meio deste tipo de marketing, busca-se desenvolver propagadores da marca, pessoas que falem bem do produto e o divulguem para seus amigos e familiares.
- *Outbound* **marketing**: ações de *outbound* marketing estão ligadas à captação direta de clientes por meio de ações de panfleto, *flyers*, telemarketing ou outra ação direta, faz desta estratégia uma forma de captação ativa e direta.
- *Inbound* **marketing**: cada vez mais presente na vida do departamento de marketing e vendas, o *inbound* marketing consiste essencialmente na estratégia de captar mais clientes utilizando ações educativas por meio de conteúdos preparados para este fim.
- **Marketing de conteúdo**: um braço do *inbound*, o marketing de conteúdo procura, por meio de suas ações de conteúdo, educar e trazer maior valor à marca mediante publicações em blog, postagens em redes sociais ou qualquer outro tipo de conteúdo rico e interessante que faça com que o consumidor se aproxime da sua marca, conhecendo-a e, ao final, comprando dela.
- **Marketing promocional**: o marketing promocional procura despertar a necessidade e o desejo por determinado produto ou serviço por meio de promoções.

---

[3] Por favor, ajude, se puder. https://www.msf.org.br/doador-sem-fronteiras?gclid=EAIaIQobChMI4ILfq-eA2wIVBA2R-Ch1UMwBEEAAYASAAEgJsUvD_BwE

- **Marketing de guerrilha**: talvez o que busque formas mais incomuns de atingir o público, procura fazer uma ruptura com qualquer meio de divulgação e faz com que suas ações sejam plenamente atingidas e percebidas pelo público.
- **Marketing de proximidade**: este tipo de marketing tem o objetivo de trabalhar estratégias de geolocalização para atrair clientes e consumidores para as suas lojas físicas.
- **Marketing** *mobile*: acessar as redes sociais, ler e-mails e notícias nos *smartphones* já não é mais uma tendência, mas uma realidade, por isso as empresas devem estar preparadas para melhorar suas estratégias mobile frente aos seus clientes.

ADMINISTRAÇÃO DE MARKETING

O processo de marketing é composto de quatro etapas:
1. Como fazer a análise das oportunidades de mercado.
2. O que fazer para definir sua estratégia de marketing.
3. Planejamento das ações: como definir o MIX de marketing.
4. Gestão dos esforços de marketing.

Segundo Las Casas (2017):

> "Em princípio, a atividade de um administrador de marketing é buscar informações em seu ambiente e, à luz dessas informações, adaptar o programa do composto de marketing para satisfação dos desejos e necessidades dos consumidores visados. O administrador de marketing deve também exercer as outras funções administrativas de organizar e controlar, executar, além de planejar."

De forma resumida, as funções da administração de marketing são:
- Estabelecer os objetivos da organização.
- Escolher e estudar o mercado selecionado e verificar as condições de atendê-lo.
- Desenvolver o composto mercadológico (produto, preço, distribuição e promoção).
- Implantar o plano.
- Controlar o plano para verificar se está alcançando seus objetivos.

PESQUISA DE MARKETING

A pesquisa de marketing liga o consumidor, o cliente e o público em geral ao profissional de marketing por meio de informações usadas para identificar e definir oportunidades e problemas; gerar, refinar e avaliar ações de marketing; monitorar o desempenho de marketing; e melhorar a compreensão do marketing como um processo.

> "Algumas tendências em pesquisa de marketing têm sido percebidas. As empresas têm procurado meios de ficar mais próximas dos respondentes, com interações participativas, aplicando métodos, tais como pesquisa etnográfica e neuromarketing. No caso das pesquisas etnográficas, os pesquisadores interagem com o grupo que desejam pesquisar e

fazem anotações de suas observações, convivendo como membro do grupo por períodos determinados. Já no caso das pesquisas neurológicas, os indivíduos são conectados a eletrodos para que suas mentes sejam analisadas e as informações desejadas sejam extraídas diretamente da mente do cliente." (Las Casas, 2017)

Na pesquisa etnográfica, os pesquisadores participam do grupo investigado, inseridos como membros do grupo por diferentes períodos, dependendo do objeto a ser estudado. Geralmente, os dados são obtidos por meio de observação e entrevistas, de forma não estruturada ou semiestruturada.

Neuromarketing é a mistura entre neurociência e marketing e tem como principal objetivo entender o que faz um consumidor preferir uma marca, comprar ou não um produto e até mesmo se tornar um cliente fiel. Neuromarketing faz uso do conceito de arquétipos criado pelo psicólogo Carl Gustav Jung.

> O termo "arquétipo" tem suas origens na Grécia antiga. As palavras raiz são *archein*, que significa "original ou velho", e *typos*, que significa "padrão, modelo ou tipo". O significado combinado é "padrão original", do qual todas as outras pessoas similares, objetos ou conceitos são derivados, copiados, modelados, ou emulados.
> O psicólogo Carl Gustav Jung usou o conceito de arquétipo em sua teoria da psique humana, pois acreditava que arquétipos de míticos personagens universais residiam no interior do inconsciente coletivo das pessoas em todo o mundo. Arquétipos representam motivos humanos fundamentais de nossa experiência enquanto evoluímos, consequentemente, eles evocam emoções profundas. Embora existam diferentes tipos de arquétipos, Jung definiu os doze principais que simbolizam as motivações humanas básicas.
> A seguir, os tipos de ego:
> - O Inocente.
> - O Cara Comum, o Órfão.
> - O Herói.
> - O Cuidador.
>
> Os tipos de alma são os seguintes:
> - O Explorador.
> - O Rebelde.
> - O Amante.
> - O Criador.
>
> São os seguintes os tipos de eu:
> - O Tolo.
> - O Sábio.
> - O Mágico.
> - O Governante.
>
> A maioria das pessoas, senão todas, têm vários arquétipos em jogo na construção da sua personalidade, no entanto, um arquétipo tende a dominar a personalidade em geral. Ele pode ser útil para saber quais arquétipos estão em jogo em si e nos outros, especialmente nos entes queridos, amigos e colegas de trabalho a fim de obter uma visão pessoal sobre comportamentos e motivações.

A pesquisa de marketing especifica as informações necessárias para abordar esses problemas, delineia o método de coleta de informações, gerencia e implanta o processo de coleta de dados, analisa os resultados e comunica os resultados e suas implicações. O profissional de marketing sabe da importância da pesquisa de marketing como suporte ao processo de tomada de decisão nas organizações.

- Formulação ou definição do problema ou do objetivo da pesquisa. É a fase crucial do projeto, pois um problema de pesquisa mal definido torna os resultados obtidos inúteis, inaplicáveis à situação que motivou a pesquisa, ou seja, desperdício de tempo, dinheiro e esforço. A literatura aponta a má definição do problema como a causa mais frequente de fracasso em projetos de pesquisa de marketing. Raramente os problemas apresentam-se de forma linear, clara e ordenada. Em muitos casos, eles vêm com erros conceituais, visões pessoais ou interesses políticos e podem ser confundidos com seus sintomas.
- Tipos e fontes primárias e secundárias. Resumidamente, são dois tipos de pesquisa:
    - **Pesquisas qualitativas,** que têm por objetivo conhecer a essência do sujeito por meio da análise e do entendimento das suas diferentes perspectivas, usando-se o ferramental que melhor possa buscar e traduzir este sujeito.
    - **Pesquisas quantitativas,** que têm por objetivo conhecer o sujeito por meio de seus predicados numéricos, possibilitando-nos contá-lo, medi-lo e pesá-lo.

As fontes de pesquisa têm a classificação definida segundo alguns critérios, como acessibilidade, originalidade, interatividade, passividade e atividade.

- Fonte Ativa.
    - Primária.
        - Original.
        - Complementar.
    - Secundária.
        - Original.
        - Complementar.
- Fonte Passiva.
    - Primária.
        - Original.
        - Complementar.
    - Secundária.
        - Original.
        - Complementar.

As fontes ativas são as pessoas que detêm os dados, as informações e os conhecimentos. As fontes passivas são todos os dispositivos eletroeletrônicos, mecânicos e tradicionais (arquivos ativos e inativos – os antigos arquivos mortos) dos quais se pode obter dados, informações e conhecimentos:

Instrumentos para pesquisa.

1. **Survey Monkey**: o site permite que os empreendedores criem questionários e enviem por e-mail durante a pesquisa. A versão gratuita inclui 10 perguntas por questionário e até 100 respostas. Ele gera gráficos e tabulação automaticamente. A versão paga, a partir de 299 reais ao ano, dá acesso a formulários e respostas ilimitados e permite cruzar dados. (https://pt.surveymonkey.com/)

2. **Google Drive**: alternativa ao Survey Monkey, o Google também tem uma opção de formulário que pode ser customizado e enviado aos entrevistados. Neste caso, o empreendedor precisa saber interpretar e cruzar os dados. O serviço só reúne as respostas. (https://www.google.com.br/drive/apps.html)
3. **Mercado de ações**: uma maneira barata de conhecer outros mercados é analisando os dados de empresas do mesmo segmento que têm capital aberto. Sites sobre o mercado financeiro e até a CVM reúnem informações sobre faturamento e lucro dessas empresas que podem ser úteis na hora de elaborar um planejamento financeiro, por exemplo. (http://www.cvm.gov.br/)
4. **Sua pesquisa**: o site Sua Pesquisa é uma versão brasileira do Survey Monkey. É possível fazer questionários, espalhar a pesquisa e coletar os dados para decisões. Há uma versão gratuita que permite enviar um formulário e ter até 30 respostas e é possível cruzar os dados. (https://www.suapesquisa.com/)
5. **Redes sociais**: usar as suas redes sociais para coletar dados pode ser uma boa opção. O principal cuidado é ao escolher quem será o público. Para um negócio de cosméticos, por exemplo, um caminho seria participar de grupos sobre o tema e interagir, com autorização, fazendo perguntas pontuais. Exemplo: Facebook, Twitter, Instagram etc.
6. **BizStats**: este site reúne informações e estatísticas financeiras de vários setores, tudo de graça. É possível encontrar relatórios financeiros, análises de risco e lucratividade, e ferramentas úteis de finanças. A dica é buscar empresas que são referências na área do seu negócio e encontrar valores de faturamento e investimento. (http://www.bizstats.com/)
7. **CrunchBase**: para startups, o site TechCrunch e sua base de dados de empresas são o ponto de partida. Nele, é possível encontrar quais negócios já receberam investimento, quais fundos se interessam pelo seu setor e outras informações sobre startups de todo o mundo. (https://www.crunchbase.com/)
8. **Google Trends**: para quem ainda só tem uma ideia ou precisa definir um setor de atuação, a ferramenta Google Trends pode ajudar. É possível saber o que as pessoas mais estão pesquisando na internet, inclusive definindo um território para a busca e comparando dois ou mais termos. (https://trends.google.com.br/trends/)
9. **IpeaData**: conhecer melhor os índices sociais e econômicos da região em que se pretende atuar é uma das premissas do plano de negócios. Hoje, o Instituto de Pesquisa Econômica Aplicada (Ipea) reúne diversos dados do país em seu site, como indicadores macroeconômicos, regionais e sociais. (http://www.ipeadata.gov.br/)
10. **PiniOn**: este aplicativo funciona como uma ferramenta de coleta de dados para empresas. É útil para negócios que já estão em operação e têm algum capital para investir. O empresário cria uma missão, e os usuários recebem recompensas em dinheiro para dar opiniões e ideias sobre os produtos. O serviço custa a partir de 2 mil reais. (http://pinion.com.br/)

Cada um desses serviços listados tem sua própria forma de aplicação da pesquisa.

- **Tabulação de dados**: depois da coleta, a tabulação de dados é a etapa mais importante antes da tomada de decisão. Muitos gestores consideram a tabulação de dados a etapa mais cansativa, uma vez que consiste na organização de todas as respostas obtidas. Transfira os dados para uma plataforma que possibilite cruzar os dados, para facilitar a compreensão das variáveis e encontrar novas informações.

- **Apresentação do resultado**: o relatório da pesquisa deve conter:
  - Os objetivos da pesquisa.
  - O público-alvo e a quantidade total dos respondentes.
  - O método utilizado e a forma de aplicação.
  - Tabulação das informações apuradas.
  - O tipo de análise feita sobre as respostas obtidas.
  - Conclusões e planos de ação, incluindo a tomada de decisão.

COMPORTAMENTO DO CONSUMIDOR

Comportamento do consumidor é o estudo de quando, por quê, como e onde as pessoas decidem comprar ou não um produto. Combina elementos de psicologia, sociologia, economia e antropologia social. O estudo também busca compreender o processo de tomada de decisão do comprador, tanto individualmente como em grupo.

ASPECTOS PSICOLÓGICOS, ECONÔMICOS, SOCIAIS E DEMOGRÁFICOS

Pela pirâmide de Maslow (representada na Figura 12.1), quando o indivíduo sente fome, frio ou sede, nada mais interessa. Quando as necessidades básicas começam a ser satisfeitas, ele passa a sentir necessidade de segurança, um segundo nível da escala. As necessidades sociais representam um desejo do indivíduo de tornar-se aceito dentro dos

Figura 12.1 Representação da pirâmide de Maslow.

seus grupos, e os fatores como amar e ser socialmente aceito passam a ser importantes. Esses fatores podem aparecer tanto isoladamente como hierarquizados ou podem aparecer juntos, isto é, o indivíduo pode estar afetado por várias necessidades ao mesmo tempo.

SEGMENTAÇÃO

Segundo Cobra e Urdan (2017):

> A formulação de estratégia e dos programas de marketing depende da segmentação de mercado. E segmentar requer conhecer as necessidades dos consumidores-alvo, bem como suas atitudes e comportamentos de compra. A segmentação identifica coleções de pessoas que, para as compras, tenham, cada qual, comportamento e respostas ao marketing razoavelmente homogêneos, o que permite adequar os 4 Ps.

A segmentação de mercado pode ser decidida levando-se em consideração questões de ordem:

1. Geográfica.
2. Demográfica.
3. Socioeconômica.
4. Psicológica.
5. Produto.
6. Comportamentais do consumidor.
7. Benefício buscado.
8. Ramos de atividade do comprador.
9. Marketing *mix*.

POSICIONAMENTO MERCADOLÓGICO

Conforme nos ensina Las Casas (2017):

> Posicionamento é a percepção do cliente a respeito de um produto, marca ou empresa. É a imagem, a forma como os clientes percebem os produtos, as marcas ou a própria empresa e os posicionam em suas mentes. Pode-se dizer que se trata da personalidade do produto conforme percebida. Por isso, algumas marcas são consideradas elite e outras populares. Uma empresa geralmente decide o que deverá fazer em termos de posicionamento, pois essa é uma decisão estratégica importante, uma vez que todo o composto de marketing será desenvolvido para alcance de objetivos de formação de determinada imagem. O planejador deverá identificar quais atributos são mais importantes para desenvolver uma estratégia de posicionamento. Geralmente, a ferramenta mercadológica mais utilizada é a promoção, mas também são importantes o próprio produto, o canal de distribuição e todas as demais variáveis controláveis, conforme mencionado.

Segundo Philip Kotler, posicionamento de mercado é "a ação de projetar o produto e a imagem da organização com o fim de ocupar uma posição diferenciada na escolha de seu público-alvo". Em termos práticos, o posicionamento pode ser obtido a partir da fórmula: Segmentação + Diferenciação = Posicionamento. Logo, a análise do posicionamento é indispensável para avaliar o destaque da imagem da empresa.

Após o posicionamento ter sido decidido, é preciso que haja acompanhamento para que a empresa conheça a real situação do seu produto dentro dessa escolha. Esse acompanhamento pode ser efetivamente realizado por meio de pesquisas qualitativas e quantitativas.

Um modelo de estratégia de posicionamento clássico é da empresa Sony, que possui três equipes diferentes e especializadas que avaliam cada parte de um novo lançamento. Uma equipe planeja como realizar pequenas melhorias, outra trabalha no desenvolvimento de grandes melhorias, e a terceira desenvolve uma estratégia de como tornar o produto obsoleto.

A construção de um posicionamento eficaz deve ser baseada na segmentação e no diferencial que satisfaçam os seguintes critérios:

- Importância: oferecimento de um benefício.
- Lucratividade: deve-se considerar a diferença lucrativa.
- Acessibilidade: o consumidor deve poder pagar a diferença.
- Superioridade: a diferença deve ser superior a outras formas de benefícios.
- Exclusividade: a diferenciação não pode ser copiada com facilidade pela concorrência.
- Destaque: diferença oferecida de maneira justa.

AMBIENTE DE MARKETING

O ambiente de marketing envolve e tem impacto sobre a organização. Existem três perspectivas fundamentais a respeito do ambiente de marketing, que são:

- **Macroambiente**: inclui todos os fatores que podem influenciar na organização e não estão sob seu controle.
- **Microambiente:** inclui fornecedores que lidam, direta ou indiretamente, com consumidores e clientes, e outros intervenientes locais.
- **Ambiente interno**: inclui os fatores que são internos à organização, geralmente controlados mediante a aplicação dos "Cinco Ms", que são homens (Men, em inglês), dinheiro (Money, em inglês), Máquinas, Materiais e Mercados.

MEIOS DE COMUNICAÇÃO

Os meios de comunicação representam os instrumentos designados para difundir a informação entre os homens. O rádio, a televisão, o telefone, o jornal, a revista, a internet, o cinema, os correios (e no passado até mesmo os pombos-correios), entre outros, são vitais para a difusão de dados, informações e conhecimento e para a comunicação para a humanidade.

Segundo a Teoria da Comunicação, o emissor (locutor) é aquele que emite a mensagem e, por sua vez, o receptor (interlocutor) é aquele que a recebe e a decodifica. O canal de comunicação designa o local ou o meio pelo qual a mensagem será enviada para o receptor.

Os oito principais meios de comunicação do marketing são:
- Propaganda.
- Promoção de vendas.
- Eventos e experiências.
- Relações públicas e publicidade.
- Marketing direto.
- Marketing interativo.
- Marketing boca a boca.
- Vendas pessoais.

NOÇÕES DE PLATAFORMAS, OPERAÇÃO E GESTÃO PARA O E-COMMERCE NO BRASIL

Mais que um segmento de mercado, o comércio eletrônico é considerado um sistema comercial que dá autonomia ao consumidor para pesquisar, analisar e comprar produtos em qualquer lugar do mundo, sem precisar sair de sua casa, em qualquer horário do dia e sem o apoio de um vendedor. Basta ter um *smartphone*, uma conexão com a internet e pronto!

TENDÊNCIAS E ESTIMATIVAS

Segundo alguns sites especializados em analisar o comportamento do *e-commerce* no Brasil, os números indicam que o país começa a deixar as taxas negativas de crescimento no passado. Para termos uma ideia, em 2016, o Produto Interno Bruto (PIB), indicador que mede a atividade econômica brasileira, diminuiu 3,6%. Em 2017, o crescimento foi de 1% positivo e há projeções que indicam crescimento de 2,66% em 2018. O comércio on-line cresceu 15% em 2015, 7,4% em 2016, e em 2017 teve um faturamento superior a 50 bilhões de reais. Ou seja, a crise desacelerou o crescimento do *e-commerce*, que era superior a 20% entre os anos de 2011 a 2014, mas passou longe de gerar resultados ruins para as lojas virtuais.

Por exemplo, somente com presentes para o dia dos pais, os e-consumidores movimentaram 1,94 bilhão de reais em 2017, representando uma alta de 10,1% sobre o R$ 1,76 bilhão de 2016. Já os gastos com o dia das mães representaram um crescimento de 16% sobre 2016 e atingiram o faturamento de R$ 1,9 bilhão.

Os dez segmentos com maior faturamento no *e-commerce* em 2017 são os seguintes:
- Telefonia e celulares.
- Eletrodomésticos.
- Eletrônicos.
- Informática.
- Casa e decoração.

- Moda e acessórios.
- Saúde, cosmético e perfumaria.
- Esporte e lazer.
- Alimentos e bebidas.
- Acessórios automotivos.

Ainda segundo dados de empresas especializadas em *e-commerce*, cinco segmentos terão tendência de crescimento em 2018: alimentos e bebidas especializados; *pets*; bem-estar; beleza; e moda e acessórios.

Abrir um *e-commerce* requer alguns cuidados, até maiores do que abrir um comércio tradicional. Aqui estão os principais pontos de atenção.

- **Planejamento de mercado**: segundo agências especializadas em marketing digital, estas são as dez perguntas essenciais para o planejamento:
  - Quem é a persona ou o cliente ideal para os produtos de sua loja virtual? Mapeie dados como: idade, classe social, renda média, hábitos, interesses, localização, escolaridade, sexo, emprego, entre outros dados.
  - Quais desejos ou necessidades dessa persona seu produto supre?
  - Quais localidades sua empresa consegue atender?
  - Quantas pessoas se enquadram no perfil de seu cliente ideal e estão nessa localidade?
  - Quantos concorrentes atendem ao seu potencial mercado?
  - As empresas que já operam nesse segmento possuem alguma dificuldade?
  - Como sua empresa pretende superar os concorrentes e os desafios do mercado?
  - O que pode levar a persona a criar objeções quanto aos seus produtos e loja virtual?
  - Sua marca consegue criar um posicionamento diferenciado?
  - Quem são os fornecedores e qual o tamanho ideal da equipe interna para começar a atender esse mercado?
- **Conteúdo e marketing**: invista em formas de propagar conteúdos inusitados e educativos pela internet. Dessa forma, você conseguirá atrair mais visitantes para sua loja virtual e aumentará suas vendas on-line. Mas lembre-se de algo muito importante: mais que promoções e preços baixos, os e-consumidores estarão dispostos a comprar daquelas lojas com maior credibilidade e que os ajudem a resolver seus problemas ou atender seus desejos.
- **Plataforma do *e-commerce***: ainda segundo profissionais que se dedicam a estudar e construir ambientes *e-commerce*, os aspectos relacionados a atualização, integração, infraestrutura e usabilidade da plataforma devem ser avaliados e testados. Estes são os pontos de atenção:
  - A infraestrutura da plataforma precisa ser instalada em um servidor gerenciado por sua empresa ou o fornecedor se responsabiliza pelos softwares, hardwares e equipe de manutenção?
  - É possível integrar sistemas de cobrança, atendimento aos clientes, gestão empresarial e outras ferramentas de gestão? Como a integração é feita?

- A plataforma possui um layout agradável aos usuários? Ela permite acesso via dispositivos móveis, como celulares e *tablets*? É fácil realizar uma compra usando essas tecnologias?
- Como se dá a cobrança pela adoção daquela plataforma? Por módulo, por recurso utilizado, por mensalidade baseada em uma quantidade de transações e acessos esperados?
- É fácil atualizar fotos, vídeos e outros detalhes relacionados aos produtos?

O *e-commerce* não é mais uma tendência pura e simples, é algo que veio para ficar e que se consolida ano após ano. Aqueles comerciantes que não entenderem que o *e-commerce* é vital para o crescimento e a vida dos seus negócios acabarão falidos.

A MARCA E O INSTITUTO NACIONAL DE PROPRIEDADE INDUSTRIAL (INPI)[4]

Proteger a propriedade industrial deve ser uma das prioridades de qualquer organização.

No Brasil, o órgão responsável pela proteção da propriedade industrial é o INPI. Criado em 1970, é uma autarquia federal vinculada ao Ministério da Indústria, Comércio Exterior e Serviços, responsável pelo aperfeiçoamento, disseminação e gestão do sistema brasileiro de concessão e garantia de direitos de propriedade intelectual para a indústria. Entre os serviços do INPI, estão os registros de marcas, desenhos industriais, indicações geográficas, programas de computador e topografias de circuitos integrados, as concessões de patentes e as averbações de contratos de franquia e das distintas modalidades de transferência de tecnologia. Na economia do conhecimento, esses direitos se transformam em diferenciais competitivos, estimulando o surgimento constante de novas identidades e soluções técnicas.

O INPI conta com uma nova estrutura regimental, que foi estabelecida pelo decreto nº 8.854, de 22 de setembro de 2016. No site do INPI estão as seguintes definições de tudo que deve ser protegido legalmente e o que pode ser feito em termos de proteção legal.

- **Marca**: para ter exclusividade sobre o nome de um serviço ou produto, ou ainda um logotipo que o identifique, você precisa registrar uma marca.
- **Desenho industrial**: protege aspectos ornamentais de um objeto – é diferente da patente de modelo de utilidade, que protege a função, e da marca tridimensional. Assim, você deve pedir este registro se tiver criado um novo formato de relógio, brinquedo, veículo, mobiliário ou até uma estampa têxtil.
- **Programa de computador**: se você desenvolveu um novo programa de computador, pode solicitar o registro de seu código-fonte ou código-objeto.
- **Transferência de tecnologia**: você deve averbar no INPI contratos que envolvam transferência de tecnologia, licenciamento de patentes, uso de marca, assistência técnica, *know-how* e, opcionalmente, até franquia.

---

[4] INPI. Disponível em: <http://www.inpi.gov.br/>. Acesso em 12 de maio de 2018.

- **Patente**: se você inventou uma nova tecnologia, seja para produto ou processo, pode buscar o direito a uma patente junto ao INPI. A patente também vale para melhorias no uso ou fabricação de objetos de uso prático, como utensílios e ferramentas (caso diferente do desenho industrial, explicado a seguir).
- **Indicação geográfica**: é usada para identificar a origem de produtos ou serviços quando o local tenha se tornado conhecido ou quando determinada característica ou qualidade do produto ou serviço se deve a sua origem. A IG tem duas modalidades: Denominação de Origem (DO) e Indicação de Procedência (IP).
- **Topografia de circuito integrado**: são imagens relacionadas, construídas ou codificadas sob qualquer meio ou forma, que represente a configuração tridimensional das camadas que compõem um circuito integrado. Em outras palavras, é o desenho de um chip.
- **Informação tecnológica**: são informações contidas no documento de uma patente, que servem para saber o que já foi desenvolvido em determinada tecnologia, as rotas tecnológicas usadas e outros dados importantes para quem precisa inovar.

Saiba mais sobre o INPI em:
uqr.to/cfdt

CUSTOMER RELATIONSHIP MANAGEMENT (CRM)

O INÍCIO DO CRM

Em 1965, Ralph Nader[5] provocou polêmica nos Estados Unidos com a publicação de seu livro *Unsafe at any speed* (*Inseguro em qualquer velocidade*), em que questionava a poderosa indústria automobilística estadunidense sobre as razões das mortes de milhares de cidadãos em acidentes automobilísticos, em que o resultado fatal poderia ter sido evitado se os veículos dispusessem de equipamentos de segurança já existentes naquela época, e que, por razões de economia de custos, não eram instalados nos veículos. A partir de então, as ideias de Ralph Nader ganharam o mundo, muito também por causa das empresas multinacionais americanas atuando em outros países.

O respeito ao consumidor nem sempre foi algo levado a sério pelas corporações. Principalmente porque a maioria praticava o sistema de "empurrar a produção", isto é,

---

[5] Ralph Nader é um advogado e político americano de origem libanesa. Diplomado pelas universidades de Harvard e Princeton, tornou-se célebre pelas suas campanhas a favor dos direitos dos consumidores na década de 1960 desenvolvidas em conjunto com a associação Public Citizen. Nader criticou duramente a política internacional exercida pelos Estados Unidos nas últimas décadas, que vê como corporativista, imperialista, contrária aos valores fundamentais da democracia e dos direitos humanos. O seu ativismo foi de grande importância na criação de grandes organizações governamentais e não governamentais estadunidenses.

não interessava muito o que o consumidor desejava, mas o que a empresa queria e podia fabricar.

> Vejamos um exemplo:
> Tinha um amigo cuja família possuía uma pequena fábrica de sorvete. Invariavelmente, todo dia de manhã o responsável pela produção, ao chegar na empresa, perguntava para o responsável pelo estoque:
> – Quais essências temos aí?
> O responsável podia dizer:
> – Hoje só temos morango.
> E o responsável pela produção dizia:
> – Ótimo! Vamos fabricar sorvete de morango.
> Mas se o responsável pelo estoque dissesse:
> – Temos morango, baunilha, limão.
> O responsável pela produção nem discutia e dizia:
> – Manda a que tiver maior estoque.
> Ou seja, ele nem queria saber qual era o sabor.
> Dessa forma, ele produzia o que queria, independentemente da vontade dos clientes.
> Ou seja, ele empurrava a produção e pronto!

Com o advento de algumas tecnologias da informação, melhoria da infraestrutura de redes e do relacionamento com clientes e fornecedores, as empresas, especialmente da área de manufatura, mudaram o comportamento e passaram a produzir de forma "puxada", isto é, o cliente passou a ditar o que queria comprar. Para isso, foram necessárias novas tecnologias de software, de hardware e de infraestrutura, além, é claro, de mudança de paradigma no atendimento e no trato com os clientes.

TECNOLOGIAS QUE MUDARAM O RELACIONAMENTO COM CLIENTES

As tecnologias que mudaram o comportamento das empresas e dos clientes na relação entre os dois foram:

Hardware.
- Ponto de Venda (PDV).
- *Radio Frequency IDentification* (RFID).
- Leitor de Códigos de Barras (LCB).
- TV digital.
- Robô.
- *Tablet.*

Software.
- *Customer Relationship Management* (CRM).
- *Supply-Chain Management* (SCM).
- *Efficient Consumer Response* (ECR).
- *Enterprise Resource Management* (ERP).
- *Business Process Management System* (BPMS).

Infraestrutura:
- Internet de alta velocidade.
- Fibra ótica.
- *Bluetooth.*

Na Figura 12.2, estão representadas todas essas tecnologias, embora você não as veja. Vamos explicar cada uma delas em separado e depois explicar como todas trabalham em conjunto e como transformaram a maneira de produzir, passando de fabricação empurrada para fabricação puxada.

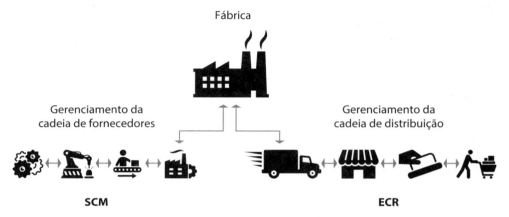

Figura 12.2 Representação das novíssimas tecnologias envolvidas com manufatura.

Como dito anteriormente, no passado, as empresas fabricavam o que queriam, sem se importarem com o que o consumidor queria. Era a manufatura empurrada. Quando muito, tais empresas se baseavam em históricos de vendas que, como o nome já diz, eram históricos, ou seja, dados passados, tendências de consumo que podiam ou não se concretizar em um futuro próximo. Assim, se em determinado verão a preferência dos consumidores tinha sido por sorvete de limão, nada garantia, mesmo com constantes pesquisas de opinião, que no verão seguinte a tendência se manteria.

Daí veio a grande revolução em termos de fabricação: a manufatura empurrada.

INFRAESTRUTURA

INTERNET DE ALTA VELOCIDADE E FIBRA ÓTICA

Vamos começar pela infraestrutura falando da internet de alta velocidade, tecnologia sem a qual todas as outras não teriam como funcionar. Até poderiam existir, mas seu uso seria de difícil operação.

A fibra ótica é uma tecnologia de alto desempenho para conexões de internet. Embora testes e pesquisas com técnicas até mesmo superiores já estejam em desenvolvimento, a fibra ótica ainda oferece o que há de mais avançado em termos de conectividade para o consumidor. Por meio dela, é possível fazer trafegar em alta velocidade dados sem as interferências que prejudicam as transmissões por sinal de rádio ou por outro tipo de condutor, garantindo, assim, não somente velocidade, mas integridade.

A grande vantagem da fibra ótica para conexões é o fato de que essa tecnologia permite que os fios deem conta de um volume de dados muito maior do que outras tecnologias já à disposição para uso comercial. Cabos de fibra ótica, com diâmetro na casa dos mícrons, podem transmitir 2,5 milhões de chamadas telefônicas ao mesmo tempo. Um fio de cobre convencional precisaria ter um diâmetro de seis metros e consumiria uma quantidade absurda de energia para transmitir o mesmo volume de dados.

O grande impeditivo para que as fibras óticas sejam mais difundidas e usadas concentra-se nos investimentos, que são altos. Para a adoção dessa tecnologia, operadoras precisam investir na instalação de novas redes subterrâneas. Em sã consciência, ninguém iria construir redes áreas de fibra ótica. Isso acaba concentrando a oferta da tecnologia a grandes centros ou a operadoras de cobertura mais localizada e especializada nesse tipo de tecnologia.

BLUETOOTH

Bluetooth é uma tecnologia de rede sem fio de âmbito pessoal ou restrito a pequenos volumes de dispositivos. Provê uma forma de conectar e trocar informações entre dispositivos, como telefones celulares, notebooks, computadores, impressoras, câmeras digitais e consoles de videogames digitais, mediante uma frequência de rádio de curto alcance globalmente licenciada, o que assegura a mesma compatibilidade e conectividade no mundo todo. As especificações do Bluetooth foram desenvolvidas e licenciadas pelo "Bluetooth Special Interest Group".

Com essa tecnologia, é possível, e viável, ligar impressoras a tablets, tablets a pontos de vendas, notebooks a vários dispositivos sem o emaranhado de fios e cabos existentes ainda hoje em inúmeras instalações que não usam o Bluetooth.

HARDWARE

Não vamos abordar todos os hardwares existentes ou listados aqui, afinal alguns são conhecidos e utilizados por todos nós desde criança. Para aqueles que nasceram nesta década, vou me concentrar em explicar as mais raras no dia a dia das pessoas que não estão envolvidas diretamente com tecnologias. PDV, RFID, TV digital, LCB, robô, tablet, são algumas das mais comuns tecnologias utilizadas pelas manufaturas e por todos nós.

- **PDV**: o nosso conhecidíssimo ponto de venda (em inglês é *point of sale*) tem papel fundamental na geração de receita de qualquer empresa. Hoje existem várias utilizações para o PDV. Para a indústria, o PDV é o distribuidor, a loja e até mesmo os *displays* e equipamentos instalados nos pontos de vendas. Já para os varejistas e revendedores, PDV é o ponto de distribuição ou loja, o local onde o cliente realiza a compra. Entretanto, para os fornecedores, o PDV atua como software de gestão, pois contém o *software* específico para cada distribuidor, loja, ou outro ponto de venda qualquer, onde as vendas são finalizadas, pontos também conhecidos como "caixas".

- **RFID**: identificação por radiofrequência ou RFID (do inglês, *Radio Frequency IDentification*) é uma tecnologia que permite a identificação automática de dados e informações por meio de sinais de rádio, recuperando e armazenando dados remotamente com o uso de dispositivos denominados etiquetas RFID. Diferentemente do leitor de códigos de barras, o "leitor" de RFID não precisa encostar na etiqueta que contém os dados nem apontar o LED para qualquer local, para qualquer etiqueta. Basta que exista um leitor de RFID instalado nas imediações para que o produto seja identificado, registrado e gerenciado.

Como funciona o RFID? Um sistema de RFID é composto de uma antena, um transceptor, que faz a leitura do sinal e transfere a informação para um dispositivo leitor, e também de um *transponder* ou etiqueta de RF (radiofrequência), que deverá conter o circuito e a informação a ser transmitida. Essas etiquetas podem ser usadas em pessoas, animais, produtos, embalagens, enfim, em equipamentos diversos, em praticamente tudo que existe hoje.

- **Robô**: *bot* é a abreviação que estamos usando para designar as máquinas que (já) têm capacidade de substituir o ser humano em diversas funções, e que a cada dia que passa assumem mais e mais tarefas, seja na empresa, em casa, no carro, em qualquer tipo de lazer. Vou dar um exemplo bem simples. Você já ouviu falar das Unidades de Resposta Audível (URAs)? Elas são muito antigas em termos tecnológicos. As URAs surgiram por volta da década de 1980 e serviam para atender nossas chamadas, direcionando-as para os diversos setores da empresa. As URAs são precursoras dos incríveis robôs existentes hoje.

Hoje, as URAs são ultramodernas. Quando uma delas entra em contato conosco, juramos que é uma pessoa de carne e osso.

Os *bots* estão em um sem-número de aplicações. Eles estão por toda parte, nos carros conectados a IoT (*Internet of Things*), internet das coisas, em português, também estão nas casas que podem ser operadas e gerenciadas a distância, em diversos processos de produção por meio dos RPAs (*Robotic Process Automation*), estão em diversas funções financeiras de qualquer empresa, em várias funções de vigilância, nos PPDs (*Portable Personal Device*), de toda e qualquer espécie. Enfim, os robôs chegaram para ficar.

Aliás, as previsões apontam que o investimento em IoT chegará a US$ 15 trilhões do PIB global até 2030.

- **Tablet**: este dispositivo permitiu que o conceito de mobilidade fosse levado ao extremo. Todos os vendedores externos já utilizam os *tablets* há muito tempo, garantindo aos seus clientes rapidez e segurança no atendimento.

SOFTWARE

A seguir, listamos alguns dos principais softwares que otimizam o relacionamento entre empresa e consumidor:

- **CRM**: *Customer Relationship Management*, ou Gestão do Relacionamento com o Cliente, é um conceito que coloca o cliente como principal foco dos processos de negócio de qualquer organização (e isso vale para qualquer tipo de cliente), com o intuito de perceber e antecipar suas necessidades, para então atendê-los da melhor forma possível, garantindo qualidade e agilidade no atendimento. Mais do que um conceito, o CRM é uma estratégia de negócio com o foco no cliente, ou seja, as ações da empresa ficam voltadas para as necessidades dos clientes. Tal estratégia engloba as áreas de marketing, vendas, serviços de atendimento, como assistência técnica e garantia, e desenvolvimento de produtos.

Entretanto, o "calcanhar de Aquiles", o principal problema, não é o desejo da organização em querer atender bem aos seus clientes, mas, sim, implantar corretamente o CRM. Para isso, é necessário documentação, análise, melhoria e gerenciamento dos processos de negócio, especialmente aqueles que têm contato direto com o cliente. A falta de documentação e simplificação dos processos de negócio e o tratamento negligente da implantação de qualquer CRM, ou a não documentação correta dos processos de negócio, é garantia de fracasso do projeto, pois o cliente não terá seus dados corretamente capturados e gerenciados.

- **SCM:** *Supply Chain Management* (SCM) é uma expressão inglesa que significa gerenciamento da cadeia de suprimentos. Consiste em um conceito que abrange todo o processo logístico de determinado produto ou serviço, desde a sua matéria-prima, fabricação, até a sua entrega ao consumidor final, que pode ser tanto um distribuidor como uma fábrica que usará o produto entregue pela cadeia logística para fabricar seus próprios produtos. O SCM gerencia desde o fornecedor primário até o último fornecedor na cadeia logística. O *supply chain* é constituído por vários integrantes, que atuam em diferentes etapas durante o processo de fabricação e entrega, tais como: fabricantes, fornecedores, armazéns, distribuidoras, varejistas, podendo chegar até o consumidor final.

A principal função do *Supply Chain Management* é garantir a integração eficaz de todos os membros e processos da cadeia de suprimentos.

Assista a um excelente vídeo sobre a Cadeia de Suprimento (*Supply Chain*) e produção dos hambúrgueres da McDonald's. Além de desmistificar alguns absurdos que circulam na internet. Curta e aprenda em:
uqr.to/cfdu

- **ECR:** *Efficient Consumer Response*, Resposta Eficiente ao Consumidor, tem por objetivo a troca de informações entre a indústria e o varejo, geralmente mais implantado no setor alimentício ou de bens de consumo. O ECR visa primordialmente a otimização e sincronia da cadeia de suprimentos para garantir o correto atendimento da demanda. O ECR é uma iniciativa norte-americana envolvendo a indústria alimentícia com o objetivo de desenvolver um sistema orientado para o cliente, em que os fabricantes, os vendedores e os distribuidores trabalhem em conjunto para maximizar o valor do consumo e minimizar os custos da cadeia de abastecimento.

Diferentes metodologias e tecnologias têm sido desenvolvidas nesta área. Entre as mais usadas, estão:

EDI: *Electronic Data Interchange*. Comunicação eletrônica de dados de encomendas, estoques, faturas, notas fiscais eletrônicas, cupons de vendas etc.

PDV: Ponto de venda. Conexão do provedor com ponto de *scanners* de venda para atender a demanda na base para desencadear o mais eficaz sistema de abastecimento e como a base da procura de produtos e o comportamento dos clientes, em tempo real.

ER: Reposição eficiente. O fornecedor é responsável por cumprir uma operação baseada em estoque mínimo, quantidade da ordem de reposição, tempo e frequência para atendimento, critérios acordados com o cliente.

ASN: avanço de notas de envio. Comunicação avançada sobre as datas de entrega e quantidades que devem ser fornecidas para facilitar a entrega, tarefas de pós-instalação do cliente etc.

EOS: padrão de operações eficientes. Acordos sobre procedimentos a fim de propiciar a melhoria contínua do funcionamento da distribuição eficiente.

Conheça mais sobre automação em:
uqr.to/cfdw

Nos pontos de venda, a tecnologia captura informações em tempo real sobre o que está sendo vendido, o que está saindo mais, e a transmite, também em tempo real, para o distribuidor, ou até mesmo para o fabricante, que, com esses dados reais, pode criar um planejamento e controle de produção que atenderá à demanda. Essa captura de dados nos pontos de venda pode ser feita por leitura de código de barras, por leitura de radiofrequência etc., e armazenada tanto localmente como em todos os elos da cadeia de distribuição até chegar ao fabricante.

Com base em uma demanda real e em tempo real, o PCP verifica o estoque de matéria-prima para atender ao programa de fabricação. Faltando qualquer componente, entra em ação o outro *software*: SCM, que aciona a cadeia de fornecimento para que o plano de produção não sofra solução de continuidade.

Em alguns países, o gerenciamento da cadeia de distribuição chega até a casa do consumidor, permitindo que a reposição dos estoques na casa dele seja feita automaticamente pelo seu fornecedor local.

ATENDIMENTO AO CLIENTE

O cliente é, antes de qualquer outra definição, a razão de existir da organização. Por isso, toda atenção deve ser dada às relações com clientes, a começar pelo primeiro contato ou atendimento.

TÉCNICAS DE ATENDIMENTO

O canadense Robert Bacal, especialista em gestão de desempenho, autor do livro *Frases perfeitas para atender bem o cliente*, e fundador do portal Customer Service Zone,[6] especializado em processos de atendimento, traz importantes contribuições para a área.

---

[6] *Customer Service Zone*. Disponível em: <http://customerservicezone.com/>. Acesso em 4 de maio de 2018.

O especialista destaca que dominar as técnicas de atendimento ao cliente é um processo que exige treinamento e, não raro, uma mudança na visão, na postura e até mesmo cultura da empresa. O importante é adotar uma política de comprometimento de todos os colaboradores com a política de atendimento excelente.

No longo prazo, o esforço ajudará a neutralizar situações ruins com rapidez e evitar que se tornem ainda piores. Lidar com queixas e dominar os momentos de estresse com o cliente de forma calma e profissional será mais fácil. O resultado? Um relacionamento mais estável com o público, que reflete em satisfação e aumento das vendas.

Segundo Robert Bacal, há três princípios para atender bem os clientes:

1. Estude e conheça bem seus clientes, procure descobrir e entender as motivações para a compra.
2. Atenda o cliente demonstrando prazer em atendê-lo. Seja cordial.
3. Interaja face a face com o consumidor. Olhe nos olhos, mas sem intimidar o cliente. Para Bacal, é fundamental que as pessoas responsáveis por tomar decisões interajam regularmente com os clientes da organização.

Ainda segundo Bacal, os maiores pecados no atendimento ao cliente são:
- Falta de qualificação da equipe.
- Não considerar a necessidade do cliente.
- Falta de foco no pós-venda.

ATENDIMENTO PESSOAL, TELEFÔNICO E VIRTUAL

Os três tipos de atendimento existentes hoje, embora usem meios diferentes para se comunicar com o cliente, devem ter as mesmas preocupações por parte da organização: atender corretamente o cliente. Os três tipos de atendimento existentes hoje são:
- **Pessoal**: quando o cliente é atendido no ponto de venda pessoalmente, por exemplo, lojas físicas, postos de combustíveis, shoppings centers etc.
- **Telefônico**: via telemarketing ou outro meio qualquer sem atendimento pessoal, incluindo aí as famosas Unidades de Resposta Audível (URAs), ou os mais modernos robôs.
- **Virtual**: utilizando qualquer um dos populares aplicativos, como Skype, Hangouts, WhatsApp, com ou sem visualização via câmera.

ASPECTOS PSICOLÓGICOS DO ATENDIMENTO AO CLIENTE

Para que todos na empresa possam atender corretamente, os seguintes aspectos devem ser levados em conta:
- **Empatia**: é a habilidade de imaginar-se no lugar de outra pessoa, para poder entender os sentimentos, desejos, ideias e, assim, poder se antecipar às ações do cliente.
- **Percepção**: é a capacidade de distinguir por meio dos sentidos, dos sinais que o cliente emite, quão desejoso de comprar o cliente está.
- **Envolvimento**: é a capacidade de demonstrar que o problema, o desejo, a expectativa do cliente no ato do atendimento são também o problema, o desejo, a expectativa de quem o está atendendo.

PERFIS DE CLIENTES

Os especialistas em atendimento a clientes e em marketing listam os seguintes perfis:

- Tímido.
- Calado.
- Silencioso.
- Bem-humorado.
- Racional.
- Entendido.
- Desconfiado.
- Curioso.
- Apressado.
- Importante.
- Presunçoso.
- Briguento.
- Irritado.
- Preocupado com o preço.
- Não preocupado com o preço.

CONTORNANDO PROBLEMAS E ADMINISTRANDO EXCEÇÕES

O Serviço de Atendimento ao Cliente (SAC) deve ser criado em toda empresa com operações no varejo. SACs também devem ser criados naquelas empresas que tenham consumidores que, embora de forma indireta, compram produtos da empresa.

Sempre que um cliente acessa um SAC, quer relatando um problema, desejando uma informação, ou qualquer outra necessidade, ele o faz porque deseja uma resposta, um posicionamento oficial da empresa. Portanto, deve ser muito bem atendido.

O SAC deve ser pensado como um cartão de visita, uma vitrine onde a empresa está exposta todo o tempo para receber tanto elogios quanto reclamações. Quando alguém, seja ou não cliente, acessa o SAC de uma empresa, todo cuidado deve ser tomado, pois, sendo impessoal, o SAC pode fidelizar ou afastar o cliente.

O que precisa estar na mente de todos aqueles que fazem parte da empresa é que cliente bem atendido volta!

Saiba mais sobre atendimento ao cliente no *site* do Sebrae:
uqr.to/cfdx

CASO

Um músico canadense que teve seu violão danificado durante um voo nos Estados Unidos se transformou no novo hit na internet. Quase 4 milhões de pessoas já viram no YouTube um videoclipe que ele gravou com uma reclamação musicada contra a companhia aérea. O sucesso do vídeo fez com que a United Airlines, que inicialmente havia se recusado a indenizar o músico, revisse sua posição. O vídeo do músico Dave Carroll, intitulado "United Breaks Guitars" ("A United Quebra Violões"), foi postado no começo de julho.

O incidente ao qual Carroll se referia ocorreu em março de 2008, durante uma escala em Chicago, parte de um voo de Halifax, no Canadá, a Nebraska, nos Estados Unidos, onde ele se apresentaria com sua banda de folk-rock Sons of Maxwell.

Compensação

Segundo o músico, o conserto de seu violão quebrado durante o transporte custou 1.400 dólares canadenses (o equivalente a R$ 2.425 naquele ano), mas a companhia inicialmente se recusou a pagar. Após meses tentando, sem resultados, uma compensação da companhia, Carroll, de 41 anos, resolveu postar o videoclipe com a reclamação no YouTube.

"Vocês quebraram, deveriam consertar. Vocês são responsáveis, admitam. Eu deveria ter voado com outra companhia ou ido de carro, porque a United quebra violões", diz ele na música.

Em uma cena do clipe, atores representando carregadores de bagagem jogam entre eles, sem cuidado, uma caixa de violão, que cai no chão, enquanto Carroll e outros passageiros veem a cena das janelas do avião.

Com o sucesso do vídeo no YouTube, Carroll foi convidado para entrevistas em várias partes do mundo, incluindo o Oprah Winfrey Show, um dos programas de maior audiência da TV americana à época. O caso também trouxe benefícios para o músico. A canção "United Breaks Guitars" foi durante um bom tempo uma das mais vendidas na lista do iTunes no Canadá, e as vendas dos CDs da banda Sons of Maxwell também subiram.

Além disso, a fabricante do violão danificado ofereceu a ele um novo instrumento para ser usado em suas próximas composições.

Carroll disse à BBC que quando o seu vídeo no YouTube começou a fazer sucesso, a United escreveu uma carta a ele sugerindo compensá-lo pelo violão quebrado, mas ele diz ter negado e pedido à companhia que doasse o dinheiro a instituições de caridade. Em uma carta enviada a uma TV canadense, a United Airlines disse que estava em contato com o músico e que queria retificar seus erros no caso.

Um porta-voz da companhia disse ao jornal americano *The Los Angeles Times* que "o vídeo é excelente" e será usado em treinamentos internos sobre atendimento ao cliente.

Em entrevista à BBC, o músico disse que o sucesso do vídeo o surpreendeu. "Eu esperava ter um milhão de acessos em um ano", disse.

Questões para discussão

1. O que você faria se tivesse acontecido com você?
2. Você aceitaria as desculpas da United?
3. Você aceitaria a indenização da United pelo violão quebrado?
4. Você continuaria voando pela United?
5. Com quem você se solidarizaria?

EXERCÍCIOS

1. Marketing é exatamente o que definiu a AMA:
   a. "Um processo que deve ser executado por parceiros e a sociedade em geral."
   b. "Um processo que deve ser executado para criar, comunicar, entregar e trocar produtos que tenham valor para clientes, parceiros e sociedade em geral."
   c. "Um processo que deve ser executado para criar, comunicar-se com parceiros e sociedade em geral."
   d. "Um processo para trocar produtos que tenham valor em geral."
   e. "Um processo que deve ser executado para criar, comunicar, entregar e trocar produtos que tenham valor para clientes, parceiros e sociedade em geral."

2. Quais são os 4 Ps do marketing?
   a. Produto. Preço. Praça ou ponto de venda. Promoção.
   b. Preço. Praça ou ponto de venda. Pesquisa. Promoção.
   c. Produto. Preço. Ponto de distribuição. Promoção.
   d. Produto. Ponto de distribuição. Pesquisa. Promoção.
   e. Ponto de distribuição. Pesquisa. Promoção. Produto.

3. O processo de marketing é composto de quatro etapas:
   a. Pesquisar mercado. O que fazer para definir sua estratégia de marketing. Planejamento das ações: como definir o MIX de marketing. Gestão dos esforços de marketing.
   b. Como fazer a análise das oportunidades de mercado. Definir a produção. Planejamento das ações: como definir o MIX de marketing. Gestão dos esforços de marketing.
   c. Como fazer a análise das oportunidades de mercado. O que fazer para definir sua estratégia de marketing. Planejamento das ações: como definir o MIX de marketing. Gestão dos esforços de marketing.
   d. Como fazer a análise das oportunidades de mercado. O que fazer para definir sua estratégia de marketing. Planejamento e Controle da Produção – PCP. Gestão dos esforços de marketing.
   e. Análise Swot dos mercados. O que fazer para definir sua estratégia de marketing. Planejamento das ações: como definir o MIX de marketing. Gestão dos esforços de marketing.

4. Como definir o comportamento do consumidor?
   a. Comportamento do consumidor é o estudo do quando, por quê, como e onde as pessoas decidem comprar ou não um produto.
   b. Comportamento do consumidor é o estudo sobre comprar ou não um produto.
   c. Comportamento do consumidor é o estudo que programa a fabricação de cada produto.
   d. Comportamento do consumidor é o estudo do porquê comprar um produto.
   e. Comportamento é o que decide a vida útil de um produto.

5. Quais são os três princípios, segundo Robert Bacal, para atender bem os clientes?
   a. Estude e conheça bem seus clientes. Procure descobrir e entender as motivações para a compra. Atenda ao cliente demonstrando prazer em atendê-lo. Seja cordial. Interaja face a face com o consumidor. Olhe nos olhos, mas sem intimidar o cliente.
   b. Estabeleça uma relação de amizade com seus clientes. Atenda ao cliente demonstrando prazer em atendê-lo. Olhe nos olhos, mas sem intimidar o cliente.
   c. Estude o ambiente para surpreender o cliente. Atenda ao cliente demonstrando prazer em atendê-lo. Olhe nos olhos, mas sem intimidar o cliente.
   d. Estude e conheça bem seus clientes. Atenda ao cliente demonstrando intimidade. Olhe nos olhos, mas sem intimidar o cliente.
   e. Estude e conheça bem seus clientes. Atenda ao cliente demonstrando prazer em atendê-lo. Abrace o cliente.

REFERÊNCIAS BIBLIOGRÁFICAS

ALMEIDA, Martinho I. Ribeiro. *Manual de planejamento estratégico*. São Paulo: Atlas, 2010.
ASSAF NETO, Alexandre. *Matemática financeira*. Edição Universitária. São Paulo: Atlas, 2017.
ATKINSON, A. A. *Contabilidade gerencial*. São Paulo: Atlas, 2000.
BRUNI, Adriano Leal. *Estatística aplicada à gestão empresarial*. 4. ed. São Paulo: Atlas, 2013.
_____. *Gestão de custos e formação de preços*. 6. ed. São Paulo: Atlas, 2013.
CARPINETTI, Ribeiro; GEROLAMO, Luiz C. Cecílio. *Gestão da qualidade*: ISO 9001:2015. São Paulo: Atlas, 2016.
LAS CASAS, Alexandre Luzzi. *Marketing*: conceitos, exercícios, casos. 9. ed. São Paulo: Atlas, 2017.
CASTRO, L. T.; NEVES, M. F.; CÔNSOLI, M. *Administração de vendas*. 2. ed. São Paulo: Atlas, 2018.
CHIAVENATO, Idalberto. *Introdução à teoria geral da gestão*. Rio de Janeiro: Campus, 2004.
CHURCHMAN, C. W. *The design of inquiring systems*. New York: Basic Books, 1971.
CIALDINI, R. B. *The psychology of persuasion*. New York: Harper Collins, 2007.
COBRA, M.; URDAN, A. T. *Marketing básico*. 5. ed. São Paulo: Atlas, 2017.
CONARQ. Recomendações para digitalização de documentos arquivísticos permanentes. Rio de Janeiro, 2010. Disponível em: <http://www.conarq.arquivonacional.gov.br/images/publicacoes_textos/Recomendacoes_digitalizacao_completa.pdf>.
CORRÊA, Henrique Luiz. *Administração de cadeias de suprimentos e logística*. E-Book. São Paulo: Atlas, 2013.
_____; GIANESI, Irineu N.; CAON, Mauro. *Planejamento, programação e controle da produção*. 5. ed. São Paulo: Atlas, 2007.
CRUZ, Tadeu. *Manual de planejamento estratégico*. São Paulo: Atlas, 2017.
_____. *Manual para gerenciamento de processos de negócio*: metodologia DOMP^{TM}. São Paulo: Atlas, 2015.
_____. *Sistemas, métodos & processos*. 3. ed. São Paulo: Atlas, 2014.
_____. *Sistemas, organizações & métodos*. 4. ed. São Paulo: Atlas, 2013.
DAVENPORT, T. H. Saving IT's soul: human-centered information management. *Harvard Business Review*, Mar./Apr. 1994.
_____. Think tank: the future of knowledge management. *CIO*, 15 Dec. 1995.
_____; PRUSAK, L. *Working knowledge*: how organizations manage what they know. Boston, MA: Harvard Business School Press, 1998.
DRUCKER, Peter F. Business objectives and survival needs: notes on a discipline of business enterprise. *The Journal of Business*, Chicago: The University of Chicago Press, vol. 31, n. 2, p. 81-90, Apr. 1958.
_____. *Post-capitalist society*. New York: Harper-Business, 1994.
_____. The theory of business. *Harvard Business Review*, Sept./Oct. 1994..
FLICK, Uwe. *Uma introdução à pesquisa qualitativa*. Porto Alegre: Bookman, 2004.
GARRET, Morgan. *Imagens da organização*. São Paulo: Atlas, 1996.
JAIMBALVO, James. *Contabilidade gerencial*. E-Book. Rio de Janeiro: LTC, 2002.
KANAANE, Roberto, RODRIGUES, Eduardo. *Curso de marketing*: cenários, estratégias e ferramentas. São Paulo: Atlas, 2016.

KAPLAN, Robert S.; NORTON, David P. *A execução premium*. Rio de Janeiro: Elsevier, 2008.

_____. *Organização orientada para estratégia*: como as empresas que adotam o Balanced Scorecards prosperam no novo ambiente de negócios. Rio de Janeiro: Campus, 2000.

KOKOSKA, Stephen. E-Book. *Introdução à estatística*: uma abordagem por resolução de problemas. São Paulo: LTC, 2013.

KOTLER, Philip. *Administração de marketing*. São Paulo: Prentice Hall, 2000.

_____. *Marketing*: edição compacta. São Paulo: Atlas, 1980.

MARCONI, M. de A.; LAKATOS, E. M. *Técnicas de pesquisa*. São Paulo: Atlas, 2004.

MARION, José Carlos. *Contabilidade básica*. E-Book. 11. ed. São Paulo: Atlas, 2009.

MEDEIROS, J. B. *Redação empresarial*. São Paulo: Atlas, 2010.

MINTZBERG, Henry. *Criando organizações eficazes*: estruturas em cinco configurações. São Paulo: Atlas, 2003.

_____. *Structure in fives*: designing effective organizations. Londres: Pearson, 1992.

MUSZKAT, Malvina. *Guia prático de mediação de conflitos*. São Paulo: Summus, 2007.

OLIVEIRA, Aristeu de. *Cálculos trabalhistas*. São Paulo: Atlas, 2017.

_____. *Descrição de cargos, salários e profissões regulamentadas*. São Paulo: Atlas, 2017.

_____. *eSOCIAL*: sistema de escrituração digital das obrigações fiscais, previdenciárias e trabalhistas. São Paulo: Atlas, 2014.

_____. *Manual de procedimentos e modelos na gestão de recursos humanos*. São Paulo: Atlas, 1999.

_____. *Reforma trabalhista*: CLT e legislação comparadas. 2. ed. São Paulo: Atlas, 2017.

OLIVEIRA, Djalma de Pinho Rebouças de. *Planejamento estratégico*. São Paulo: Atlas, 2015.

PADOVEZE, Clóvis Luís. *Manual de contabilidade básica*: contabilidade introdutória e intermediária. E-Book. 10. ed. São Paulo: Atlas, 2017.

PADOVEZE, Clóvis Luís; TAKAKURA JUNIOR, Franco Kaolu. *Custo e preços de serviços*: logística, hospitais, transporte, hotelaria, mão de obra. São Paulo: Atlas, 2013.

POZO, Hamilton. *Administração de recursos materiais e patrimoniais*: uma abordagem logística. E-Book. 7. ed. São Paulo: Atlas, 2015.

PRESTHUS, Robert. *The organizational society*. New York: Knopf, 1962.

PROJECT MANAGEMENT INSTITUTE. *Guia do conhecimento em gerenciamento de projetos (Guia PMBOK)/Project Management Institute*. 6. ed. Newtown Square: PMI, 2017.

RICHARDSON, R. J. et al. *Pesquisa social*: métodos e técnicas. São Paulo: Atlas, 1999.

SCHEIN, Edgar H. *Cultura organizacional e liderança*. São Paulo: Atlas, 2009.

SLACK, N. et al. *Administração da produção*. São Paulo: Atlas, 2010.

TORRES, Urdan F.; URDAN, André. *Gestão do composto de marketing*. 2. ed. São Paulo: Atlas, 2012.

TURCHI, Sandra R. *Estratégia de marketing digital e e-commerce*. 2. ed. São Paulo: Atlas, 2018.

VALLE, R. et al. *O conhecimento em ação*. Rio de Janeiro: Relume Dumará, 2003.

ZENONE, Luiz Claudio. *Fundamentos de marketing de relacionamento*. 2. ed. São Paulo: Atlas, 2017.

Documentos oficiais consultados:

- Constituição Federal do Brasil.
- Consolidação das Leis do Trabalho.
- Reforma trabalhista.
- Código Civil Brasileiro.
- Código Tributário Nacional.

GABARITO DOS EXERCÍCIOS

Capítulo 1
1. a
2. b
3. e
4. a
5. b

Capítulo 2
1. a
2. d
3. a
4. c
5. a

Capítulo 3
1. a
2. e
3. b
4. a
5. d

Capítulo 4
1. b
2. d
3. d
4. a
5. c

Capítulo 5
1. a
2. b
3. e
4. a
5. c

Capítulo 6
1. a
2. b
3. d
4. d
5. a

Capítulo 7
1. c
2. c
3. a
4. b
5. a

Capítulo 8
1. c
2. c
3. a
4. a
5. b

Capítulo 9
1. d
2. c
3. a
4. b
5. c

Capítulo 10
1. a
2. d
3. b
4. a
5. b

Capítulo 11
1. a
2. c
3. b
4. c
5. a

Capítulo 12
1. b
2. a
3. c
4. a
5. a

ÍNDICE REMISSIVO

5S, 101, 182
5W2H, 100

A
Acervos físicos
  conservação, 156
Acionista, 196
Acordo de horas extras
  formulário, 175
Acordo de sócios, 50
Adaptabilidade, 86
Administração
  de marketing, 230
  de pessoal, 163
    cálculos, 174
    modelos de formulários, 175
  fiscal, 207
  princípios gerais, 4
  teorias da, 2
Administrador, 196
Agile, 64
Agregação, 21
Ambiente de marketing, 236
Amortização, 200
Amostra
  conceito, 126
Amostragem
  aleatória, 126
  casual, 126
  conceito, 126
  proporcional estratificada, 126
  sistemática, 126
  tipos, 126
Análise de clientes, 13
Análise SWOT, 12
Analista
  de BPMS, 77
  de negócios, 77
  de processos, 77
  de SOA, 78
Anbima, 209
Arquivamento
  métodos, 149
Arquivo
  ativo, 149
  conceito, 148
  físico, 153
  inativo, 149
  intermediário, 149
  métodos, 149
  preservação, 155
  técnicas, 149
  temporalidade, 153
ASN, 246
Assistente administrativo
  formação, 146
  função, 145
  perfil profissional, 146
  tarefas, 145
Associação Brasileira de Normas
  Técnicas (ABNT), 91, 192
Associação de benefícios
  mútuos, 37
Ata, 150
Atendimento
  pessoal, 247
  técnicas de, 246
  telefônico, 247
  virtual, 247
Atendimento ao cliente, 246
Atividade, 74
  conceito, 9
Auditoria
  conclusão, 90
  constatações, 90
  critério, 90
  evidência, 90
  relatório de, 94
Automação, 246
Autopoiesis, 8
Avaliação de desempenho
  documentação, 167
  formas, 167
Aviso, 151
  de férias coletivas, 177
  de férias individuais, 178

B
Bacal, 247
Bacen, 209
Balanced Scorecard (BSC), 115
Banco, 196
Banco Central do Brasil
  (Bacen), 209
Benchmarking, 101
  conceito, 102
  funcional, 104
  genérico, 104
  interno, 104
  processo, 103
  tipos, 104
  visão geral, 102
Benefícios, 172
Bluetooth, 243
Boletim, 151
Boston Consulting Group, 13
BSC
  perspectivas, 115
Business Process, 71

C
Cadastro Geral de Empregados e
  Desempregados (Caged), 174
Caged, 174
  diário, 175
  mensal, 175
Cálculos
  da administração de pessoal, 174
Câmbio
  letra de, 210
Camp, 101
Capacitação, 166
Capital, 199
Capitalização, 199
Cargo, 164
Cargos
  plano de, 172
Carta, 151
Carta-circular, 151
CAT, 221
  quando fazer, 221
Certidão, 151
CFC, 198
CFOP, 208
Cheque
  administrativo, 202
  ao portador, 202
  cruzado, 202
  endossado, 202
  nominal, 202
  pré-datado, 203
Ciclo Shewhart – Deming, 98
Ciências administrativas, 2
CIPA, 215
Classificação Nacional de
  Atividades Econômicas, 50
Classificação no Código Fiscal
  de Operações e Prestações
  (CFOP), 208
Cliente
  atendimento, 246
  departamentalização por, 24
  externo, 78
  interno, 78
  tipos de, 248
CLT, 171
CNAE, 50
Cobra, 235
Coerência, 158
Coesão, 158
Coleta de dados, 127
  direta, 127
  indireta, 127
  na pesquisa, 130

Comissão de Valores Mobiliários (CVM), 209
Comissão Interna de Prevenção de Acidentes (Cipa), 215
Competência, 167, 198
Composto de marketing, 228
Compras
 processo de, 184
Comunicação
 meios de, 236
Comunicação de Acidente de Trabalho (CAT), 221
Comunicação interna, 151
Conarq, 148
Conciliação bancária, 205
Concorrência
 análise da, 14
Condição Sanitária em Locais de Trabalho, 217
Confiabilidade
 na pesquisa, 141
Conflitos
 mediação, 169
Conhecimento, 167
Conselho Federal de Contabilidade (CFC), 197
Conselho Monetário Nacional (CMN), 202
Conselho Nacional de Arquivos (Conarq), 148
Consolidação das Leis do Trabalho (CLT), 171
Contabilidade
 leis da, 197
 noções, 196
Contas
 a pagar, 201
 a receber, 203
 contábeis, 201
 patrimoniais
  classificação, 200
Contingência
 departamentalização por, 25
Continuidade, 198
Contratação
 tipos de, 164
Contrato, 151
 de trabalho
  por prazo determinado, 173
 tipos, 173
Contrato social, 49
Controle, 21, 86
 ferramentas, 184
 gráfico de, 112
Controle de inventário, 192
Controle de processos
 principais ferramentas, 107
Controle patrimonial
 implantação, 189
Convênio, 151
Coordenação, 21

Crédito
 títulos, 210
CRM, 240, 244
Cultura da necessidade, 181
Cultura organizacional, 9
Cupom fiscal, 211
Curva ABC, 184
 exemplo, 185
 montagem, 186
 para estoques, 186
Customer Relationship Management, 240

D
Dado
 coleta, 127
 discreto, 127
 estatístico, 127
 verbal, 135
 visual, 135
Darf, 45
 comum, 45
 Simples, 45
DAS, 46
Débitos trabalhistas
 responsabilidade dos sócios, 53
Declaração, 151
Declaração (statement) estratégica, 14
Decreto, 151
Departamentalização
 por clientes, 24
 por contingência, 25
 por linha de produto, 23
 por localização geográfica, 23
 por processo, 22
 por produtos, 22
 por projeto, 25
 por quantidade, 24
 por tempo, 26
Desejos, 226
Desempenho
 avaliação, 167
 indicadores de, 84
Desenvolvimento
 de pessoas, 166
Despesa, 200
 provisão, 204
Diagrama de causa e efeito
 com 6Ms, 108
Diagrama de causa & efeito (C&E), 107
Diagrama de dispersão, 110
Diagrama de Pareto, 114
Digitalização
 conceito, 150
 finalidade, 150
Dimensões da tendência, 109
Diretrizes genéricas, 11
Diretrizes organizacionais, 10
Dispersão

 gráfico, 110
 tipos, 111
Diversidade humana, 170
DOC, 203
Documento
 avaliação, 153
 classificação, 150
 digitalização, 150
 distribuição, 152
 eletrônico, 153
 expedição, 152
 fatores destrutivos, 155
 recebimento, 152
 tramitação, 152
Documento de Arrecadação do Simples Nacional (DAS), 46
Documento de Crédito (DOC), 203
Documentos fiscais, 210
Domp, 105
Drucker, 88, 218
 teorias de, 8
Duplicata, 210

E
e-commerce
 gestão no Brasil, 237
 plataforma, 238
ECR, 245
EDI, 245
Edital, 151
Efetividade, 86
Efficient Consumer Response, 245
Eficácia, 86
Eficiência, 86
Eireli, 35
Elemento formal, 10
Elemento informal, 10
Empatia, 247
Empregado
 registro, 176
Empresa
 documentação para abertura, 43
 Individual de Responsabilidade Limitada, 35
 tipo e localização, 50
Empresário, 34
 individual, 35
Empresas
 classificação pelo setor, 35
 tipos de, 34
Endomarketing, 229
Enquadramento, 21
Enterprise Resource Planning (ERP), 184
Entidade, 198
Envolvimento, 247
EOS, 246
EPC, 215
EPI, 215

Equipamento de Proteção
  Individual (EPI), 215
Equipe
  mobilização, 168
Ergonomia, 216
ERP, 184
Escola
  Clássica, 2
  de Relações Humanas, 5
  Estruturalista, 6
  Sistêmica, 7
Escritório de processos, 79
Estatística
  conceito, 125
  noções básicas, 125
  ramos, 125
Estoques
  gerenciamento, 186
Estrutura
  em linha e assessoria, 21
  funcional, 20
Estrutura
  circular, 27
  de dados, 79
  em célula, 28
  em rede, 28
  matricial, 26
  organizacional, 78
  radial, 27
Estruturas
  formais, 16, 17
  informais, 16
Estrutura textual, 158
Etizioni, 6
Exames médicos, 220
Exposição de Motivos, 151
Extrato bancário, 205

F
Faixa salarial
  exemplo, 172
Falência, 51
  legislação, 51
Fayol, 3
  ações principais, 4
  princípios gerais da
    administração, 5
Férias coletivas
  aviso, 177
Férias individuais
  exemplo de aviso, 178
Ferramentas
  para a qualidade, 91
  de controle, 184
Fibra ótica, 242
Ficha de Informações de
  Segurança de Produtos
  Químicos (FISQP), 192
Ficha de produto, 192
Ficha médica, 222

FISPQ, 192
  exemplo, 193
Flick, 131
Fluxograma, 117
  de bloco, 119
  símbolos, 117
  simples, 118
  sintético, 118
  vertical, 120
Folha de coleta, 135
Folha de ponto
  modelo, 177
Fontes de pesquisa, 137
Formulário de não conformidade
  ação corretiva, 97
Formulário POP, 92
Formulários, 135
Fornecedores
  avaliação, 182
  formulário de controle, 183
  formulário de registro, 183
  relação, 182
  externos, 78
  internos, 78
França, 222
Funções administrativas, 16

G
GC, 112
Gerência de processos de negócio
  dimensão, 106
Gerência de projetos
  dimensão, 106
Gerência de serviços, 115
Gerência do negócio, 115
Gerente de projeto
  responsabilidades do, 67
Gerente de projetos, 67
Gerente do processo, 79
Gestão da qualidade, 115
Gestão de materiais
  conceitos, 181
  princípios, 181
Gestão de processos
  organizacionais, 71
  principais ferramentas, 107
Gestão de projetos, 57
Gestão de riscos
  política de, 218
Gestão patrimonial, 189
Governo, 196
Gráfico
  de barras, 128
  de colunas, 127
  de controle, 112
  genérico, 113
  de dispersão, 110, 128
  de linhas, 128
  de tendência, 109
  em setores ou pizza, 128
GUT, 100

H
Habilidade, 167
Hardware, 241, 243
Hipóteses
  na pesquisa, 140
Histograma, 111
Horas extras
  acordo, 176

I
Identidade organizacional, 10
Ideologias, 10
Impostos estaduais, 208
Impostos municipais, 208
Incerteza, 218
Indicadores de desempenho
  de capacidade, 86
  de competitividade, 87
  de lucratividade, 87
  de processos, 85
  de produtividade, 86
  de qualidade, 86
  de rentabilidade, 87
  de valor, 87
  estratégicos, 84
  objetivos, 85
  para contar, 86
  para medir, 86
  para pesar, 86
Indicadores de desempenho
  (ID), 84
Iniciação do projeto, 60
Inovação – Design Thinking
  dimensão, 107
INPI, 239
Inscrição municipal, 43
INSS, 36
Instalações sanitárias, 217
Instituto Nacional de Propriedade
  Industrial, 239
Instrução de serviço, 151
Instrução normativa, 151
International Standardization
  Organization (ISO), 83
Internet
  de alta velocidade, 242
Internet of Things, 244
Introjeção, 11
Inventário, 190
  classificado, 190
  contagem dos itens, 191
  critérios de avaliação, 190
  etapas, 191
  exemplo de lista, 192
  extraordinário, 190
  geral, 190
  modelos de documentos, 191
  ordinário, 190
  organização do processo, 191
  parcial, 190
  reposição do estoque, 191

simples, 190
tipos, 190
IoT, 244
Ishikawa, 107
ISO 19011, 90
ISO 31000, 218

J
Jucesp, 36
Juros, 199
   compostos, 207
   simples, 206

K
Kaplan, 117
Kotler, 235
KPI, 85

L
Las Casas, 231
Lawrence, 7
Legacy systems, 79
Legislação Trabalhista, 171
Lei, 151
   de falência, 51
Letra de câmbio, 210
Livro de Ouro do projeto, 61
Localização geográfica
   departamentalização por, 23
Lorsch, 7

M
Manuais de processos, 90
Manual da qualidade, 90
Mapa de risco, 219
Marca, 47, 239
Marketing
   4 Cs, 227
   4 Ps, 227
   administração de, 230
   ambiente de, 236
   composto de, 228
   data driven, 228
   de conteúdo, 229
   de exclusividade, 229
   de fidelização, 229
   definições, 225
   de guerrilha, 230
   de nicho, 229
   de proximidade, 230
   direto, 229
   e conteúdo, 238
   fundamentos, 225
   inbound, 229
   indireto, 229
   mix, 227
   mobile, 230
   noções sobre, 225
   outbound, 229
   pesquisa, 230
   promocional, 229
   social, 229
   tipos, 228

Masp, 99
Materiais
   cotação, 183
Material coletado
   uso, 142
Material Safety Data Sheet, 193
Matrix BCG, 13
Matriz GUT, 99
Matriz SWOT, 13
Maturana, 8
Mediação de conflitos
   técnicas, 169
Medicina do trabalho, 217
Medida Provisória, 151
Meios de comunicação, 236
Memorando, 151
Memorando-Circular, 152
Mensagem, 152
Mercado
   planejamento, 238
   segmentação, 235
Mercado-alvo, 228
Mercados, 226
Metas, 79, 85
Methodware, 63
Método estatístico, 126
Metodologia de Análise e Solução
   de Problemas (Masp), 99
Metodologia de implantação, 104
Metodologia Domp, 104
   dimensões, 105
Mintzberg, 38
   hipóteses, 38
Missão, 12
Mobilização de equipes, 168
Modelo de folha de ponto, 177
Modelo estatístico
   com efeito aditivo, 129
   conceito, 128
   formulação, 128
Modelo Toyota, 8
Montante, 199
Motivação
   estratégias, 169
MPMM, 63
MSDS, 193

N
Nader, 240
Natureza jurídica, 39
   tabela de, 39
Necessidade
   cultura da, 181
Necessidades, 226
Negócio
   definição, 72
   processo de, 72
   subprocesso de, 73
   tarefas de, 78
Neuromarketing, 231

Nome empresarial
   formação, 48
Nome fantasia, 47
Norma ISO 31000, 87
Normas regulamentadoras, 214
Nota, 152
Nota de débito, 210
Nota fiscal, 211
Nota promissória, 210
NR, 215

O
Ofício, 152
Ofício-circular, 152
Ohsas 18001, 217
Oliveira, 165
Operações matemáticas, 205
Oportunidade, 198
   definição, 88
Ordem de pagamento, 201
Organização
   baseada em departamentos, 22
   conceito, 9
   de interesses comerciais, 37
   de serviço, 37
   do Estado, 37
   em linha, 17
   em linha e assessoria, 20
   funcional, 18
   tipos básicos, 37
Organizações
   coercitivas, 37
   conceito, 36
   departamentalizadas, 21
   normativas, 37
   tipologia, 37
   utilitárias, 37
Órgãos de registro empresarial, 36

P
Pagamento
   sistemas para controle, 205
Papéis funcionais, 78
Papel
   funcional, 164
Parecer, 152
   normativo, 152
Pareto
   diagrama de, 114
Participação societária, 50
Patrimônio, 198
   bens, 198
   bens incorpóreos, 198
   conceito, 188
   direitos, 198
   formas de controle, 188
   líquido, 199
   obrigações, 199
PCMSO, 220
PDCA, 97
PDV, 243
Pease e Bull, 131
Percentagem, 205

ÍNDICE REMISSIVO

Percepção, 247
Perda, 218
Perspectivas do BSC, 116
Persuasão
  estratégias, 169
Pesquisa
  avaliação, 133
  confiabilidade, 141
  de marketing, 230
  e coleta de dados, 130
  etnográfica, 231
  experimental, 134
  finalidade, 133
  fontes, 137
  fontes primárias, 138
  fontes secundárias, 138
  meta, 131
  modelo, 133
  não experimental, 134
  necessidade de, 139
  planejamento, 127
  processo, 130
  qualitativa, 134
  qualitativa verbal, 136
  qualitativa visual, 137
  quantitativa, 134
  social, 132
  tipos, 136
  validade, 141
Pessoa física, 34, 196
Pessoa jurídica, 34
Pessoal
  administração de, 163
Pirâmide de Maslow, 234
Plan, Do, Check, Act (PDCA), 97
Planejamento
  da pesquisa, 127
Planejamento estratégico, 10
  dimensão, 106
  etapas, 12
  exemplo, 15
Plano
  de cargos, 172
  de salários, 172
Plano de contas, 201
  objetivos, 201
Plano de contingência, 182
Plano estratégico
  alinhado ao operacional, 14
  desdobramento, 14
Plano operacional
  alinhado ao estratégico, 14
PMBOK, 62
Ponto de venda, 227
POP, 91
População
  conceito, 125
Porcentagem, 205
Portaria, 152

Posicionamento
  mercadológico, 235
Pozo, 187
PPRA, 221
Praça, 227
Prazo, 199
Preço, 227
Prefeitura, 36
Prince2, 62
Princípios contábeis, 197
Prioridades
  definição, 87
Problema
  definição, 99
  histórico, 99
  identificação, 99
Procedimento
  exemplo, 84
Procedimentos, 78
  manuais de, 90
  padronização, 83
Procedimentos Operacionais
  Padrão (POPs), 91
Processo
  administrativo, 147
  classificação, 76
  conceito, 9
  dados, 78
  definição, 72
  de negócio, 71
  departamentalização por, 22
  escritório de, 79
  gerente do, 79
  inter-relacionamento de, 80
  mapeamento, 74
  modelagem, 74
  primário, 77
  profissionais ligados a, 77
  Road Map, 75
  secundário, 77
Processo de auditoria
  visão geral, 93
Processo de compras, 184
Processo de negócio, 9
Processo de pesquisa, 130
Processos, 71
  e subprocessos, 74
  financeiros, 196
  principais ferramentas de
    controle, 107
Processos de negócio, 76
Procura, 226
Product owner, 66
Produto, 227
  ficha de, 192
Produtos, 226
Programa de Controle Médico de
  Saúde Ocupacional (PCMSO),
  218, 220
Programa de Prevenção de Riscos
  Ambientais (PPRA), 221
Project Management Methodology

(MPMM), 63
Projeto
  controle, 60
  definição, 57
  departamentalização por, 25
  encerramento, 60
  estrutura genérica, 58
  execução, 60
  gerenciamento de, 68
  gerente de, 67
  gestão de, 57
  iniciação, 60
  livro de ouro, 61
  métodos e tecnologias para
    gerenciamento, 62
  monitoramento, 60
  objetivo do, 58
  planejamento, 60
  recursos utilizados, 58
  tempo para execução do, 58
Pró-labore, 50
Promoção, 227
Pronomes de tratamento, 158
  concordância, 160
Prontuário médico, 222
Provisão
  de despesas, 204
  de receitas, 204
Prudência, 198

Q

Qualidade
  conceito, 83
  do processo, 139
  do produto, 139
  manual da, 90
  noções sobre, 83
  no processo de produção, 83
  no produto, 83
  princípios, 83
Qualidade de vida no trabalho
  (QVT), 213
Qualificação dos sócios, 49
Quantidade
  departamentalização por, 24
QVT, 214
  objetivos, 214

R

RAC, 96
Razão social, 47
Recebimento
  sistemas para controle, 205
Receita, 200
  provisão, 204
Receita Federal, 36
Recibo, 211
Recrutamento
  externo, 166
  interno, 166
Recuperação extrajudicial, 51
Recuperação judicial, 51
Recursos

financeiros, 34
humanos, 33
materiais, 34
técnicos, 34
Recursos Humanos
   papel, 163
Redação empresarial
   técnicas, 157
Referência e citações
   normas, 143
Registro de Ação Corretiva
   (RAC), 96
Registro de empregado, 176
   ficha, 176
Registro empresarial
   órgãos de, 36
Regra de três, 206
Regras de negócio, 78
Relacionamento com clientes
   tecnologias, 241
Relações Humanas
   escola de, 5
Relatório, 152
Relatório de auditoria
   modelo, 95
Reposição eficiente (ER), 246
Representação, 152
Requerimento, 152
Resolução, 152
Responsabilidades dos sócios, 53
Responsabilidade
   socioambiental, 213
Revisão
   da pesquisa, 133
Revolução Industrial, 2
RFID, 243
RH
   papel, 163
Richardson, 131
Risco
   conceito, 218
   definição, 87
   identificação, 219
   mapa, 219
Rituais, 10
Road Map, 75
Robô, 244
Roteiro, 135
Rotina
   conceito, 147
Rotinas administrativas, 145

S
SAC, 248
Safety Data Sheet, 193
Salários
   plano de, 172
SASSMAQ, 193
Saúde
   no trabalho, 213
Schein
   cultura organizacional, 10
SCM, 245
SCRUM, 65
Scrum Master, 66
SDS, 193
Secretaria da Fazenda, 36
Segmentação
   de mercado, 235
Segurança
   no ambiente de trabalho, 213
Segurança do trabalho, 217
Seleção, 166
Serviço de Atendimento ao Cliente
   (SAC), 248
Setor de atuação
   comercial, 35
   industrial, 35
   prestação de serviços, 35
   rural, 36
SFN, 209
SGQ, 88
Símbolos, 10
Sistema de gestão da qualidade
   (SGQ)
   documentação, 88
   auditoria, 90
Sistema Financeiro Nacional
   (SFN), 209
Sistemas autorreprodutores, 8
Sistemas de informação, 184
SOA
   Analista de, 78
Sociedade, 34
Sociedade Empresária, 35
Sociedade limitada
   formação do nome, 48
Sociedade Simples, 35
Sócio, 196
Sócios
   direitos, 53
   responsabilidade dos, 53
Software, 241, 244
Subprocesso de negócio, 73
Subsistema operacional, 210
Superintendência de Seguros
   Privados (Susep), 209
Supply Chain Management
   (SCM), 245
Susep, 209
Sustentabilidade, 213
SWOT
   análise, 12
   matriz, 13

T
Tabela de Temporalidade
   Documental (TTD), 153
Tablet, 244
Takt time, 64
Taktzeit, 64
Tarefas, 78
Taylor, 2
   princípios de, 3
Team (equipe), 66
Técnicas de suporte
   para a qualidade, 91
TED, 203
Telegrama, 152
Tempo
   departamentalização por, 26
Tendência
   dimensões, 109
Tendências
   modelo genérico, 109
TENSTEP, 64
Termo aditivo, 152
Tesouraria, 204
Tipos de empresa, 35
   no Brasil, 34
Títulos de crédito, 210
Toyota
   modelo de fabricação, 8
Trabalho
   saúde, 213
Transações, 226
Transferência Eletrônica
   Disponível (TED), 203
Triplicata, 210
Troca, 226
TTD, 153
   exemplo, 154
   metodologia, 154

U
Unidades de Resposta Audível
   (URAs), 244
URAs, 244
Urdan, 235

V
Validade
   da pesquisa, 141
Valores da Organização, 12
Varela, 8
Variáveis quantitativas
   contínuas, 126
   discretas, 126
Visão, 12

W
Workflow, 77

Z
ZOPP, 63